여러분의 합격을 응원하는
# 해커스경찰의 특별 혜택!

---

**FREE** 경찰학 **특강**

해커스경찰(police.Hackers.com) 접속 후 로그인 ▶ 상단의 [무료강좌 → 경찰 무료강의] 클릭하여 이용

---

해커스경찰 온라인 단과강의 **20% 할인쿠폰**

## DEC65FBA3C9738D7

해커스경찰(police.Hackers.com) 접속 후 로그인 ▶ 상단의 [내강의실] 클릭 ▶
[쿠폰/포인트] 클릭 ▶ 쿠폰번호 입력 후 이용

* 등록 후 7일간 사용 가능(ID당 1회에 한해 등록 가능)

---

합격예측 **온라인 모의고사 응시권 + 해설강의 수강권**

## 2A2324378D724CB9

해커스경찰(police.Hackers.com) 접속 후 로그인 ▶ 상단의 [내강의실] 클릭 ▶
[쿠폰/포인트] 클릭 ▶ 쿠폰번호 입력 후 이용

* ID당 1회에 한해 등록 가능

---

쿠폰 이용 관련 문의 **1588-4055**

# 단기 합격을 위한
# 해커스경찰 커리큘럼

**입문**

### 탄탄한 기본기와 핵심 개념 완성!

누구나 이해하기 쉬운 개념 설명과 풍부한 예시로 부담없이 쌩기초 다지기

**TIP** 베이스가 있다면 **기본 단계**부터!

**기본+심화**

### 필수 개념 학습으로 이론 완성!

반드시 알아야 할 기본 개념과 문제풀이 전략을 학습하고
심화 개념 학습으로 고득점을 위한 응용력 다지기

**기출+예상
문제풀이**

### 문제풀이로 집중 학습하고 실력 업그레이드!

기출문제의 유형과 출제 의도를 이해하고 최신 출제 경향을 반영한
예상문제를 풀어보며 본인의 취약영역을 파악 및 보완하기

**동형문제풀이**

### 동형모의고사로 실전력 강화!

실제 시험과 같은 형태의 실전모의고사를 풀어보며 실전감각 극대화

**최종 마무리**

### 시험 직전 실전 시뮬레이션!

각 과목별 시험에 출제되는 내용들을 최종 점검하며 실전 완성

# PASS

*  커리큘럼 및 세부 일정은 상이할 수 있으며,
자세한 사항은 해커스경찰 사이트에서 확인하세요.

**단계별 교재 확인 및
수강신청은 여기서!**

**police.Hackers.com**

해커스경찰

# 킹재규
# 경찰학

2차 시험 대비

**총**알 **총**정리 **모**의고사

해커스

# 경찰채용 개편 이후 단원별 출제키워드

## 총론

| | 출제비율 | 22년 1차 | 22년 2차 | 23년 1차 | 23년 2차 | 24년 1차 |
|---|---|---|---|---|---|---|
| 경찰과 경찰학 | 12문제 (30%) | • 형식적 실질적 의미의 경찰<br>• 경찰의 관할<br>• 위험 | • 경찰개념(대륙법계)<br>• 경찰활동의 기본이념 | • 대륙법계<br>• 형식적 실질적 의미의 경찰<br>• 경찰개념의 분류<br>• 국가경찰과 자치경찰<br>• 공공질서<br>• 경찰의 관할 | • 경찰개념(종합)<br>• 위험 | • 영미법계<br>• 경찰개념의 분류 |
| 범죄학 | | • 범죄원인론<br>• 환경범죄이론<br>• 지역사회 경찰활동 | • 학자<br>• CPTED | • 화이트칼라범죄<br>• CPTED<br>• 지역사회 경찰활동 (COP)<br>• 무관용 경찰 | • 지역사회경찰활동<br>• 범죄예방활동(사례)<br>• SARA | • 학자<br>• 억제이론<br>• 범죄예방이론<br>• 멘델존<br>• 지역사회경찰활동 |
| 경찰과 윤리 | | • 경찰부패<br>• 경찰청 공무원 행동 강령 | • 전문직업화<br>• 청탁금지법 및 이해 충돌 방지법 | • 경찰부패<br>• 경찰청 공무원 행동 강령 | • 사회계약설<br>• 냉소주의<br>• 경찰부패<br>• 청탁금지법<br>• 적극행정 | • 범죄와 싸우는 경찰 모델<br>• 내부고발<br>• 경찰윤리강령<br>• 청탁금지법<br>• 이해충돌방지법 |
| 한국경찰의 역사 | 1문제(2.5%) | • 종합 | • 종합 | • 인물 | • 경찰조직의 연혁 | • 미군정시기 경찰 |
| 비교경찰 | 1문제(2.5%) | | | • 종합 | | • 종합 |
| 경찰행정학 | 6문제(15%) | • 조직편성의 원리<br>• 국가재정법<br>• 경찰장비관리규칙<br>• 보안업무규정<br>• 행정업무의 운영 및 혁신에 관한 규정<br>• 언론<br>• 경찰통제<br>• 경찰청 감사 규칙<br>• 경찰 인권보호 규칙 | • 동기부여이론 | • 경찰조직편성의 원리<br>• 계급제와 직위분류제<br>• 국가재정법<br>• 보안업무규정<br>• 경찰통제<br>• 경찰 인권보호 규칙 | • 경찰조직편성<br>• 동기부여이론<br>• 예산<br>• 경찰장비관리규칙<br>• 보안업무규정<br>• 경찰 감찰 규칙<br>• 경찰 인권보호 규칙 | • 경찰조직편성<br>• 계급제와 직위분류제<br>• 국가재정법<br>• 경찰장비관리규칙<br>• 보안업무규정<br>• 경찰홍보 |
| 경찰법의 법원 | | | | • 법원 | | |
| 경찰조직법 | | • 시·도자치경찰 위원회 | • 자치경찰사무<br>• 국가경찰위원회와 시·도자치경찰위원회 비교<br>• 권한의 위임 대리 | • 국가경찰위원회 심의·의결 | • 국가수사본부장<br>• 시·도자치경찰 위원회<br>• 행정권한의 위임 및 위탁에 관한 규정 | • 시·도자치경찰 위원회 |
| 경찰 공무원과 법 | | • 승진<br>• 직권면직 사유 | • 승진<br>• 징계(2)<br>• 소청 | • 임용권자<br>• 직위해제 | • 경찰공무원 복무규정<br>• 징계 | |
| 경찰작용법 일반론 | 14문제 (35%) | • 행정행위<br>• 행정의 일반원칙<br>• 행정지도<br>• 공공기관의 정보 공개에 관한 법률<br>• 즉시강제<br>• 질서위반행위규제법<br>• 행정소송법 | • 법치행정<br>• 경찰재량<br>• 행정행위<br>• 법치행정<br>• 행정의 일반원칙<br>• 경찰작용의 유형<br>• 강학상 경찰허가<br>• 행정조사<br>• 개인정보 보호법<br>• 의무이행 확보수단<br>• 국가배상<br>• 행정심판법<br>• 종합 | • 경찰비례의 원칙<br>• 경찰하명<br>• 행정기본법<br>• 공공기관의 정보 공개에 관한 법률<br>• 의무이행확보수단<br>• 질서위반행위규제법<br>• 행정절차법<br>• 행정심판법 | • 행정행위<br>• 부당결부금지<br>• 행정기본법<br>• 개인정보 보호법<br>• 의무이행 확보수단<br>• 행정상 법률관계<br>• 행정심판법<br>• 행정소송법(판례) | • 법치행정의 원칙<br>• 행정기본법<br>• 행정공원<br>• 공공기관의 정보 공개에 관한 법률<br>• 개인정보 보호법<br>• 의무이행 확보수단<br>• 국가배상<br>• 행정심판법 |
| 경찰관 직무집행법 | | • 위해성 경찰장비 사용 기준 등에 관한 규정<br>• 손실보상<br>• 물리력<br>• 종합 | • 즉시강제<br>• 정보의 수집 등<br>• 판례 | • 보호조치<br>• 물리력 | • 종합(2) | • 정보의 수집 등<br>• 경찰장비<br>• 손실보상<br>• 물리력<br>• 종합 |

# 경찰채용 개편 이후 단원별 출제키워드

## 각론

| | 22년 1차 | 22년 2차 | 23년 1차 | 23년 2차 | 24년 1차 |
|---|---|---|---|---|---|
| 생활안전 | • 지역경찰의 조직 및 운영에 관한 규칙<br>• 경비업법 | • 경찰청과 그 소속기관 직제<br>• 112치안종합상황실 운영 및 신고처리 규칙<br>• 아동 청소년의 성보호에 관한 법률<br>• 실종아동등의 보호 및 지원에 관한 법률 | • 경범죄 처벌법 | • 지역경찰의 조직 및 운영에 관한 규칙<br>• 아동·청소년의 성보호에 관한 법률 | • 아동·청소년의 성보호에 관한 법률 |
| 수사경찰 | • 범죄피해자 보호법<br>• 스토킹범죄의 처벌등에 관한 법률 | • 스토킹범죄의 처벌 등에 관한 법률<br>• 성폭력범죄의 수사 및 피해자 보호에 관한 규칙 | • 가정폭력범죄의 처벌 등에 관한 특례법<br>• 마약 | • 아동학대범죄의 처벌 등에 관한 특례법 | • 피의자 유치 및 호송 규칙<br>• 가정폭력범죄의 처벌 등에 관한 특례법 |
| 경비경찰 | • 국민보호와 공공안전을 위한 테러방지법 | • 행사안전경비 | • 재난 및 안전관리 기본법 | • 국민보호와 공공안전을 위한 테러방지법 | |
| 교통경찰 | • 음주운전 판례 | • 종합 판례 | • 음주운전 판례 | • 종합 판례 | • 운전면허 |
| 정보경찰 | | • 집회 및 시위에 관한 법률 | | • 집회 및 시위에 관한 법률 | • 정보배포 원칙 |
| 안보경찰 | | | • 보안관찰법 | | |
| 외사경찰 | • 범죄인 인도법 | | | • 경찰수사규칙과 범죄수사규칙 | • 범죄인 인도법 |

# contents

**문제편**

**해설편**

 킹재규경찰학

# 총알 총정리 모의고사

초초모

∞

문제

## 01

경찰개념의 변천과정에 대한 설명으로 가장 적절한 것은?

① 15세기 말 독일의 경찰개념이 프랑스에 계수되어 양호한 질서를 포함한 국가행정 전반을 포괄하는 의미로 사용되었다.

② 16세기 독일의 제국경찰법(1530년)에서 교회행정을 포함한 모든 국가활동을 경찰이라 했다.

③ 18세기 계몽철학등의 영향으로 법치주의가 생성됨에 따라 경찰분야에서 적극적인 복지경찰분야가 제외되고 소극적인 위험방지(=소극적 질서유지)분야에 한정하였다.

④ 프로이센 경찰행정법(1931년)은 경찰의 직무를 적극적 복리증진으로 규정했다.

## 02

경찰의 개념 중 형식적 의미의 경찰과 실질적 의미의 경찰에 관한 설명으로 적절하지 않은 것은?

① 형식적 의미의 경찰개념은 조직을 중심으로 파악되며, 실정법상 보통경찰기관이 수행하는 모든 활동을 포함한다.

② 형식적 의미의 경찰이 위험방지라는 실질적 의미의 경찰작용을 행하는 경우에는 양자가 일치한다. 그러나 형식적 의미의 경찰이 공공의 안녕질서에 대한 위험방지의 직무 이외에 다른 직무를 담당하거나, 이와 반대로 형식적 의미의 경찰에 속하지 않는 행정기관에 의하여 위험방지의 직무가 행하여지는 경우에는 양자는 일치하지 않는다.

③ 실질적 의미의 경찰개념은 사회 질서유지와 봉사활동과 같은 현대 경찰의 핵심적인 기능을 수행하는 경찰을 의미한다.

④ 실질적 의미의 경찰개념은 경찰의 행정경찰활동과 같이 주로 현재 또는 장래의 위험방지를 개념요소로 한다.

## 03

경찰권 행사에 대한 설명으로 가장 적절하지 않은 것은?

① 공공의 안녕은 '법질서의 불가침성'과 '국가의 존립 및 '국가기관 기능성의 불가침성', '개인의 권리와 법익의 보호'를 포함하며, 이 중 공공의 안녕의 제1요소는 '법질서의 불가침성'이다.

② 경찰권 행사는 공공의 안녕과 질서를 유지하기 위한 목적으로 이루어지며, 경찰의 판단에 따라 과잉금지원칙이 예외적으로 적용될 수 있다.

③ 위험은 경찰개입의 전제요건이므로 보호를 받게 되는 법익에 대해 구체적으로 존재하여야 하는 것은 아니다.

④ 범죄수사에 있어서 범죄피해자를 위한 사법경찰권의 적극적인 개입을 인정하는 성매매방지 및 피해자보호 등에 관한 법률, 성폭력방지 및 피해자보호 등에 관한 법률, 가정폭력방지 및 피해자보호 등에 관한 법률 등과 같은 입법례가 증가하는 추세이다.

## 04

**범죄원인론에 대한 학자와 이론의 연결이 적절하지 않은 것은?**

① 허쉬(Hirschi) - 사람들은 행위와 가치에 영향을 미치는 단기유혹에 노출되며 노출이 끝나면 다시 정상적인 상태로 돌아가고 범죄를 행했을 때 자신에게 돌아오는 처벌의 두려움, 자신의 이미지, 사회에서의 지위와 활동에 미치는 영향 등을 염려하는 동조성에 대한 전념을 가지고 있다고 주장하였다.

② 글레이저(Glaser) - "청소년들은 영화의 주인공을 모방하고 자신들과 동일시 하면서 범죄를 학습한다"라고 하였다.

③ 레클레스(Reckless) - 좋은 자아관념이 주변의 범죄적 환경에도 불구하고 비행행위에 가담하지 않도록 하는 중요한 요소라고 주장하였다.

④ 밀러(Miller) - 범죄는 하위문화의 가치와 규범이 정상적으로 반영된 것이라고 주장하였다.

## 05

**다음은 사이크스(Sykes)와 마차(Matza)의 중화기술에 관한 내용이다. 해당되는 유형은 무엇인가?**

"그는 항상 문제를 일으키던 사람이었기 때문에 내가 그를 체포하는 과정에서 다소 거칠게 다룬 것은 정당해. 그는 그런 대우를 받을 만한 자격이 있어."

① 책임의 부정(Denial of Responsibility)

② 피해의 부정(Denial of Injury)

③ 피해자의 부정(Denial of Victim)

④ 비난자에 대한 비난(Condemnation of Condemners)

## 06

**다음은 환경설계를 통한 범죄예방(CPTED)에 대한 설명이다. 〈보기 1〉과 〈보기 2〉의 내용이 가장 적절하게 연결된 것은?**

〈보기 1〉

㉠ 건축물이나 시설물 등의 설계시에 가시권을 최대로 확보하고, 외부침입에 대한 감시기능을 확대함으로써 범죄행위의 발견 가능성을 증가시키고, 범죄기회를 감소시켜 범죄를 예방하고 억제할 수 있다는 원리

㉡ 지역사회의 설계 시 주민들이 모여서 상호 의견을 교환하고 유대감을 증대할 수 있는 공공장소를 설치하고 이용하도록 함으로써 '거리의 눈'을 활용한 자연적 감시와 접근 통제의 기능을 확대하는 원리

㉢ 처음 설계된 대로 혹은 개선한 의도대로 기능을 지속적으로 유지하도록 관리함으로써 범죄예방을 위한 환경설계의 장기적이고 지속적 효과를 유지하는 원리이다. 종류로는 파손의 즉시 수리, 청결유지, 조명·조경의 관리 등이 있다

㉣ 일정한 지역에 접근하는 사람들을 정해진 공간으로 유도하거나 출입하는 사람들을 통제하도록 설계함으로써 접근에 대한 심리적 부담을 증대시켜 범죄를 예방할 수 있다는 원리

〈보기 2〉

ⓐ 자연적 감시    ⓑ 자연적 접근통제
ⓒ 활동의 활성화    ⓓ 유지관리

    ㉠ ㉡ ㉢ ㉣

① ⓐ ⓒ ⓓ ⓑ

② ⓐ ⓑ ⓓ ⓒ

③ ⓑ ⓓ ⓒ ⓐ

④ ⓑ ⓒ ⓐ ⓓ

## 07

에크와 스펠만(Eck & Spelman)은 경찰관서에서 문제지향경찰활동을 지역문제의 해결에 보다 쉽게 적용할 수 있도록 4단계의 문제해결과정(이른바 SARA 모델)을 제시하였다. 개별 단계에 관한 설명으로 가장 적절하지 않은 것은?

① 조사단계(scanning)에서는 지역사회 내 반복적으로 발생하는 문제를 식별하고 우선순위를 정해 해결해야 할 문제로 선정한다.

② 분석단계(analysis)에서는 문제의 원인과 범인을 파악하기 위해 다양한 자료를 수집하고 분석하며, 문제분석 삼각모형을 사용해 문제의 세 가지 주요 요소를 분석한다.

③ 대응단계(response)에서는 경찰의 자원과 역량만을 사용하여 문제를 해결하며, 상황적 범죄예방 기법을 활용하여 해결책을 마련한다.

④ 평가단계(assessment)는 문제해결 과정의 효율성과 효과를 평가하며, 결과를 바탕으로 해결책의 개선점을 도출하고 피드백을 통해 문제해결 과정을 지속적으로 발전시킨다.

## 08

어떤 영화에서 용감한 형사가 위험을 무릅쓰고 조직폭력배와 싸우며 도시의 평화를 지키는 이야기가 그려졌다. 이와 같은 경찰의 역할모델에 대한 설명으로 가장 적절하지 않은 것은?

① 이 영화는 경찰의 바람직한 모델이 '범죄와 싸우는 자'라는 전제를 하고 있다.

② 경찰임무를 명확히 인식시켜 경찰의 전문직화와 인권보호에 기여하는 측면이 있다.

③ 수사, 형사 등 법 집행을 통한 범법자 제압 측면을 강조한 모델로서 시민들은 범인을 제압하는 것이 경찰의 주된 임무라고 인식한다.

④ 범죄 진압을 주된 임무로 삼고 다른 경찰 업무를 부수적인 것으로 간주하는 경향이 있어, 다른 분야에 대한 지식이나 기법의 개발이 소홀히 될 수 있다.

## 09

경찰의 부패원인가설에 대한 설명이 적절하게 연결된 것은 모두 몇 개인가?

㉠ 니더호퍼(Niederhoffer), 로벅(Roebuck), 바커(Barker) 등이 주장한 이론으로, 조직의 부패 전통 내에서 청렴한 신임경찰이 선배경찰에 의해 사회화되어 신임경찰도 부패로 물들게 된다는 이론이다. - (전체사회가설)

㉡ 윌슨(Wilson)이 주장한 이론으로, 사회 전체가 경찰의 부패를 묵인하거나 조장할 때 경찰관은 자연스럽게 부패행위를 하게 된다고 설명한다. - (구조원인가설)

㉢ 셔먼(Sherman)이 주장한 이론으로, 부패에 해당하지 않는 작은 호의를 허용하면 나중에는 엄청난 부패로 이어진다는 이론이다. - (미끄러지기 쉬운 경사로 이론)

㉣ 일부 부패경찰이 조직 전체를 부패로 물들게 한다는 이론으로, 부패의 원인을 개인적 결함으로 보고 있으며, 신임경찰 채용단계의 중요성을 강조한다. - (썩은 사과가설)

① 1개　　　　　② 2개
③ 3개　　　　　④ 4개

## 10

「부정청탁 및 금품등 수수의 금지에 관한 법률」에 대한 설명으로 가장 적절하지 않은 것은?

① 공직자등이 부정청탁을 받았을 때에는 이를 거절하는 의사를 명확히 표시하지 않아도 된다. 하지만 이러한 조치를 하였음에도 불구하고 동일한 부정청탁을 다시 받은 경우에는 이를 소속기관장에게 서면(전자서면을 포함)으로 신고하여야 한다.

② 누구든지 이 법의 위반행위가 발생하였거나 발생하고 있다는 사실을 알게 된 경우에는 자신의 인적사항을 밝히지 아니하고 변호사를 선임하여 신고를 대리하게 할 수 있다. 이 경우 신고자의 인적사항 및 신고자가 서명한 문서는 변호사의 인적사항 및 변호사가 서명한 문서로 갈음한다.

③ 공직자등은 사례금을 받는 외부강의등을 할 때에는 대통령령으로 정하는 바에 따라 외부강의등의 요청 명세 등을 소속기관장에게 그 외부강의등을 마친 날부터 10일 이내에 서면으로 신고하여야 한다. 다만, 외부강의등을 요청한 자가 국가나 지방자치단체인 경우에는 그러하지 아니하다.

④ 공공기관의 장은 공직자등에게 부정청탁 금지 및 금품등의 수수 금지에 관한 내용을 정기적으로 교육하여야 하며, 이를 준수할 것을 약속하는 서약서를 받아야 한다.

## 11

「공직자의 이해충돌 방지법」 제2조에 관한 설명 중 가장 적절한 것은?

① "공공기관"이란 국회, 법원, 헌법재판소, 선거관리위원회, 감사원, 고위공직자범죄수사처, 국가인권위원회, 중앙행정기관(대통령 소속 기관과 국무총리 소속 기관을 제외)과 그 소속 기관을 말한다.

② "공직자"란 「초·중등교육법」, 「고등교육법」 또는 그 밖의 다른 법령에 따라 설치된 각급 국립·공립 학교의 장과 교직원 및 「사립학교법」에 따른 학교법인 학교의 장과 교직원을 말한다.

③ "고위공직자"란 경무관 이상의 경찰공무원 및 특별시·광역시·특별자치시·도·특별자치도의 시·도경찰청장을 말한다.

④ "사적이해관계자"란 공직자로 채용·임용되기 전 2년 이내에 공직자 자신이 대리하거나 고문·자문 등을 제공하였던 개인이나 법인 또는 단체에 해당하는 자를 말한다

## 12

**다음 중 적극행정에 대한 설명으로 옳지 않은 것은?**

① 적극행정 운영규정(대통령령)상 적극행정의 판단기준 중 창의성은 자신이 맡은 일을 잘 수행하기 위해 필요한 지식과 경험, 역량을 의미하고, 전문성은 어떤 문제에 대해 기존과 다른 시각으로 새로운 아이디어를 생각해 내는 특성을 의미한다.

② 적극행정 징계면제 제도는 공무원이 공공의 이익을 위하여 성실하고 적극적으로 업무를 처리한 결과에 대하여 고의나 중과실이 없는 이상 징계를 면제해주는 제도를 말한다.

③ 규정의 해석·적용 측면의 적극행정 유형은 불합리한 규정과 절차, 관행을 스스로 개선하는 행위를 말한다.

④ 행태적 측면의 적극행정 유형은 통상적으로 요구되는 정도의 노력이나 주의의무 이상을 기울여 맡은 바 임무를 최선을 다해 수행하는 행위를 말한다.

## 13

**한국경찰의 역사적 사실을 과거에서부터 현재 순으로 바르게 나열한 것은?**

> ㉠ 경찰윤리헌장 제정
> ㉡ 경찰서비스헌장 제정
> ㉢ 경찰병원 설치
> ㉣ 경찰공무원법 제정
> ㉤ 제주특별자치도 자치경찰단 설치

① ㉠－㉡－㉢－㉣－㉤
② ㉠－㉣－㉤－㉡－㉢
③ ㉢－㉠－㉣－㉡－㉤
④ ㉢－㉠－㉡－㉤－㉣

## 14

**외국의 경찰역사에 대한 설명이다. 옳지 않은 것은?**

① 고대의 영국경찰은 공공의 안녕 질서의 1차적 책임은 각 마을에 속해 있었기 때문에 10가족을 단위로 한 Tithing이라는 제도가 있었다.

② 미국의 위커샴위원회는 1929년 후버가 설치한 것으로 경찰조직·순찰운용·통신의 효율성을 통한 경찰업무의 혁신과 전문직화를 실시하였다.

③ 프랑스의 루이14세는 프레보에서 경찰업무를 분화하여 경찰국을 창설하였다.

④ 정봉행소(町奉行所)은 일본 최초의 경찰제도로서 경찰업무 외에 재판업무와 감옥사무 및 토목업무도 담당하였다.

## 15

**경찰조직 편성원리에 관한 설명 중 적절하지 않은 것은?**

① 조직의 집단적 노력을 질서있게 배열하는 과정으로 개별적인 활동을 전체적인 관점에서 통일하여 조직의 목표달성도를 높이려는 조직편성의 원리를 계층제의 원리라고 한다.

② 명령통일의 원리는 관리자의 공백 등을 대비하여 대리, 위임, 유고관리자 사전지정 등이 필요하다.

③ 통솔범위의 원리는 관리자의 능률적인 감독을 위해서는 통솔하는 대상의 범위를 적정하게 제한하여야 한다는 것으로 관리의 효율성을 좌우하는 중요한 원리이다.

④ 조정과 통합의 원리는 조직편성 원리의 장단점을 조화롭게 승화시키는 원리이고, 무니(Mooney)는 조정의 원리를 '제1의 원리'라고 하였다.

## 16

계급제와 직위분류제의 관계에 관한 설명으로 가장 적절하지 않은 것은?

① 계급제는 일반적 교양과 능력을 가진 사람을 채용하여 장기간에 걸쳐 능력이 키워지므로 특정 분야의 경찰전문가 양성에 적합한 방식이다.

② 직위분류제는 '동일직무에 대한 동일보수의 원칙'을 확립함으로써 보수제도의 합리적 기준을 제시한다.

③ 직무분석과 직무평가의 충실한 수행을 강조하는 것은 직위분류제이다.

④ 양자는 양립할 수 없는 상호 배타적인 관계가 아니라 서로의 결함을 시정할 수 있는 상호 보완적인 관계이다.

## 17

「국가재정법」상 예산의 집행에 대한 설명으로 적절한 것은?

① 각 중앙관서의 장은 예산이 확정된 후에 사업운영계획 및 이에 따른 세입세출예산·계속비와 국고채무부담행위를 포함한 예산배정요구서를 기획재정부장관에게 제출하여야 한다.

② 각 중앙관서의 장은 예산의 목적범위 안에서 재원의 효율적 활용을 위하여 대통령령으로 정하는 바에 따라 국무회의의 심의를 거친 후 대통령의 승인을 얻어 각 세항 또는 목의 금액을 전용할 수 있다.

③ 경찰청장은 예산이 정한 각 기관 간 또는 각 장·관·항 간에 상호 이용(移用)할 수 있는 것이 원칙이다.

④ 예산이 확정되면 해당 예산이 배정되지 않은 상태라도 지출원인 행위를 할 수 있다.

## 18

「경찰장비관리규칙」상 경찰기관의 장은 무기를 휴대한 자 중에서 다음 각 호에 해당하는 자가 있을 때에는 심의위원회의 심의를 거쳐 대여한 무기·탄약을 회수할 수 있다. 이에 해당하는 것은 모두 몇 개인가? (단서는 고려하지 않음)

> ㉠ 사의를 표명한 자
> ㉡ 경찰공무원 직무적성검사 결과 고위험군에 해당되는 자
> ㉢ 직무상의 비위 등으로 인하여 중징계 의결 요구된 자
> ㉣ 정서적 불안 상태로 인하여 무기 소지가 적합하지 않은 자로서 소속 부서장의 요청이 있는 자
> ㉤ 정신건강상 문제가 우려되어 치료가 필요한 자

① ㉠㉢　　　　　　　　② ㉡㉢㉤

③ ㉡㉣㉤　　　　　　　④ ㉡㉢㉣㉤

## 19

「언론중재 및 피해구제 등에 관한 법률」에 관한 설명으로 가장 적절하지 않은 것은?

① 정정보도 청구는 언론사등의 대표자에게 서면으로 하여야 한다.

② ①의 청구를 받은 언론사등의 대표자는 3일 이내에 그 수용 여부에 대한 통지를 청구인에게 발송하여야 한다.

③ 언론사등이 ①의 청구를 수용할 때에는 지체 없이 피해자 또는 그 대리인과 정정보도의 내용·크기 등에 관하여 협의한 후, 그 청구를 받은 날부터 7일 내에 정정보도문을 방송하거나 게재하여야 한다.

④ 언론사등은 청구된 정정보도의 내용이 국가·지방자치단체 또는 공공단체의 비공개회의와 법원의 비공개재판절차의 사실보도에 관한 것인 경우 정정보도 청구를 거부할 수 있다.

## 20

「경찰 인권보호 규칙」에 관한 설명 중 적절하지 않은 것은 모두 몇 개인가?

> ㉠ 경찰 활동 전반에 걸친 민주적 통제를 구현하여 경찰력 오·남용을 예방하고, 경찰 행정의 인권지향성을 높여 인권을 존중하는 경찰 활동을 정립하기 위해 경찰청장 및 시·도경찰청장의 자문기구로서 각각 경찰청 인권위원회, 시·도경찰청 인권위원회(이하 "위원회"라 한다)를 설치하여 운영한다.
>
> ㉡ 경찰청장은 국민의 인권보호와 증진을 위하여 경찰 인권정책 기본계획을 3년마다 수립해야 한다.
>
> ㉢ 경찰청장은 경찰관등(경찰공무원으로 신규 임용될 사람을 포함)이 근무하는 동안 지속적·체계적으로 교육을 받을 수 있도록 5년 단위로 경찰 인권교육의 기본방향과 추진목표 등을 포함한 인권교육종합계획을 수립하여 시행해야 한다.
>
> ㉣ 인권보호담당관은 인권침해를 예방하고 제도를 개선하기 위해 연 1회 이상 경찰청과 소속기관의 청사 및 부속 시설 전반의 인권침해적 요소의 존재 여부 등을 진단하여야 한다.
>
> ㉤ 인권보호담당관은 분기별 1회 이상 인권영향평가의 이행 여부를 점검하고, 이를 경찰청 인권위원회에 제출하여야 한다.

① 1개　　　　　② 2개
③ 3개　　　　　④ 4개

## 21

경찰행정법의 법원(法源)에 대한 설명으로 가장 적절하지 않은 것은?

① 헌법에 의하여 체결·공포된 조약과 일반적으로 승인된 국제법규도 경찰행정법의 법원으로 볼 수 있고, 헌법재판소의 위헌결정은 국가경찰 및 자치경찰을 기속하므로 법원성이 인정된다.

② 행정관청의 행정처분 등이 그 근거법령에 따라 적법하게 행하여진 경우라면 조리에 위반할 경우에도 적법한 행위가 된다.

③ 조리는 평등의 원칙, 비례의 원칙, 권한남용금지의 원칙, 신뢰보호의 원칙 등으로 구성되어 있으며 오늘날 법의 일반원칙은 성문화되어 가는 추세에 있다.

④ 신의성실의 원칙은 「민법」뿐만 아니라 경찰행정법을 포함한 모든 법의 일반원칙이며 법원으로 인정된다.

## 22

「국가경찰과 자치경찰의 조직 및 운영에 관한 법률」에서 국가수사본부장에 대한 설명으로 가장 적절하지 않은 것은?

① 경찰청에 국가수사본부를 두며, 국가수사본부장은 치안정감으로 보한다.

② 국가수사본부장은 모든 수사에 관하여 각 시·도경찰청장과 경찰서장 및 수사부서 소속 공무원을 지휘·감독한다

③ 국가수사본부장이 직무를 집행하면서 헌법이나 법률을 위배하였을 때에는 국회는 탄핵 소추를 의결할 수 있다.

④ 국가수사본부장의 임기는 2년으로 하며 중임할 수 없고, 임기가 끝나면 당연히 퇴직한다.

## 23

「경찰공무원법」상 밑줄 친 내용으로 옳은 것은 모두 몇 개인가?

> 제7조(임용권자) ① 총경 이상 경찰공무원은 <u>가. 경찰청장의 제청</u>으로 국무총리를 거쳐 대통령이 임용한다. 다만, 총경의 전보, 휴직, 직위해제, 강등, 정직 및 복직은 경찰청장 또는 해양경찰청장이 한다.
>
> ② 경정 이하의 경찰공무원은 <u>나. 시·도경찰청장</u>이 임용한다. 다만, 경정으로의 신규채용, 승진임용 및 면직은 경찰청장의 제청으로 국무총리를 거쳐 대통령이 한다.
>
> ③ 경찰청장은 대통령령으로 정하는 바에 따라 경찰공무원의 임용에 관한 권한의 일부를 특별시장·광역시장·도지사·특별자치시장 또는 특별자치도지사(이하 "시·도지사"라 한다), 국가수사본부장, 소속 기관의 장, 시·도경찰청장에게 <u>다. 위임한다.</u>
>
> ⑤ 경찰청장 또는 ③에 따라 임용권을 위임받은 자는 <u>라. 행정안전부령</u>으로 정하는 바에 따라 소속 경찰공무원의 인사기록을 작성·보관하여야 한다.

① 1개　　　　　　② 2개
③ 3개　　　　　　④ 4개

## 24

「국가공무원법」 및 관련 법령에 따를 때, 소청심사와 관련하여 아래 사례에 관한 설명 중 가장 적절하지 않은 것은?

> ○○경찰서 소속 경사 A는 상사의 명령 불이행 및 공무원의 품위 손상 행위로 인해 징계위원회에서 정직 1개월의 징계처분을 받았다. 이에 경사 A는 소청심사를 제기하고자 한다.

① 소청심사위원회는 소청심사 결과 A의 비위행위의 정도에 비해 정직 1개월의 징계처분이 경미하다는 판단에 이르더라도 정직 3개월의 징계처분으로 변경하는 결정을 할 수 없다.

② 소청심사위원회의 취소명령 또는 변경명령 결정은 그에 따른 징계나 그 밖의 처분이 있을 때까지는 종전에 행한 징계처분에 영향을 미치지 아니한다.

③ 소청심사위원회에서 해임처분을 취소하고자 할 경우에는 재적 위원 3분의 2 이상의 출석과 재적 위원 3분의 2 이상의 합의가 있어야 한다.

④ 소속 경사 A는 징계처분사유 설명서를 받은 날부터 30일 이내(소속 경사 A에게 책임이 없는 사유로 소청심사를 청구할 수 없는 기간은 없다고 전제한다) 소청심사를 제기하지 않은 경우에는 행정소송을 제기할 수 없다.

## 25

경찰비례의 원칙에 대한 설명으로 가장 적절하지 않은 것은?

① 행정영역에서 적용되는 원칙으로서, 일반적 수권조항에 근거하여 경찰권을 발동하는 경우는 물론, 개별적 수권조항에 근거하여 경찰권을 발동하는 경우에도 적용된다.

② 경찰행정관청의 특정행위가 공적 목적 달성을 위해 적합하고, 국민에게 가장 피해가 적으며, 달성되는 공익이 침해되는 사익보다 더 커야 적법한 행정작용이 될 수 있다.

③ 상당성의 원칙(최소침해의 원칙)은 경찰기관의 어떤 조치가 경찰목적 달성을 위해 필요한 경우라고 하여도 그 조치에 따른 불이익이 그 조치로 인해 발생하는 이익보다 큰 경우에는 경찰권을 발동해서는 안된다는 원칙이다.

④ 경찰비례의 원칙은 「헌법」 제37조 제2항, 「행정기본법」 제10조, 「경찰관 직무집행법」 제1조 제2항에 명문으로 규정되어 있다.

## 26

다음 행정행위 중 강학상 특허에 해당하는 않는 것은? (다툼이 있는 경우 판례에 의함)

① 도로점용허가
② 재단법인의 정관변경허가
③ 광업허가
④ 개인택시면허

## 27

「행정기본법」상 기간의 계산에 관한 설명으로 옳지 않은 것은?

① 행정에 관한 기간의 계산에 관하여는 「행정기본법」 또는 다른 법령등에 특별한 규정이 있는 경우를 제외하고는 「민법」을 준용한다.

② 처분에서 의무를 부과하는 경우, 의무가 지속되는 기간의 계산은 기간을 일, 주, 월 또는 연으로 정한 경우에는 기간의 첫날을 산입하는 것이 원칙이나 국민에게 불리한 경우에는 이를 적용하지 아니한다.

③ 법령등에서 국민의 권익을 제한하는 경우, 권익이 제한되는 기간의 계산에 있어 기간의 말일이 토요일 또는 공휴일인 경우에는 기간은 그 익일로 만료한다.

④ 법령등을 공포한 날부터 일정 기간이 경과한 날부터 시행하는 경우 법령등을 공포한 날을 첫날에 산입하지 아니한다.

## 28

강학상 경찰허가에 관한 설명 중 가장 적절한 것은? (다툼이 있는 경우 판례에 의함)

① 특별한 규정이 없는 한, 허가를 받게 되면 다른 법령상의 제한들도 모두 해제되는 것이 원칙이다.

② 특별한 규정이 없는 한, 허가는 법령이 부과한 작위의무, 부작위의무 및 급부의무를 모두 해제하는 것이다.

③ 허가여부의 결정기준은 처분 시의 법령과 허가기준에 의하여 처리되어야 하고, 허가신청 당시의 기준에 따라야 하는 것은 아니다.

④ 일반적으로 영업허가를 받지 아니한 상태에서 행한 사법상 법률행위는 위법이다.

## 29

「행정절차법」상 행정지도에 관한 설명 중 가장 적절하지 않은 것은?

① 행정지도는 그 목적 달성에 필요한 최소한도에 그쳐야 하며, 행정지도의 상대방의 의사에 반하여 부당하게 강요하여서는 아니 된다.

② 행정기관은 행정지도의 상대방이 행정지도에 따르지 아니하였다는 것을 이유로 불이익한 조치를 하여서는 아니 된다.

③ 행정지도의 상대방은 해당 행정지도의 내용뿐만 아니라 행정지도의 방식에 관해서도 행정기관에 의견제출을 할 수 있다.

④ 행정지도가 말로 이루어지는 경우에 상대방이 행정지도의 취지 및 내용과 신분의 사항을 적은 서면의 교부를 요구하면 그 행정지도를 하는 자는 직무 수행에 특별한 지장이 없으면 이를 교부할 수 있다.

## 30

경찰의무의 이행확보수단에 대한 설명으로 가장 적절한 것은?

① 형사처벌과 이행강제금을 병과하는 것은 헌법상의 이중처벌금지의 원칙에 위반된다.

② 경찰상 강제집행이란 경찰하명에 따른 경찰의무의 불이행이 있는 경우에 상대방의 신체 또는 재산이나 주거 등에 실력을 행사하여 경찰상 필요한 상태를 실현하는 작용으로 직접적 또는 간접적 의무의 이행확보수단이다.

③ 즉시강제는 경찰상의 이행을 확보하기 위한 가장 효과적인 수단이며, 공공의 안녕 또는 질서에 대한 급박한 위해가 존재하는 경우에는 국가는 그 위해를 제거하여 공공의 안녕과 질서를 유지할 자연법적 권리와 의무를 가지므로, 특별한 법률적 근거가 없다 하더라도 경찰상의 즉시강제가 가능하다.

④ 경찰상의 강제집행을 하기 위해서는 경찰의무를 부과하는 경찰하명의 근거가 되는 법률 이외에 경찰상의 강제집행을 위한 별도의 법적 근거는 필요 없다.

## 31

국가배상에 관한 설명으로 가장 적절한 것은? (다툼이 있는 경우 판례에 의함)

① 경찰관의 부작위를 이유로 한 국가배상책임을 인정하기 위한 요건으로서의 '법령 위반'이란 형식적 의미의 법령에 명시적으로 공무원의 작위의무가 규정되어 있는데도 이를 위반하는 경우를 의미하며, 인권존중·권력남용금지·신의성실과 같이 공무원으로서 마땅히 지켜야 할 준칙이나 규범을 지키지 않고 위반한 경우는 포함하지 않는다.

② 외국인이 피해자인 경우 국가배상청구권은 해당 국가와 상호 보증이 있을 때에만 인정되므로, 그 상호 보증은 외국의 법령, 판례 및 관례 등에 의한 발생요건을 비교하여 인정되는 것이 아니라 반드시 당사국과의 조약이 체결되어 있어야 한다.

③ 국민의 생명·신체·재산 등을 보호하는 것을 본래의 사명으로 하는 국가는 형식적 의미의 법령에 근거가 없다면 경찰공무원에 대하여 위험을 배제할 작위의무를 인정할 수 없으므로, 경찰공무원의 부작위를 이유로 국가배상책임을 인정할 수 없다.

④ 시위진압이 불필요하거나 또는 불법시위의 태양 및 시위 장소의 상황 등에서 예측되는 피해 발생의 구체적 위험성의 내용에 비추어 시위진압의 계속 수행 내지 그 방법 등이 현저히 합리성을 결하였다면 경찰관의 직무집행이 법령에 위반한 것이라고 할 수 있다.

## 32

「행정심판법」상 재결에 관한 설명으로 옳지 않은 것은?

① 재결은 서면으로 하며, 청구인에게 재결서의 정본이 송달되었을 때에 그 효력이 생긴다.

② 행정심판위원회는 사정재결을 할 수 없다.

③ 행정심판위원회는 심판청구의 대상이 되는 처분보다 청구인에게 불리한 재결을 하지 못한다.

④ 행정심판위원회는 심판청구가 적법하지 아니하면 그 심판청구를 각하한다.

## 33

「경찰관 직무집행법」상 불심검문에 대한 설명으로 적절한 것은 모두 몇 개인가? (다툼이 있는 경우 판례에 따름)

가. 경찰관은 동행한 사람의 가족이나 친지 등에게 동행한 경찰관의 신분, 동행 장소, 동행 목적과 이유를 알리거나 다른 사람으로 하여금 즉시 연락할 수 있는 기회를 주어야 하며, 변호인의 도움을 받을 권리가 있음을 알려야 한다.

나. 경찰관이 불심검문 대상자 해당 여부를 판단할 때에는 불심검문 당시의 구체적 상황은 물론 사전에 얻은 정보나 전문적 지식 등에 기초하여 불심검문 대상자인지를 객관적·합리적인 기준에 따라 판단하여야 하며, 반드시 불심검문 대상자에게 형사소송법상 체포나 구속에 이를 정도의 혐의가 있을 것을 요한다.

다. 경찰관은 불심검문시 그 장소에서 질문을 하는 것이 그 사람에게 불리하거나 교통에 방해가 된다고 인정될 때에는 질문을 하기 위하여 가까운 경찰청·경찰서·지구대·파출소 또는 출장소(해양경찰관서 미포함)로 동행할 것을 요구할 수 있다. 이 경우 동행을 요구받은 사람은 그 요구를 거절할 수 있다.

라. 경찰관은 불심검문 대상자에게 질문을 할 때에 그 사람이 흉기를 가지고 있는지를 조사하여야 한다.

마. 「주민등록법」에서는 경찰관이 범인을 체포하는 등 그 직무를 수행할 때에 신원확인을 위하여 주민등록증의 제시를 요구할 수 있고, 이때 정복근무 중인 경우 외에는 미리 신원을 표시하는 증표를 내보여야 한다고 규정하고 있다.

① 0개
② 1개
③ 2개
④ 3개

## 34

「경찰 물리력 행사의 기준과 방법에 관한 규칙」상 경찰 물리력 사용의 정도(경찰관의 대응 수준)에 관한 내용으로 옳지 않은 것은?

① 저위험 물리력이란 '적극적 저항' 이상의 상태인 대상자에 대해 사용할 수 있는 물리력 수준으로서, 대상자가 통증을 느낄 수 있으나 신체적 부상을 당할 가능성은 낮은 물리력을 말하며, 적극적 저항이란 대상자가 자신에 대한 경찰관의 체포·연행 등 정당한 공무집행을 방해하지만 경찰관 또는 제3자에 대해 위해 수준이 낮은 행위만을 하는 상태를 말한다.

② 협조적 통제란 '순응' 이상의 상태인 대상자에 대해 사용할 수 있는 물리력 수준으로서, 대상자의 협조를 유도하거나 협조에 따른 물리력을 말하며, 여기서 말하는 순응이란 대상자가 경찰관의 지시, 통제에 따르는 상태를 말한다.

③ 접촉 통제란 '소극적 저항' 이상의 상태인 대상자에 대해 사용할 수 있는 물리력 수준으로서, 대상자 신체 접촉을 통해 경찰목적 달성을 강제하지만 신체적 부상을 야기할 가능성은 극히 낮은 물리력을 말하며, 소극적 저항이란 대상자가 경찰관의 지시, 통제를 따르지 않고 비협조적이지만 경찰관 또는 제3자에 대해 직접적인 위해를 가하지 않는 상태를 말한다.

④ 고위험 물리력이란 '폭력적 공격' 이상의 상태의 대상자에 대해 사용할 수 있는 물리력 수준으로서, 대상자에게 신체적 부상을 입힐 수 있으나 생명·신체에 대한 중대한 위해 발생 가능성은 낮은 물리력을 말하며, 폭력적 공격이란 대상자가 경찰관 또는 제3자에 대해 신체적 위해를 가하는 상태를 말한다.

## 35

「아동·청소년의 성보호에 관한 법률」상 아동·청소년대상 디지털 성범죄 수사특례에 관한 규정에 대한 설명으로 적절하지 않은 것은?

① 사법경찰관리는 디지털 성범죄에 대해 신분을 비공개하고 범죄현장에 접근하여 증거를 수집할 수 있다.

② 사법경찰관리가 신분비공개수사를 진행하고자 할 때에는 사전에 상급 경찰관서 수사부서의 장의 승인을 받아야 한다. 이 경우 그 수사기간은 3개월을 초과할 수 없다.

③ 신분위장수사 절차를 거칠 수 없는 긴급을 요하는 때에는 동법 제25조의2 제2항(신분위장수사)의 요건을 구비하고 법원의 허가 없이 신분위장수사를 할 수 있다. 이 경우, 사법경찰관리는 신분위장수사 개시 후 지체 없이 검사에게 허가를 신청하여야 하고, 48시간 이내에 법원의 허가를 받지 못한 때에는 즉시 신분위장수사를 중지하여야 한다.

④ 신분비공개수사로 수집한 증거는 어떤 경우에도 형사 소송에서 사용할 수 없다.

## 36

「스토킹범죄의 처벌 등에 관한 법률」상 응급조치로 적절한 것은 모두 몇 개인가?

가. 스토킹 피해 관련 상담소 또는 보호시설로의 피해자 등 인도(피해자 등이 동의한 경우만 해당한다)
나. 스토킹행위자와 피해자 등의 분리 및 범죄수사
다. 피해자 또는 그의 동거인, 가족이나 그 주거등으로부터 100미터 이내의 접근 금지
라. 「전자장치 부착 등에 관한 법률」 제2조 제4호의 위치추적 전자장치(이하 "전자장치"라 한다)의 부착
마. 스토킹행위의 제지, 향후 스토킹행위의 중단 통보 및 스토킹행위를 지속적 또는 반복적으로 할 경우 처벌 서면경고

① 1개
② 2개
③ 3개
④ 4개

## 37

「재난 및 안전관리 기본법」에 관한 설명으로 가장 적절한 것은?

① '재난'이란 국민의 생명·신체·재산과 국가에 피해를 주거나 줄 수 있는 것으로서 자연재난, 인적재난, 사회재난으로 구분된다.

② '재난관리'란 재난이나 그 밖의 각종 사고로부터 사람의 생명·신체 및 재산의 안전을 확보하기 위하여 하는 모든 활동을 말한다.

③ 경찰청장은 국가 및 지방자치단체가 행하는 재난 및 안전관리 업무를 총괄·조정한다.

④ 행정안전부장관은 대통령령으로 정하는 재난이 발생하거나 발생할 우려가 있는 경우 사람의 생명·신체 및 재산에 미치는 중대한 영향이나 피해를 줄이기 위하여 긴급한 조치가 필요하다고 인정하면 중앙위원회의 심의를 거쳐 재난사태를 선포할 수 있다. 다만, 행정안전부장관은 재난상황이 긴급하여 중앙위원회의 심의를 거칠 시간적 여유가 없다고 인정하는 경우에는 중앙위원회의 심의를 거치지 아니하고 재난사태를 선포할 수 있다.

## 38

음주운전 관련 판례에 관한 설명 중 가장 적절하지 않은 것은? (다툼이 있는 경우 판례에 의함)

① 피고인의 음주와 음주운전을 목격한 참고인이 있는 상황에서 경찰관이 음주 및 음주운전 종료로부터 약 5시간 후 집에서 자고 있는 피고인을 연행하여 음주측정을 요구한 데에 대하여 피고인이 불응한 경우, 「도로교통법」상 음주측정불응죄가 성립되지 않는다.

② 술에 취해 자동차 안에서 잠을 자다가 추위를 느껴 히터를 가동시키기 위하여 시동을 걸었고, 실수로 자동차의 제동장치 등을 건드렸거나 처음 주차할 때 안전조치를 제대로 취하지 아니한 탓으로 원동기의 추진력에 의하여 자동차가 약간 경사진 길을 따라 앞으로 움직여 피해자의 차량 옆면을 충격하게 된 경우는 자동차의 운전에 해당하지 않는다.

③ 오토바이를 운전하여 자신의 집에 도착한 상태에서 단속경찰관으로부터 주취운전에 관한 증거수집을 위한 음주측정을 위하여 인근 파출소까지 동행하여 줄 것을 요구받고 이를 명백하게 거절하였음에도 위법하게 체포·감금된 상태에서 이 사건 음주측정요구를 받게 되었으므로, 그와 같은 음주측정요구에 응하지 않았다고 하여 피고인을 음주측정거부에 관한 도로교통법 위반죄로 처벌할 수 없다.

④ 운전자가 경찰공무원으로부터 음주측정을 요구받고 호흡측정기에 숨을 내쉬는 시늉만 하는 등 형식적으로 음주측정에 응하였을 뿐 경찰공무원의 거듭된 요구에도 불구하고 호흡측정기에 음주 측정수치가 나타날 정도로 숨을 제대로 불어넣지 아니하였다면 이는 실질적으로 음주측정에 불응한 것과 다를 바 없다.

# 39

「집회 및 시위에 관한 법률」에 관한 설명으로 가장 적절한 것은?

① 옥외집회나 시위를 주최하려는 자는 신고서를 옥외집회나 시위를 시작하기 720시간 전부터 48시간 전에 관할 경찰서장에게 제출하여야 한다. 다만, 옥외집회 또는 시위 장소가 두 곳 이상의 경찰서의 관할에 속하는 경우에는 관할 시·도경찰청장에게 제출하여야 하고, 두 곳 이상의 시·도경찰청 관할에 속하는 경우에는 경찰청장에게 제출하여야 한다.

② 관할 경찰서장 또는 시·도경찰청장은 신고서를 접수하면 신고자에게 접수 일시를 적은 접수증을 즉시 내주어야 하며, 신고서의 기재 사항에 미비한 점을 발견하면 접수증을 교부한 때부터 12시간 이내에 주최자에게 24시간을 기한으로 그 기재 사항을 보완할 것을 통고하여야 한다.

③ 신고서를 접수한 관할경찰관서장은 신고된 옥외집회 또는 시위가 신고서 기재사항을 보완하지 아니한 때에는 신고서를 접수한 때부터 48시간 이내에 집회 또는 시위를 금지할 것을 주최자에게 통고할 수 있다. 다만, 집회 또는 시위가 집단적인 폭행, 협박, 손괴, 방화 등으로 공공의 안녕 질서에 직접적인 위험을 초래한 경우에는 남은 기간의 해당 집회 또는 시위에 대하여 신고서를 접수한 때부터 48시간이 지난 경우에도 금지 통고를 할 수 있다.

④ 집회 또는 시위의 주최자는 ③에 따른 금지 통고를 받은 날부터 10일 이내에 해당 경찰관서의 장에게 이의를 신청할 수 있다.

# 40

「출입국관리법 시행령」상 외국인의 체류자격에 대한 설명이다. ㉠~㉣의 괄호 안에 들어갈 내용이 가장 적절한 것은?

- ( ㉠ )-2, 유학: 전문대학 이상의 교육기관 또는 학술연구기관에서 정규과정의 교육을 받거나 특정 연구를 하려는 사람
- E-( ㉡ ), 회화지도: 법무부장관이 정하는 자격요건을 갖춘 외국인으로서 외국어 전문학원, 초등학교 이상의 교육기관 및 부설어학연구소, 방송사 및 기업체 부설 어학연수원, 그 밖에 이에 준하는 기관 또는 단체에서 외국어 회화지도에 종사하려는 사람
- ( ㉢ )-6, 예술흥행: 수익이 따르는 음악, 미술, 문학 등의 예술활동과 수익을 목적으로 하는 연예, 연주, 연극, 운동경기, 광고·패션모델, 그 밖에 이에 준하는 활동을 하려는 사람
- F-( ㉣ ), 결혼이민: 국민과 혼인관계(사실상의 혼인관계를 포함)에서 출생한 자녀를 양육하고 있는 부 또는 모로서 법무부장관이 인정하는 사람

　　㉠ ㉡ ㉢ ㉣
① E 2 F 4
② D 2 E 6
③ E 1 F 4
④ D 1 E 6

# 총알 총정리 모의고사 2회

## 01

**경찰개념에 관한 설명으로 가장 적절하지 않은 것은?**

① 경찰개념은 역사적으로 발전되고 형성된 개념이므로, 근대국가에서의 일반적인 경찰개념을 '공공의 안녕과 질서유지를 위한 권력작용'이라고 할 경우, 이는 각국의 실정법상 경찰개념과 일치한다.

② 1931년 제정된 「프로이센 경찰행정법」 제14조 제1항은 크로이츠베르크 판결에 의해 발전된 실질적 의미의 경찰개념을 성문화시켰다.

③ 실질적 의미의 경찰을 보안경찰과 협의의 행정경찰로 구분하는 것이 일반적 견해라고 할 때, 보안경찰은 독립적인 경찰기관이 관할하지만, 협의의 행정경찰은 각종의 일반행정기관이 함께 그것을 관장하는 경우가 많다.

④ 경찰의 개념을 형식적 의미의 경찰과 실질적 의미의 경찰로 구분할 때, 행정경찰은 실질적 의미의 경찰을 포함하고 사법경찰(수사경찰)은 형식적 의미의 경찰에 포함된다.

## 02

**국가경찰과 자치경찰에 대한 설명으로 적절하지 않은 것은 모두 몇 개인가?**

> 가. 자치경찰은 국가경찰과 비교하여 비권력적 수단보다는 권력적 수단을 통해 국민의 생명과 신체·재산을 보호하고자 한다.
>
> 나. 국가경찰은 자치경찰과 비교하여 타 행정부문과의 긴밀한 협조·조정이 원활하다.
>
> 다. 자치경찰은 국가경찰과 비교하여 지역주민에 대한 경찰의 책임의식이 높다.
>
> 라. 국가경찰은 자치경찰과 비교하여 지역실정을 반영한 경찰조직의 운영·관리가 용이하다.
>
> 마. 국가경찰은 자치경찰과 비교하여 인권과 민주성이 보장되어 주민들의 지지를 받기 쉽다.

① 1개          ② 2개

③ 3개          ④ 4개

## 03

**위험에 대한 설명으로 옳은 것은?**

> 경찰관 A는 주택가 순찰 중 한 집에서 비명 소리가 나는 것을 듣고 가정폭력이 발생한 것으로 오인했다. 경찰관 A는 상황의 긴급성을 판단하여 창문을 깨고 들어갔으나, 안에서는 가족들이 공포 영화를 시청하며 장난치고 있었다.

① 의무에 합당한 사려 깊은 판단을 할 때 실제로 위험의 가능성은 예측되나 불확실한 경우에 해당한다.

② 경찰관 A가 문을 부수고 들어간 행위는 위법한 경찰개입이므로 경찰관 개인에게는 민·형사상 책임이 있다.

③ 경찰관 A가 문을 부수고 들어간 행위는 경찰상 위험에 해당하는 적법한 경찰개입이므로 경찰관 A에게 민·형사상 책임을 물을 수 없다.

④ 경찰관 A가 문을 부수고 들어간 행위로 인한 손해로 국가는 손해배상책임이 발생할 수 있다.

## 04

**범죄원인론에 대한 설명으로 가장 적절하게 연결되지 않은 것은?**

① 쇼와 맥케이(Shaw & Mckay)의 사회해체이론 – 회사원인 甲은 IMF로 인한 실직으로 사업자금을 마련하고자 어쩔 수 없이 살고 있던 집을 처분하고 빈민가로 이사를 하였는데, 자신의 아들 乙이 점점 비행소년으로 변해가는 것을 안타깝게 생각한다.

② 글레이저(Glaser)의 차별적 동일시 이론 – 청소년들이 영화 주인공을 모방하고 자신들과 동일시하면서 범죄를 학습해 범죄가 발생한다고 보았다.

③ 서덜랜드(Sutherland)의 차별적 접촉이론 – 범죄는 범죄적 전통을 가진 사회에서 많이 발생하며, 이러한 사회에서 개인은 범죄에 접촉·동조하면서 학습한다고 한다.

④ 머튼(Merton)의 긴장(아노미)이론 – 범죄는 정상적인 것이며 불가피한 사회적 행위라는 입장에서 사회 규범의 붕괴로 인해 범죄가 발생한다.

## 05

**다음은 순찰 효과연구에 대한 설명이다. 실험과 그 내용이 옳게 연결된 것은?**

ㅤ
| |
| --- |
| ㉠ 순찰의 효과를 측정한 최초의 실험으로 순찰 근무 경찰관의 수를 두배로 증원·배치하였어도 다른 변수가 통제되지 않아 신뢰도가 낮다. |
| ㉡ 자동차순찰을 증가하였음에도 범죄 발생은 감소하지 않고, 순찰을 생략해도 범죄는 증가하지 않아 순찰활동 전략을 재고하게 만든 실험이다. |
| ㉢ 도보순찰을 강화하여도 범죄율은 감소되지 않았으나, 주민들의 태도에는 긍정적인 영향을 미쳤다. |
| ㉣ 실험기간동안 범죄가 증가했음에도 자동차순찰보다 도보순찰이 시민들은 오히려 더 안전하다고 느끼고 있음이 밝혀졌다. |

| |
| --- |
| ⓐ 뉴왁시의 도보순찰실험 |
| ⓑ 캔자스시의 예방순찰실험 |
| ⓒ 플린트 도보순찰실험 |
| ⓓ 뉴욕경찰의 25구역순찰실험 |

① ㉠-ⓐ　　　　　② ㉡-ⓓ
③ ㉢-ⓑ　　　　　④ ㉣-ⓒ

## 06

**범죄통제이론에 대한 설명 중 적절하지 않은 것은 모두 몇 개인가?**

① 억제이론은 고전학파의 입장으로 폭력과 같은 충동적 범죄에는 적용에 한계가 있다.

② 치료 및 갱생이론은 비용부담이 많고, 적극적 범죄예방에는 한계가 있다.

③ 상황적 범죄예방이론의 일종인 합리적 선택이론은 억제이론과 같이 인간의 자유의지를 전제로, 범죄자는 비용과 이익을 계산하여 자신에게 유리한 경우에 범죄를 저지른다고 한다.

④ 상황적 범죄예방이론의 일종인 범죄패턴이론은 범죄에는 일정한 시간적 패턴이 있다.

## 07

브랜팅햄(P.J.Brantingham)와 파우스트(F.L.Faust)가 제시한 범죄예방 접근법의 설명으로 옳은 것은?

① 범죄예방 대상의 1차적 예방은 범죄자이고, 2차적 예방은 우범자나 우범집단, 3차적 예방은 일반대중이다.

② 3단계 범죄예방은 1차적 예방은 범죄의 기회를 제공하는 물리적 환경조건을 찾아 개입하는 전략, 2차적 예방은 잠재적 범죄자를 초기에 발견하여 개입하는 전략과 범죄발생 원인에 영향을 미치는 경제 및 사회 조건에 개입하는 전략, 3차적 예방은 상습범 대책수립 및 재범억제를 지향하는 전략이다.

③ 경찰이 범인을 검거 구속하여 사회와 격리시킴으로써 더 이상의 범죄를 저지르지 않도록 하는 것을 브랜팅햄과 파우스트는 제2차적 범죄예방모형이라고 분류하였다.

④ 경찰이 금융기관에 CCTV를 설치할 것을 독려하고 금은방에 비상벨을 달도록 지도하는 활동을 브랜팅햄과 파우스트는 1차적 범죄예방모형이라고 분류하였다.

## 08

다음은 하이덴하이머(A. J. Heidenheimer)의 부정부패 개념 정의 및 분류와 유형에 관한 것이다. 부패에 대한 설명이 가장 적절하게 연결된 것은?

① 관직중심적 정의(public-office-centered) - 부패는 뇌물수수행위와 특히 결부되어 있지만, 반드시 금전적인 형태일 필요가 없는 사적 이익을 고려한 결과로 권위를 남용하는 경우를 포괄하는 용어이다.

② 공익중심적 정의(public-interest-centered) - 고객들은 잘 알려진 위험을 감수하고라도 원하는 이익을 받는 것을 확실히 하기 위하여 높은 가격(뇌물)을 지불하는 결과로 부패가 발생한다.

③ 흑색부패 - 사회구성원 가운데 특히 엘리트를 중심으로 일부집단은 처벌을 원하지만, 다른 일부집단은 처벌을 원하지 않는 경우의 부패를 말한다.

④ 백색부패 - 사회 전체에 심각한 해를 끼치는 부패로 구성원 모두가 인정하고 처벌을 원하는 부패를 말한다.

## 09

다음은 경찰부패에 대한 설명이다. 빈칸 ㉠부터 ㉣까지 들어갈 것으로 가장 적절하게 짝지어진 것은?

- ( ㉠ )은 시카고 시민이 경찰을 부패시켰다고 윌슨이 주장하면서 시민사회의 부패가 경찰부패의 주원인이라고 보는 이론이다.
- ( ㉡ )은 작은 사례나 호의는 시민과의 긍정적인 사회관계를 만들어주는 것으로, 작은 호의의 긍정적인 효과를 강조하는 이론이다.
- ( ㉢ )은(는) 남의 비행에 대하여 일일이 참견하면서 도덕적 충고를 하는 것을 의미한다.
- ( ㉣ )은(는) 도덕적 가치관이 붕괴되어 동료의 부패를 부패라고 인식하지 못하는 것을 의미하며, 부패를 잘못된 행위로 인식하고 있지만 동료라서 모르는 척하는 침묵의 규범과는 구별되는 개념이다.

| | ㉠ | ㉡ | ㉢ | ㉣ |
|---|---|---|---|---|
| ① | 전체사회 가설 | 사회 형성재 이론 | Busy bodiness | Moral hazard |
| ② | 전체사회 가설 | 미끄러지기 쉬운 경사로 이론 | Whistle blowing | Deep throat |
| ③ | 구조원인 가설 | 사회 형성재 이론 | Busy bodiness | Deep throat |
| ④ | 구조원인 가설 | 미끄러지기 쉬운 경사로 이론 | Whistle blowing | Moral hazard |

## 10

「경찰청 공무원 행동강령」에 대한 설명으로 가장 적절한 것은?

① 공무원은 「범죄수사규칙」 제30조에 따른 경찰관서 내 수사 지휘에 대한 이의제기와 관련하여 행동강령책임관에게 상담을 요청하여야 한다.

② 정책의 수립·시행을 위한 의견교환 또는 업무협의 등 공적인 목적을 위하여 필요한 경우라도 공무원은 직무관련자와는 비용 부담 여부와 관계없이 골프를 같이 하여서는 아니 된다.

③ 경찰청 공무원 행동강령 제4조 제1항과 제2항 관련 상담 요청을 받은 행동강령책임관은 지시 내용을 확인하는 과정에서 부당한 지시를 한 상급자가 스스로 그 지시를 취소하거나 변경하였을 때에는 소속 기관의 장에게 보고하여야 한다.

④ 공무원은 동창회 등 친목단체에 직무관련자가 있어 부득이 골프를 하는 경우에는 소속관서 행동강령책임관에게 사전에 신고하여야 하며, 사전에 신고하기 어려운 특별한 사유가 있는 경우에는 사후에 즉시 신고하여야 한다.

## 11

다음 중 「공직자의 이해충돌 방지법」상 위반행위와 벌칙 규정 내용이다. 옳지 않은 것은 모두 몇 개인가?

⊙ 직무상 비밀·소속기관의 미공개 정보를 이용, 재물 또는 재산상 이득을 취한 공직자 – 7년 이하 징역 또는 7천만원 이하 벌금(병과 가능)

ⓛ 공직자로부터 직무상 비밀 또는 소속 공공기관의 미공개정보임을 알면서도 제공받거나 부정한 방법으로 취득하고 이를 이용하여 재물 또는 재산상의 이익을 취득한 자 – 3년 이하 징역 또는 3천만원 이하 벌금

ⓒ 공공기관(산하기관, 자회사)에 가족이 채용되도록 지시·유도 또는 묵인을 한 공직자 – 3천만원 이하의 과태료

ⓔ 직무관련자와의 거래를 신고하지 않은 공직자 – 2천만원 이하의 과태료

ⓜ 업무활동 내역을 제출하지 아니한 고위공직자 – 1천만원 이하의 과태료

① 0개      ② 1개
③ 3개      ④ 5개

## 12

경찰의 적극행정에 대한 설명으로 가장 적절하지 않은 것은?

① 적극행정의 대상·범위 및 유형은 공공 재화와 서비스의 제공, 규제혁신 등 정부의 정책, 공무원이 직무를 수행하는 모든 방식과 행위를 대상으로 한다.

② 「경찰청 적극행정 면책제도 운영규정」상 '적극행정'이란 경찰청 및 그 소속기관의 공무원 또는 산하단체의 임·직원이 국가 또는 공공의 이익을 증진하기 위해 성실하고 능동적으로 업무를 처리하는 행위를 말한다.

③ 「적극행정 운영규정」상 '소극행정'이란 공무원이 부작위 또는 직무태만 등 소극적 업무행태로 국민의 권익을 침해하거나 국가 재정상 손실을 발생하게 하는 행위를 말한다.

④ 「공공감사에 관한 법률」상 자체감사를 받는 사람이 불합리한 규제의 개선 등 공공의 이익을 위하여 업무를 적극적으로 처리한 결과에 대하여 그의 행위에 고의나 과실이 없는 경우에는 이 법에 따른 징계 요구 또는 문책 요구 등 책임을 묻지 아니한다.

## 13

**1894년 갑오개혁 당시 추진되었던 경찰제의 설명 중 옳고 그름의 표시(O, X)가 바르게 된 것은?**

> 가. 경무청관제직장에 의해 당시의 좌우포도청을 합하여 경무청을 신설하고(장으로 경무관을 둠), 한성부 내 일체의 경찰사무를 관장하게 하였다.
> 나. 1894년 6월 일본각의에서 한국경찰의 창설을 결정하여 내정개혁의 방안으로서 조선에 경찰 창설을 요구하였다. 이에 김홍집내각은 각아문 관제에서 경찰을 법무아문 소속으로 설치할 것을 결정하였다. 그러나 곧 경찰을 내무아문 소속으로 변경하였다.
> 다. 행정경찰장정은 일본의 행정경찰규칙(1875년)과 위경죄즉결례(1885년)를 혼합하여 만든 한국경찰 최초의 경찰작용법으로 영업·시장·회사 및 소방·위생, 결사·집회, 신문잡지·도서 등 광범위한 영역의 사무가 포함되었다.
> 라. 한성부의 5부 내에 경찰지서를 설치하고 서장을 경무사로 보하였다.
> 마. 1896년 한성과 부산 간의 군용전신선의 보호를 명목으로 일본의 헌병대가 주둔하게 되었는데, 헌병은 사법경찰을 제외한 군사경찰·행정경찰을 겸하였다.

① 가.(O) 나.(X) 다.(X) 라.(X) 마.(O)
② 가.(O) 나.(X) 다.(O) 라.(O) 마.(X)
③ 가.(X) 나.(O) 다.(O) 라.(X) 마.(X)
④ 가.(X) 나.(X) 다.(X) 라.(X) 마.(O)

## 14

**런던수도경찰청을 창시(1829년)한 로버트 필 경 (Sr. Robert Peel)이 경찰조직을 운영하기 위하여 제시한 기본적인 원칙(경찰개혁안 포함)에 대한 설명으로 가장 적절하지 않은 것은?**

① 모든 경찰활동은 문서로 기록을 남기어 차후 경찰력의 적절한 배치를 위한 기준이 되도록 하여야 한다.
② 경찰의 효율성은 항상 범죄나 무질서를 진압하는 가시적인 모습으로 판단하는 것이다.
③ 경찰의 기본적인 임무는 범죄와 무질서를 적게 하는 범죄 예방에 있다.
④ 모방범죄 예방을 위해 범죄발생 사항은 반드시 전파되어야 한다.

## 15

**다음 사례에 해당하는 인사행정 제도의 문제점으로 옳지 않은 것은?**

> 대통령에 당선 된 甲은 선거에 많은 도움을 준 자신과 같은 정당의 변호사 A를 장관으로 임명하였다.

① 차기 선거에서 자신이 속한 정당이 승리해야 관직에 계속 머물 수 있기 때문에 부득이 공금을 유용하여 정치자금을 헌납하는 등 정치의 부패를 초래할 수 있다.
② 정권이 교체될 때마다 공무원이 대량 경질되어 정책의 일관성이나 행정의 안정성을 저해할 수 있다.
③ 불필요한 관직의 증설로 인하여 예산의 낭비와 행정의 비능률현상을 초래한다.
④ 인사행정의 소극화, 형식화, 집권화를 초래한다.

## 16

동기부여이론의 종류 중 내용이론과 과정이론이 올바르게 연결된 것은?

> ㉠ 브룸(Vroom)의 기대이론
> ㉡ 매슬로우(Maslow)의 욕구단계이론
> ㉢ 허즈버그(Herzberg)의 욕구충족요인 이원론 (동기위생이론)
> ㉣ 맥그리거(McGregor)의 X이론·Y이론
> ㉤ 포터와 롤러(Porter & Lawler)의 업적만족이론
> ㉥ 아담스(Adams)의 공정성이론

① 내용이론-㉡㉢㉣, 과정이론-㉠㉤㉥
② 내용이론-㉠㉡㉢, 과정이론-㉤㉥㉣
③ 내용이론-㉡㉢㉥, 과정이론-㉠㉣㉤
④ 내용이론-㉡㉣㉥, 과정이론-㉠㉤㉢

## 17

「국가재정법」상 예산 편성 및 집행에 관한 설명 중 가장 적절한 것은?

① 각 중앙관서의 장은 제29조의 규정에 따른 예산 안편성지침에 따라 그 소관에 속하는 다음 연도의 세입세출예산·계속비·명시이월비 및 국고채무부담행위 요구서를 작성하여 매년 3월 31일까지 기획재정부장관에게 제출하여야 한다.
② 각 중앙관서의 장은 매년 1월 31일까지 해당 회계연도부터 5회계 연도 이상의 기간 동안의 신규사업 및 행정안전부장관이 정하는 주요 계속사업에 대한 중기사업계획서를 기획재정부장관에게 제출하여야 한다.
③ 기획재정부장관은 국회의 심의를 거쳐 대통령의 승인을 얻은 다음 연도의 예산안편성지침을 매년 3월 31일까지 각 중앙관서의 장에게 통보하여야 한다.
④ 기획재정부장관은 예산배정요구서에 따라 분기별 예산배정계획을 작성하여 국무회의의 심의를 거친 후 대통령의 승인을 얻어야 한다.

## 18

「보안업무규정」에 대한 설명으로 옳지 않은 것은 모두 몇 개인가?

> ㉠ Ⅰ급비밀은 누설될 경우 대한민국과 외교관계가 단절되고 전쟁을 일으키며, 국가의 방위계획·정보활동 및 국가방위에 반드시 필요한 과학과 기술의 개발을 위태롭게 하는 등의 우려가 있는 비밀을 말한다.
> ㉡ 비밀은 적절히 보호할 수 있는 최저등급으로 분류하되, 과도하거나 과소하게 분류해서는 아니 된다.
> ㉢ 비밀은 그 자체의 내용과 가치의 정도에 따라 분류하여야 하며, 다른 비밀과 관련하여 분류해서는 아니 된다.
> ㉣ 비밀을 휴대하고 출장 중인 사람은 비밀을 안전하게 보호하기 위하여 국내 경찰기관 또는 재외공관에 보관을 위탁할 수 있지만, 위탁받은 기관은 그 비밀을 보관할 의무는 없다.
> ㉤ 비밀은 보관하고 있는 시설 밖으로 반출해서는 아니 된다. 다만, 공무상 반출이 필요할 때에는 중앙행정기관의 장의 승인을 받아야 한다.

① 0개　　　　② 1개
③ 2개　　　　④ 3개

## 19

경찰통제에 대한 설명 중 가장 옳은 것은?

① 19세 이상의 국민은 경찰을 비롯한 공공기관의 사무처리가 법령위반 또는 부패행위로 인하여 공익을 현저히 해하는 경우 300인 이상의 연서로 감사원에 감사를 청구할 수 있다.
② 국회의 입법권·예산심의권, 상급기관의 하급기관에 대한 감사권은 사전통제에 해당한다.
③ 국회의 국정감사, 감사원의 직무감찰은 사후통제인 동시에 외부통제에 해당한다.
④ 국가경찰위원회, 청문감사인권관, 훈령권, 직무명령권 등은 내부통제에 해당한다.

## 20

다음 중 「경찰 인권보호 규칙」상 경찰청 및 그 소속 기관의 장이 진정을 기각할 수 있는 경우로 가장 적절한 것은?

① 진정인이나 피해자의 소재를 알 수 없는 경우
② 진정 내용은 사실이나 인권침해에 해당하지 아니하는 경우
③ 진정 내용이 인권침해에 해당하지 아니하는 것이 명백한 경우
④ 진정의 원인이 된 사실이 공소시효, 징계시효 및 민사상 시효 등이 모두 완성된 경우

## 21

「국가경찰과 자치경찰의 조직 및 운영에 관한 법률」상 목적, 책무, 경찰의 사무와 관련한 설명 중 옳은 것은?

① 국가와 공공단체는 국민의 생명·신체 및 재산을 보호하고 공공의 안녕과 질서유지에 필요한 시책을 수립·시행하여야 한다.
② 경찰은 그 직무를 수행할 때 헌법과 법령에 따라 국민의 자유와 권리 및 모든 개인이 가지는 불가침의 기본적 인권을 보호하고, 국민 전체에 대한 봉사자로서 공정·중립을 지켜야 하며, 부여된 권한을 남용하여서는 아니 된다.
③ 경찰공무원은 상관의 지휘·감독을 받아 직무를 수행하고, 그 직무수행에 관하여 서로 협력할 수 있다.
④ 경찰공무원은 구체적 사건수사와 관련된 ③의 지휘·감독의 적법성 또는 정당성에 대하여 이견이 있을 때에는 이의를 제기할 수 있으며, 직무수행에 필요한 사항은 따로 법률(경찰관 직무집행법)로 정한다.

## 22

「국가경찰과 자치경찰의 조직 및 운영에 관한 법률」
상 시·도자치경찰위원회에 관한 설명으로 옳지 않
은 것은 모두 몇 개인가?

> ㉠ 시·도자치경찰위원회 비상임 위원은 특정 성
> (性)이 10분의 6을 초과하지 아니해야 한다.
> ㉡ 시·도자치경찰위원회 위원장은 위원 중에서
> 시·도지사가 임명하고, 상임위원은 시·도자치
> 경찰위원회의 의결을 거쳐 위원 중에서 시·도경
> 찰청장의 제청으로 시·도지사가 임명한다.
> ㉢ 공무원이 아닌 위원에 대해서는 「국가공무원법」
> 제52조 및 제57조를 준용한다.
> ㉣ 시·도자치경찰위원회 위원장과 위원의 임기는
> 3년으로 하되, 위원만 한 차례 연임할 수 있다.
> ㉤ 시·도자치경찰위원회의 회의는 정기적으로 개
> 최하여야 한다. 다만 위원장이 필요하다고 인정
> 하는 경우, 위원 2명 이상이 요구하는 경우 및
> 시·도지사가 필요하다고 인정하는 경우에는 임
> 시회의를 개최할 수 있다.
> ㉥ 위원회의 의결된 내용이 법령에 위반되거나 공
> 익을 현저히 해친다고 판단되면 행정안전부장관
> 은 국가경찰위원회와 경찰청장을 거쳐 시·도지
> 사에게 재의를 요구하게 할 수 있다.

① 2개                     ② 3개
③ 4개                     ④ 5개

## 23

다음 박스의 내용은 자질 있는 인적 자원을 찾아내
고 이 자원을 효율적으로 활용하여 생산성의 극대
화를 추구하기 위한 인사관리제도의 한 예이다. 이
제도의 상세설명으로서 가장 적절하지 않은 것은?

> ㉠ 경찰관으로서의 적격성을 보유하고 있는지를 확
> 인하기 위해, 그리고 경찰 실무를 습득하기 위
> 해 일정기간 동안 시험보직을 명하게 하는 제
> 도이다.
> ㉡ 이 제도의 기간 중에는 신분보장을 받지 못한다.

① 대상자는 원칙적으로 신규 채용할 때에는 경정
이하의 경찰공무원으로 기간은 1년으로 하며,
그 기간이 만료된 다음 날에 정규 경찰공무원
으로 임용한다.

② 휴직기간, 직위해제기간 및 징계에 의한 정직처
분 또는 견책처분을 받은 기간은 ①에 따른 기
간에 산입하지 아니한다.

③ 경찰대학을 졸업한 사람 또는 경위공개경쟁채용
시험합격자로서 정하여진 교육훈련을 마친 사람
을 경위로 임용하는 경우에는 이 제도의 예외사
유에 해당한다.

④ 제2평정 요소에 대한 근무성적평정점이 만점의 50
퍼센트 미만인 경우 이 제도의 면직사유가 된다.

## 24

「경찰공무원 승진임용 규정」상 승진에 관한 설명 중 가장 적절하지 않은 것은?

① 경찰공무원의 승진임용은 심사승진·시험승진·특별승진으로 구분한다.

② 「경찰공무원 승진임용 규정」 제6조 제1항 제2호에 따르면 음주운전(음주측정에 응하지 않은 경우를 포함)으로 강등에 해당하는 징계처분을 받은 경찰공무원은 징계 처분의 집행이 끝난 날부터 18개월이 지나지 아니하면 심사승진 임용될 수 없다.

③ 임용권자나 임용제청권자는 심사승진후보자 명부에 기록된 사람이 승진임용되기 전에 정직 이상의 징계처분을 받은 경우에는 심사승진후보자 명부에서 그 사람을 제외하여야 한다.

④ 총경 이하의 경찰공무원에 대해서는 매년 근무성적을 평정하여야 하나 휴직·직위해제 등의 사유로 해당 연도의 평정기관에서 6개월 이상 근무하지 아니한 경찰공무원에 대해서는 근무성적을 평정하지 아니한다.

## 25

개인의 자유를 침해하거나 의무를 부과하는 행정은 반드시 법률의 근거가 있어야 한다는 원칙을 전제할 때, 법률의 근거 없이도 가능한 것을 모두 고른 것은? (다툼이 있는 경우 판례에 의함)

> ㉠ 경찰관의 학교 앞 교통지도
> ㉡ 주민을 대상으로 한 교통안전교육 실시
> ㉢ 과속 차량에 대한 벌금 부과
> ㉣ 공무원에게 특정 정치운동을 금지
> ㉤ 집회 참가자를 강제해산
> ㉥ 무단주차 차량에 대한 견인 조치

① ㉠㉡㉢        ② ㉠㉡㉣
③ ㉡㉢㉥        ④ ㉠㉡

## 26

「행정기본법」상 부당결부금지의 원칙에 해당하는 것은?

① 행정청은 합리적 이유 없이 국민을 차별해서는 아니 된다.

② 행정청의 행정작용은 행정목적을 달성하는 데 유효하고 적절해야 하며, 필요한 최소한도에 그칠 것이고, 행정작용으로 인한 국민의 이익 침해가 그 행정작용이 의도하는 공익보다 크지 아니해야 한다.

③ 행정청은 권한 행사의 기회가 있음에도 불구하고 장기간 권한을 행사하지 아니하여 국민이 그 권한이 행사되지 아니할 것으로 믿을 만한 정당한 사유가 있는 경우에는 그 권한을 행사해서는 아니 된다. 다만, 공익 또는 제3자의 이익을 현저히 해칠 우려가 있는 경우는 예외로 한다.

④ 행정청은 행정작용을 할 때 상대방에게 해당 행정작용과 실질적인 관련이 없는 의무를 부과해서는 아니 된다.

## 27

경찰하명에 대한 설명으로 가장 적절한 것은 모두 몇 개인가?

> 가. 경찰하명은 일반통치권에 기인하여 경찰목적을 달성하기 위해 국민에 대하여 작위·부작위·급부·수인 등 의무의 일체를 명하는 법률적 행정행위 또는 명령적 행정행위를 말한다.
>
> 나. 대간첩 지역이나 국가중요시설에 대한 접근제한명령이나 통행제한명령은 작위하명의 성질을 갖는다.
>
> 다. 「경찰관 직무집행법」 제5조 제1항 제3호의 관계인에게 '필요한 조치를 하게 하는 것'은 상대방이 필요한 조치를 하도록 명하는 행위이더라도 하명의 성질은 아니다.
>
> 라. 도로교통법 위반에 의한 과태료납부의무는 하명이 아니다.

① 없음
② 1개
③ 2개
④ 3개

## 28

「개인정보 보호법」상 정의 및 개념에 관한 설명 중 가장 적절한 것은?

① "익명처리"란 개인정보의 전부를 삭제하거나 일부를 대체하는 등의 방법으로 추가 정보가 없이는 특정 개인을 알아볼 수 없도록 처리하는 것을 말한다.

② "이동형 영상정보처리기기"란 일정한 공간에 설치되어 지속적 또는 주기적으로 사람 또는 사물의 영상 등을 촬영하거나 이를 유·무선망을 통하여 전송하는 장치로서 대통령령으로 정하는 장치를 말한다.

③ 개인정보처리자는 개인정보의 처리 목적을 명확하게 하여야 하고 그 목적에 필요한 범위에서 최소한의 개인정보만을 적법하고 정당하게 수집하여야 한다.

④ 고정형영상정보처리기기운영자는 고정형 영상정보처리기기의 설치 목적과 다른 목적으로 고정형 영상정보처리기기를 임의로 조작하거나 다른 곳을 비춰서는 아니 되며, 녹음기능은 사용할 수 있다.

## 29

행정상 의무이행확보수단에 관한 설명으로 가장 적절하지 않은 것은? (다툼이 있는 경우 판례에 의함)

① 과징금과 가산세는 행정상 강제에 포함되는 행정상 금전적 제제처분이다.

② 「경찰관 직무집행법」 제6조 "경찰관은 범죄행위가 목전에 행하여지려고 하고 있다고 인정될 때에는 이를 예방하기 위하여 관계인에게 필요한 경고를 하고, 그 행위로 인하여 사람의 생명·신체에 위해를 끼치거나 재산에 중대한 손해를 끼칠 우려가 있는 긴급한 경우에는 그 행위를 제지할 수 있다" 규정은 행정상 즉시강제에 해당한다.

③ 「경찰관 직무집행법」 제4조 제1항 제1호에서 규정하는 술에 취한 상태로 인하여 자기 또는 타인의 생명·신체와 재산에 위해를 미칠 우려가 있는 피구호자에 대한 보호조치는 행정상 즉시강제에 해당한다.

④ 과징금은 원칙적으로 행정법상의 의무를 위반한 자에 대하여 당해 위반행위로 얻게 된 경제적 이익을 박탈하기 위한 목적으로 부과하는 금전적인 제재이고, 가산세는 개별 세법이 과세의 적정을 기하기 위하여 정한 의무의 이행을 확보할 목적으로 그 의무 위반에 대하여 세금의 형태로 가하는 행정상 제재이다.

## 30

「행정절차법」상 확약에 관한 설명으로 옳지 않은 것은?

① 법령등에서 당사자가 신청할 수 있는 처분을 규정하고 있는 경우 행정청은 당사자의 신청에 따라 장래에 어떤 처분을 하거나 하지 아니할 것을 내용으로 하는 확약을 할 수 있다.

② 행정청은 다른 행정청과의 협의 등의 절차를 거쳐야 하는 처분에 대하여 확약을 하려는 경우에는 확약을 한 후에 그 절차를 거쳐야 한다.

③ 행정청은 확약을 한 후에 확약의 내용을 이행할 수 없을 정도로 법령등이나 사정이 변경된 경우에는 지체 없이 당사자에게 그 사실을 통지하여야 한다.

④ 확약은 문서로 하여야 한다.

## 31

다음은 「행정소송법」상 행정소송의 종류에 대한 설명이다. 적절한 것은?

> 국가 또는 공공단체의 기관상호간에 있어서의 권한의 존부 또는 그 행사에 관한 다툼이 있을 때에 이에 대하여 제기하는 소송. 다만, 헌법재판소의 관장사항으로 되는 소송은 제외한다.

① 항고소송　　　　② 당사자소송
③ 민중소송　　　　④ 기관소송

## 32

「경찰관 직무집행법」상 직무집행의 위법성(직무상 의무위반)과 손해배상에 대한 판례의 내용으로 가장 적절하지 않은 것은?

① 경찰관이 교통법규 등을 위반하고 도주하는 차량을 순찰차로 추적하는 직무를 집행하는 중에 그 도주 차량의 주행에 의하여 제3자가 손해를 입은 경우, 추적의 개시·계속 혹은 추적의 방법이 상당하지 않다는 등의 특별한 사정이 없는 한 그 추적행위를 위법하다고 할 수는 없다.

② 경찰관이 농민들의 시위를 진압하고 시위과정에 도로상에 방치된 트랙터 1대에 대하여 이를 도로 밖으로 옮기거나 후방에 안전표지판을 설치하는 것과 같은 위험발생 방지조치(제5조)를 취하지 아니한 채 그대로 방치하고 철수하여 버린 결과, 야간에 그 도로를 진행하던 운전자가 위 방치된 트랙터를 피하려다가 다른 트랙터에 부딪혀 상해를 입은 경우 직무상의 의무를 위반한 위법이 인정된다.

③ 경찰관의 명령에 따라 순순히 손을 들고 나오면서 그대로 도주하는 범인을 경찰관이 뒤따라 추격하면서 등부위에 권총을 발사하여 사망케한 경우, 위와 같은 총기사용은 현재의 부당한 침해를 방지하거나 현재의 위난을 피하기 위한 상당성있는 행위라고 볼 수없는 것으로서 범인의 체포를 위하여 필요한 한도를 넘어 무기를 사용한 것이다.

④ 50cc 소형 오토바이 1대를 절취하여 운전중인 15~16세의 절도 혐의자 3인이 경찰관의 검문에 불응하며 도주하자, 경찰관이 체포 목적으로 오토바이의 바퀴를 조준하여 실탄을 발사하였으나 오토바이에 타고 있던 1인이 총상을 입게 된 경우, 제반 사정에 비추어 경찰관의 총기 사용은 사회통념상 허용하는 범위 내로서 적법하다.

## 33

「경찰관 직무집행법」 및 「경찰관의 정보수집 및 처리 등에 관한 규정」에 관한 내용으로 옳은 것은?

① 경찰관은 범죄·재난·공공갈등 등 공공안녕에 대한 위험의 예방과 대응을 위한 정보의 수집·작성·배포와 이에 수반되는 사실의 확인을 하여야 한다.

② 위 ①에 따른 정보의 구체적인 범위와 처리 기준, 정보의 수집·작성·배포에 수반되는 사실의 확인 절차와 한계는 행정안전부령으로 정한다.

③ 경찰관은 정보를 수집하거나 정보의 수집·작성·배포에 수반되는 사실을 확인하려는 경우에는 상대방에게 자신의 신분을 밝히고 정보 수집 또는 사실 확인의 목적을 설명해야 한다. 이 경우 강제적인 방법을 사용해서는 안 된다.

④ 「경찰관의 정보수집 및 처리 등에 관한 규정」에 따라 수집·작성·배포할 수 있는 정보의 구체적인 범위는 범죄수사에 필요한 정보, 국가중요시설의 안전 및 주요 인사의 보호에 필요한 정보 등이 있다.

## 34

「경찰관 직무집행법」에 규정된 경찰장비의 사용에 대한 내용으로 옳지 않은 것은?

① 경찰관은 현행범이나 사형·무기 또는 장기 3년 이상의 징역이나 금고에 해당하는 죄를 범한 범인의 체포 또는 도주 방지를 위하여 필요하다고 인정되는 상당한 이유가 있을 때에는 그 사태를 합리적으로 판단하여 필요한 한도에서 경찰장구를 사용할 수 있다.

② '권총'의 사용은 체포·구속영장과 압수·수색영장을 집행하는 과정에서 경찰관의 직무집행에 항거하거나 도주하려고 할 때에 그 행위를 방지하거나 그 행위자를 체포하기 위하여 무기를 사용하지 아니하고는 다른 수단이 없다고 인정되는 상당한 이유가 있을 경우 사용할 수 있다.

③ '분사기'는 법률에 정해진 직무 수행을 위해 부득이한 경우에 필요한 최소한의 범위에서 사용할 수 있으나, 최루탄은 사용이 금지되어 있다.

④ '경찰착용기록장치'는 사람의 생명·신체에 위해를 끼치거나 재산에 중대한 손해를 끼칠 우려가 있는 범죄행위를 긴급하게 예방 및 제지하는 경우 경찰관은 직무 수행을 위하여 필요한 경우에는 필요한 최소한의 범위에서 사용할 수 있다.

## 35

「112치안종합상황실 운영 및 신고처리 규칙」에 관한 설명으로 가장 적절한 것은?

① 시·도경찰청장 및 경찰서장은 112요원을 배치할 때에는 관할구역 내 지리감각, 언어 능력 및 상황 대처능력이 뛰어난 경찰공무원을 선발·배치해야 하며, 근무기간은 1년 이상으로 한다.

② 112요원은 접수한 신고의 내용이 code 4 신고의 유형에 해당하는 경우에는 출동요소에 지령하지 않고 자체 종결하거나, 소관기관이나 담당부서에 신고내용을 통보하여 처리하도록 조치해야 한다.

③ 112요원은 허위·오인으로 인한 신고 또는 경찰 소관이 아닌 내용의 사건으로 확인된 경우라면 타 부서의 계속적 조치가 필요하더라도 별도의 인계없이 112신고처리를 종결할 수 있다.

④ 112신고 접수 및 무선지령내용 녹음자료는 24시간 녹음하고 2개월간 보존한다.

## 36

다음은 「마약류 관리에 관한 법률 및 동법 시행령」상 마약류에 관한 설명이다. 〈보기 1〉의 설명과 〈보기 2〉 마약류의 품명이 가장 적절하게 연결된 것은?

〈보기 1〉

㉠ 선인장인 페이요트(Peyote)에서 추출 및 합성되며, 강력한 환각 효과와 감각의 변화를 일으킨다.

㉡ 골격근 이완의 효과가 있는 근골격계 질환 치료제이며, 과다복용 시 인사불성, 혼수쇼크, 호흡저하, 사망에까지 이를 수 있다.

㉢ 화학적으로 MDMA로 알려진 합성 약물로 복용하면 신체적 접촉 욕구가 강하게 발생하여 주로 파티나 클럽 씬에서 종종 남용된다고 한다.

㉣ 페놀계 화합물로 흔히 수면마취제라고 불리는 정맥마취제로서 수면내시경검사 마취 등에 사용되고, 환각제 대용으로 오남용되는 사례가 있으며, 정신적 의존성을 유발하기도 한다.

〈보기 2〉

ⓐ 카리소프로돌(S정)   ⓑ 엑스터시
ⓒ 메스카린          ⓓ 프로포폴

|   | ㉠ | ㉡ | ㉢ | ㉣ |
|---|---|---|---|---|
| ① | c | a | b | d |
| ② | c | b | a | d |
| ③ | b | c | d | a |
| ④ | b | a | d | c |

## 37

「국민보호와 공공안전을 위한 테러방지법」에 관한 설명으로 가장 적절한 것은?

① "테러위험인물"이란 테러를 실행·계획·준비하거나 테러에 참가할 목적으로 국적국이 아닌 국가의 테러단체에 가입하거나 가입하기 위하여 이동 또는 이동을 시도하는 내국인·외국인을 말한다.

② "테러단체"란 국제형사경찰기구(ICPO)가 지정한 테러단체를 말한다.

③ 관계기관의 장은 테러의 계획 또는 실행에 관한 사실을 관계기관에 신고하여 테러를 사전에 예방할 수 있게 하였거나, 테러에 가담 또는 지원한 사람을 신고하거나 체포한 사람에 대하여 대통령령으로 정하는 바에 따라 포상금을 지급할 수 있다.

④ 테러로 인하여 신체·재산·명예의 피해를 입은 국민은 관계기관에 즉시 신고하여야 한다. 다만, 인질 등 부득이한 사유로 신고할 수 없을 때에는 법률관계 또는 계약관계에 의하여 보호의무가 있는 사람이 이를 알게 된 때에 즉시 신고하여야 한다.

## 38

「도로교통법」상 자전거 통행방법에 대한 설명으로 옳은 것은?

① 자전거등의 운전자는 길가장자리구역(안전표지로 자전거의 통행을 금지한 구간은 제외한다)을 통행할 수 있다. 이 경우 자전거등의 운전자는 보행자의 통행에 방해가 될 때에는 서행할 수 있다.

② 자전거등의 운전자는 자전거도로가 설치되지 아니한 곳에서는 도로 좌측 가장자리에 붙어서 통행하여야 한다.

③ 자전거등의 운전자는 안전표지로 자전거등의 통행이 허용된 경우 등에는 보도를 통행할 수 있다. 이 경우 자전거등의 운전자는 보도 중앙으로부터 차도 쪽 또는 안전표지로 지정된 곳으로 서행하여야 하며, 보행자의 통행에 방해가 될 때에는 일시정지하여야 한다.

④ 자전거의 운전자가 횡단보도를 이용하여 도로를 횡단할 때에는 보행자에 주의하면서 서행하여야 한다.

## 39

다음 〈보기〉는 정보의 분류에 대한 설명이다. 옳지 않은 것을 모두 고르시오.

〈보기〉
㉠ 입수형태에 따른 분류 – 직접정보, 간접정보
㉡ 수집활동에 따른 분류 – 인간정보, 기본정보
㉢ 정보요소에 따른 분류 – 정치, 경제, 사회, 군사
㉣ 주체에 따른 분류 – 국가정보, 부문정보
㉤ 사용목적에 따른 분류 – 정책정보, 방첩정보

① ㉠, ㉣
② ㉡, ㉤
③ ㉡
④ ㉢, ㉤

## 40

「범죄인 인도법」 제9조에 따른 임의적 인도거절 사유에 해당하지 않는 것은?

① 인도범죄의 전부 또는 일부가 대한민국 영역에서 범한 것인 경우

② 범죄인의 인도범죄 외의 범죄에 관하여 대한민국 법원에 재판이 계속 중인 경우 또는 범죄인이 형을 선고받고 그 집행이 끝나지 아니하거나 면제되지 아니한 경우

③ 인도범죄의 성격과 범죄인이 처한 환경 등에 비추어 범죄인을 인도하는 것이 비인도적(非人道的)이라고 인정되는 경우

④ 범죄인이 인종, 종교, 국적, 성별, 정치적 신념 또는 특정 사회단체에 속한 것 등을 이유로 처벌되거나 그 밖의 불리한 처분을 받을 염려가 있다고 인정되는 경우

## 01

다음 중 경찰의 개념에 대한 설명 중 가장 적절한 것은?

① 실질적 의미의 경찰은 사회공공의 안녕과 질서유지와 같은 적극적 목적을 위한 작용이다.

② 실질적 의미의 경찰은 특별통치권에 근거하여 국민에게 명령·강제하는 권력적 작용으로 독일의 행정법학에서 정립된 학문상 개념이다.

③ 정보경찰활동과 사법경찰활동은 형식적 의미의 경찰보다는 실질적 의미의 경찰과 관련이 깊다.

④ 경찰관이 「경찰관 직무집행법」 제5조 제1항 제2호에 근거하여 극도의 혼잡사태가 발생한 장소에서 위험발생방지를 위하여 매우 긴급한 경우에 위해를 입을 우려가 있는 사람을 필요한 한도에서 억류하는 조치는 실질적 의미의 경찰에도 해당한다고 볼 수 있다.

## 02

경찰의 분류에 대한 설명으로 가장 적절한 것은?

① 행정경찰과 사법경찰 : 경찰의 목적에 따라 구분하며, 우리나라에서는 조직법상으로 행정경찰과 사법경찰의 구분이 명확하다.

② 보안경찰과 협의의 행정경찰 : 타 행정작용에 부수하느냐의 여부에 따라 구분하며, 산업경찰, 위생경찰, 관세경찰, 건축경찰, 공물경찰 등은 보안경찰에 해당하고 교통경찰, 해양경찰, 풍속경찰, 생활안전경찰 등은 협의의 행정경찰에 해당한다.

③ 예방경찰과 진압경찰 : 경찰권발동의 시점을 기준에 따라 구분하며, 예방경찰은 순찰활동, 총포·화약류의 취급제한, 위해를 미칠 우려가 있는 정신착란자 보호 등을 담당하고, 진압경찰은 범죄의 진압·수사, 위해를 주는 정신착란자 보호 등을 담당한다.

④ 국가경찰과 자치경찰 : 권한과 책임의 소재에 따라 구분하며, 자치경찰은 국민개인의 권익보호 외에 국가적 이익의 보호와 국가적 질서유지 측면이 강조되고 국가경찰은 개인의 권익보호와 사회공공의 안녕·질서의 유지에 치중한다.

## 03

**경찰의 임무와 활동에 대한 설명 중 옳지 않은 것은 모두 몇 개인가?**

> ㉠ 경찰의 임무는 행정조직법상의 경찰기관을 전제로 한 개념이다.
>
> ㉡ 경찰의 임무에는 범죄의 예방·진압, 범죄피해자 보호가 포함된다.
>
> ㉢ 공공의 안녕과 질서유지는 국민의 생명·신체 및 재산의 보호를 포함하는 상위개념이다.
>
> ㉣ 경찰의 개입은 구체적 위험이 있을 경우에만 가능하다.
>
> ㉤ 위험존재에 대한 경찰관의 잘못된 판단은 국가배상 문제와는 관련이 없으나, 형사상 책임문제가 발생할 수 있다.
>
> ㉥ 오늘날 행정의 전문화·다양화로 '공공질서' 개념의 사용가능 분야는 점차 증가하고 있다.

① 1개
② 2개
③ 3개
④ 4개

## 04

**경찰의 기본이념에 대한 설명으로 옳은 것은?**

① 경찰의 중앙과 지방간의 권한 분배, 경찰행정정보의 공개, 국민의 참여기회 제공은 경찰의 민주성 확보방안이다.

② 인권존중주의는 비록 「국가경찰과 자치경찰의 조직 및 운영에 관한 법률」에서는 언급이 없으나, 「헌법」상 기본권 조항 등을 통하여 당연히 유추된다.

③ 국가경찰위원회제도, 「부패방지 및 국민권익위원회의 설치와 운영에 관한 법률」상 국민감사청구제도, 경찰책임의 확보 등은 경찰의 민주성을 확보하기 위한 대내적 민주화 방안이다.

④ 경찰의 활동은 사전에 상대방에게 의무를 과함이 없이 행사되는 강제집행과 같은 경우가 많기 때문에 법치주의 원리가 강하게 요구된다.

## 05

**다음 내용 중 '낙인이론'에 해당되는 설명으로 적절하지 않은 것은?**

① 범죄자로 만드는 것은 행위의 질적인 면이 아닌 사람들의 인식 때문이다.

② 범죄학 전문가는 한 사건에 대해 사회적인 유대를 강화함으로써 범죄를 통제하는 것이 중요하다고 강조하였다.

③ A경찰서는 관내에서 폭행으로 적발된 청소년을 형사입건하는 대신, 학교전담경찰관이 외부 전문가와 함께 3일 동안 다양한 활동으로 구성된 선도프로그램을 제공함으로써 해당 청소년에게 스스로 잘못을 뉘우치고 장차 지역사회로 다시 통합될 수 있는 기회를 제공하였다.

④ 중학생 B는 친구들과 호기심에 처음으로 편의점에서 과자를 몇 개 훔쳤다. 그 후 이 일이 발각되자 동네 어른들은 B를 볼 때마다 "도둑"이라며 "커서 뭐가 되려고 그러냐", "바늘 도둑이 소도둑 되는 거다"라고 했다.

## 06

다음은 경찰이 수행하는 범죄예방활동 사례(〈보기 1〉)와 톤리와 패링턴(Tonry & Farrington)의 구분에 따른 범죄예방전략 유형(〈보기 2〉)이다. 〈보기 1〉과 〈보기 2〉의 내용이 가장 적절하게 연결된 것은?

〈보기 1〉

(가) 미국의 빈곤계층 아동들이 적절한 사회화 과정을 거치게 함으로써 장차 범죄를 저지를 수 있는 잠재성을 감소시키려는 교육프로그램이다.

(나) 주거 지역의 차량 도난을 예방하기 위해 주차 구역에 조명과 CCTV를 설치하고, 차량에 대해 잠금 장치를 강화하거나 경보 시스템을 부착함으로써 범죄자가 차량에 접근하기 어렵게 만들고, 도난 시 발각될 위험을 증대시키는 조치를 취하고 있다.

(다) 위법행위에 대한 단속을 강화하는 무관용 경찰활동을 지향함으로써 처벌의 확실성을 높여 범죄를 억제하고자 노력하고 있다.

〈보기 2〉

㉠ 상황적 범죄예방

㉡ 지역사회 기반 범죄예방

㉢ 발달적 범죄예방

㉣ 법집행을 통한 범죄억제

|  | (가) | (나) | (다) |
|---|---|---|---|
| ① | ㉡ | ㉣ | ㉠ |
| ② | ㉢ | ㉡ | ㉣ |
| ③ | ㉡ | ㉢ | ㉠ |
| ④ | ㉢ | ㉠ | ㉣ |

## 07

다음 보기의 내용과 CPTED의 기본원리 중 관련이 많은 것은?

평소 조명이 없어 어두운 동강대교 밑 둔치에서 자주 목격되는 청소년의 음주, 흡연등 환경개선에 대한 필요성이 대두되어, 시는 셉티드(CPTED) 기법의 일환으로 동강대교 하부와 동강둔치에 LED보안 등 16개를 설치, 야간에 점등하여 동강대교 하부의 시인성을 높이고 청소년 비행취약지역에 대한 환경정비와 보행자 통행환경 개선을 진행하였다.

① 사적공간에 대한 경계를 표시하여 주민들의 책임의식과 소유의식을 증대함으로써 사적공간에 대한 관리권과 권리를 강화시키고, 외부인들에게는 침입에 대한 불법사실을 인식시켜 범죄기회를 차단하는 원리이다.

② 지역사회 설계 시 주민들이 모여서 상호의견을 교환하고 유대감을 증대할 수 있는 공공장소를 설치하고 이용하도록 함으로써 '거리의 눈'을 활용한 자연적 감시와 접근통제의 기능을 확대하는 원리이다.

③ 일정한 지역에 접근하는 사람들을 정해진 공간으로 유도하거나 외부인의 출입을 통제하도록 설계함으로써 접근에 대한 심리적 부담을 증대시켜 범죄를 예방하는 원리이다.

④ 건축물이나 시설물 설계 시 가시권을 최대한 확보, 외부침입에 대한 감시기능을 확대함으로써 범죄행위의 발견 가능성을 증가시키고 범죄기회를 감소시킬 수 있다는 원리이다.

## 08

코헨(Cohen)과 필드버그(Feldberg)가 제시한 사회계약설로부터 도출되는 경찰활동의 기준을 제시하였다. 다음 각 사례와 가장 관련 깊은 경찰활동의 기준을 연결한 것 중 옳지 않은 것은 모두 몇 개인가?

가. A는 노트북 컴퓨터를 도둑맞고 옆집에 사는 B가 의심스러웠으나 직접 물건을 찾지 않고 경찰에 신고하여 범인을 체포하였다. – 〔공공의 신뢰확보〕

나. 박순경은 순찰 근무 중 달동네는 가려지 않고 부자 동네인 구역으로만 순찰을 다니려고 하였다. – 〔공정한 접근〕

다. 김순경은 강도범을 추격하다가 골목길에서 칼을 든 강도와 조우하였다. 김순경은 계속 추격하는 척하다가 강도가 도망가도록 내버려 두었다. – 〔공정한 접근〕

라. 최순경은 경찰입직 전 집에 도둑을 맞은 경험이 있었다. 그런데 경찰에 임용되어 절도범을 검거하자, 과거의 도둑맞은 경험이 생각나 피의자에게 욕설과 가혹행위를 하였다. – 〔냉정하고 객관적인 자세〕

마. 탈주범이 자기 관내에 있다는 첩보를 입수한 한순경이 상부에 보고하지 않고 공명심에 단독으로 검거하려다 탈주범 검거에 실패하였다. – 〔협동〕

바. 은행강도가 어린이를 인질로 잡고 차량도주를 하고 있다면 경찰은 주위 시민들의 안전에 대한 위험에도 불구하고 추격(법집행)을 하여야 한다. – 〔생명과 재산의 안전확보〕

① 0개
② 1개
③ 2개
④ 3개

## 09

존 클라이니히(J. Kleinig)의 내부고발에 대한 설명으로 옳은 것은?

① 동료나 상사의 부정에 대하여 감찰이나 외부의 언론매체를 통하여 공표하는 행위를 내부고발 행위라고 말하며, Moral hazard라고도 한다.

② 내부고발자는 특별한 경우를 제외하고 공표를 한 후에 자신의 이견(異見)을 표시하기 위한 모든 내부적 채널을 다 사용해야 한다.

③ 내부고발자는 부적절한 행동을 하도록 지시되었다는 자신의 신념이 합리적 증거에 근거하였는지 확인해야 한다.

④ 내부고발자는 완벽하게 성공가능성이 있어야 하며, 적절한 도덕적 동기에 의해 이루어져야 한다.

## 10

「부정청탁 및 금품등 수수의 금지에 관한 법률」 및 동법 시행령에 관한 설명으로 가장 적절하지 않은 것은?

① 공직자등은 직무 관련 여부 및 기부·후원·증여 등 그 명목에 관계없이 동일인으로부터 1회에 100만원 또는 매 회계연도에 300만원을 초과하는 금품등을 받거나 요구 또는 약속해서는 아니된다.

② 직급에 상관없이 모든 공직자의 외부강의 사례금 상한액은 1시간당 30만 원이며 1시간을 초과하면 상한액은 45만 원이다.

③ 공직자등은 사례금을 받는 외부강의등을 할 때에는 대통령령으로 정하는 바에 따라 외부강의등의 요청 명세 등을 소속기관장에게 그 외부강의등을 마친 날부터 10일 이내에 서면으로 신고하여야 한다. 다만, 외부강의등을 요청한 자가 국가나 지방자치단체인 경우에는 그러하지 아니하다.

④ 공직자등이 외부강의등(강의·강연·기고 등)에 대한 사례금을 기준 상한액을 초과하여 받은 경우에는 초과사례금을 받은 사실을 안 날부터 2일 이내에 서면으로 소속기관장에게 신고하여야 한다.

## 11

「경찰청 공무원 행동강령」에 대한 설명으로 가장 적절한 것은?

① 공무원은 어떠한 경우에도 자신의 직무권한을 행사하여 직무관련자로부터 사적 노무를 제공받거나 요구해서는 안된다.

② 공무원은 정치인이나 정당 등으로부터 부당한 직무수행을 강요받거나 청탁을 받은 경우에는 별지 제9호 서식 또는 전자우편 등의 방법으로 소속기관장에게 보고하거나 행동강령책임관과 상담할 수 있다.

③ 경찰유관단체원이 경찰 업무와 관련하여 경찰관에게 금품을 제공한 경우 행동강령책임관은 해당 경찰유관단체 운영 부서장과 협의하여 소속기관장에게 경찰유관단체원의 해촉 등 필요한 조치를 건의하여야 하며, 보고를 받은 소속기관장은 적절한 조치를 취하여야 한다.

④ 경찰청장(소속기관장, 시·도경찰청장, 경찰서장 등을 포함한다)은 소속 공무원에 대하여 이 규칙의 준수를 위한 교육계획을 수립·시행하여야 하며, 분기별 1회 이상 교육을 하여야 한다.

## 12

「경찰청 적극행정 면책제도 운영규정」에 대한 설명으로 적절하지 않은 것은?

① "적극행정"이란, 경찰청 및 그 소속기관의 공무원 또는 산하단체의 임·직원(이하 "경찰청 소속 공무원 등"이라 한다)이 국가 또는 공공의 이익을 증진하기 위해 성실하고 능동적으로 업무를 처리하는 행위를 말한다.

② "사전컨설팅 감사"란 불합리한 제도 등으로 인해 적극적인 업무 수행이 어려운 경우, 해당 업무의 수행에 앞서 업무 처리 방향 등에 대하여 미리 감사의견을 듣고 이를 업무처리에 반영하여 적극행정을 추진하는 것을 말한다.

③ 자체 감사를 받는 사람이 적극행정면책을 받기 위해서는 세 가지 요건(1. 감사를 받는 사람의 업무처리가 불합리한 규제의 개선, 공익사업의 추진 등 공공의 이익을 위한 것일 것, 2. 감사를 받는 사람이 대상 업무를 적극적으로 처리한 결과일 것, 3. 감사를 받는 사람의 행위에 고의나 중대한 과실이 없을 것) 중 최소한 하나를 충족하면 된다.

④ ③에도 불구하고 업무처리과정에서 기본적으로 지켜야 할 의무를 다하지 않았거나 금품을 수수한 경우에는 면책대상에서 제외한다.

## 13

우리나라 경찰의 역사에 관한 설명 중 가장 적절하지 않은 것은?

① 고려시대 경찰제도 순마소(순군만호부)는 방도금란 외에 왕권보호를 위해 정치경찰적 기능도 수행하였다. 수도의 경찰업무는 중앙군인 2군 6위 중 금오위가 담당하였다.

② 정부수립 이후 1991년 이전 경찰의 특징을 살펴보면, 전투경찰업무가 경찰의 업무 범위에 추가되었고 소방업무가 경찰의 업무 범위에서 배제되는 등 경찰활동의 영역에 변화가 있었다.

③ 1919년 3·1운동을 계기로 헌병경찰제도에서 보통경찰제도로의 전환은 이루어졌으나, 오히려 3·1운동을 기화로 일본에서 제정된 정치범처벌법을 우리나라에 적용하는 등 탄압의 지배체제가 강화되었다.

④ 구 「경찰법」이 「국가경찰과 자치경찰의 조직 및 운영에 관한 법률」로 개정됨에 따라 자치경찰사무를 관장하게 하기 위하여 특별시장·광역시장·특별자치시장·도지사·특별자치도지사 소속으로 시·도자치경찰위원회를 두었다.

## 14

**20세기 초 미국경찰에 대한 설명으로 적절하지 않은 것은 모두 몇 개인가?**

> 가. 위커샴 위원회(Wickersham Commission)는 경찰에 대한 정치적 간섭의 배제, 근무조건의 개선(임금 및 복지개선), 경찰 교육훈련체계의 개선(경찰관 채용기준 강화, 교육훈련 증대의 필요성), 경찰의 기술혁신 등을 제시하여 직업경찰제도의 확립 추진을 위해 1929년 후버 대통령이 경찰전문성 향상과 형사사법제도를 연구하기 위하여 설치하였다.
>
> 나. 오거스트 볼머(August Vollmer)는 경찰관 선발을 지원하기 위해서 지능·정신병·신경학 검사를 도입했다.
>
> 다. 윌슨(O. W. Wilson)은 1인 순찰제와 도보순찰의 효과성에 관한 체계적인 연구를 수행했다.
>
> 라. 루즈벨트(F. D. Roosevelt) 대통령의 지시로 1903년 최초의 연방수사 기구가 재무부에 창설되었다.

① 1개      ② 2개
③ 3개      ④ 4개

## 15

**다음 중 조직편성의 원리 중 통솔범위의 원리에 관한 설명으로 옳은 것은?**

① 통솔범위의 원리란 조직목적수행을 위한 구성원의 임무를 책임과 난이도에 따라 상위로 갈수록 권한과 책임이 무거운 임무를 수행하도록 편성하는 것을 말한다.

② 통솔범위는 신설부서보다는 오래된 부서, 지리적으로 근접한 부서보다는 분산된 부서, 복잡한 업무보다는 단순한 업무의 경우에 넓어진다.

③ 통솔범위의 원리에서 통솔범위는 계층 수, 업무의 복잡성, 조직 규모의 크기와 반비례 관계이다.

④ 청사의 규모는 통솔의 범위의 원리와 관련이 깊다.

## 16

**「경찰장비관리규칙」상 무기류에 관한 설명으로 가장 적절한 것은?**

① 탄약고 내에는 전기시설을 하는 것이 원칙이나, 조명은 건전지 등으로 하고 방화시설을 완비하여야 한다.

② 집중무기·탄약고의 열쇠보관은 일과시간에는 당직 업무(청사방호) 책임자가 하고, 일과시간 후에는 무기 관리부서의 장이 한다.

③ 경찰기관의 장은 무기를 휴대한 자가 술자리 또는 연회장소에 출입할 경우 즉시 대여한 무기·탄약을 회수해야 한다.

④ 경찰관이 권총을 휴대·사용하는 경우 1탄은 공포탄, 2탄 이하는 실탄을 장전한다. 다만, 대간첩작전, 살인·강도 등 중요범인이나 무기·흉기 등을 사용하는 범인의 체포 및 위해의 방호를 위하여 불가피한 경우에 1탄부터 실탄을 장전할 수 있다.

## 17

「보안업무규정」 및 동 시행규칙에 대한 설명으로 가장 적절한 것은?

① 암호자재를 사용하는 기관의 장은 사용기간이 끝난 암호자재를 지체 없이 국가정보원장에게 반납하여야 한다.

② 제한구역이란 비인가자가 비밀, 주요시설 및 III급 비밀 소통용 암호자재에 접근하는 것을 방지하기 위하여 안내를 받아 출입하는 구역을 말한다.

③ 비밀취급 인가권자는 업무상 조정·감독을 받는 기업체나 단체에 소속된 사람에 대하여 소관 비밀을 계속적으로 취급하게 하여야 할 필요가 있을 때에는 미리 경찰청장과의 협의를 거쳐 해당하는 사람에게 II급 이하의 비밀취급을 인가할 수 있다.

④ 보관용기에 넣을 수 없는 비밀은 제한지역 또는 통제구역에 보관하는 등 그 내용이 노출되지 아니하도록 특별한 보호대책을 마련하여야 한다.

## 18

「행정업무의 운영 및 혁신에 관한 규정」상 공문서에 관한 설명 중 가장 적절하지 않은 것은?

① '법규문서'란 헌법·법률·대통령령·총리령·부령·조례·규칙(이하 "법령"이라 한다) 등에 관한 문서를 말한다.

② '비치문서'란 행정기관이 일정한 사항을 기록하여 행정기관 내부에 비치하면서 업무에 활용하는 대장, 카드 등의 문서를 말한다.

③ '공고문서'란 고시·공고 등 행정기관이 일정한 사항을 일반에게 알리는 문서를 말한다.

④ '지시문서'란 민원인이 행정기관에 허가, 인가, 그 밖의 처분 등 특정한 행위를 요구하는 문서와 그에 대한 처리문서를 말한다.

## 19

「언론중재 및 피해구제 등에 관한 법률」상 정정보도 청구의 요건에 관한 설명으로 가장 옳은 것은? (다툼이 있으면 판례에 의함)

① 언론사등의 고의·과실이나 위법성을 필요로 한다.

② 국가·지방자치단체, 기관 또는 단체의 장은 해당 업무에 대하여 그 기관 또는 단체를 대표하여 정정보도를 청구할 수 있다.

③ 「민사소송법」상 당사자능력이 없는 기관 또는 단체라도 하나의 생활단위를 구성하고 보도 내용과 간접적인 이해관계가 있을 때에는 그 대표자가 정정보도를 청구할 수 있다.

④ 사실적 주장에 관한 언론보도 등의 내용에 관한 정정보도를 청구하는 언론사는 그 언론보도 등이 진실하지 아니하다는데 대한 증명책임을 부담한다.

## 20

정책결정 모델과 그에 대한 설명으로 가장 적절한 것은?

① 엘리트 모델에 의하면 정책결정자는 고도의 합리성을 기반으로 최선의 대안을 결정한다.

② 사이버네틱스 모델은 설정된 목표를 달성하기 위해 정보분석과 환류과정을 통해 자신의 행동을 스스로 조정해 나간다고 가정한다.

③ 혼합탐사 모델은 합리모델의 비현실성과 점증모델의 보수성을 극복하기 위한 모델로 기존의 정책을 바탕으로 이루어지는 점증주의 성향을 비판하면서, 새로운 정책을 내릴 때마다 정책방향도 다시 검토할 것을 주장한다.

④ 관료정치 모델에 의하면 정책결정시 정치적 합리성을 기반으로 기존 정책의 문제점을 부분적으로 수정하거나 약간의 향상을 가져오는 결정을 한다.

## 21

경찰행정법의 법원(法源)에 관한 설명으로 가장 적절한 것은? (다툼이 있는 경우 판례에 의함)

① 법규명령은 국회의 의결을 거쳐 행정기관에 의하여 제정된 성문법규를 말한다.

② 법률과 명령은 특별한 규정이 없으면 공포한 날부터 20일이 경과함으로써 효력을 발생한다.

③ 지방자치단체의 장은 법령의 범위에서 그 사무에 관하여 조리(條理)를 제정할 수 있다.

④ 불문법원으로서 일반적으로 정의에 합치되는 보편적 원리로서 인정되고 있는 모든 원칙을 관습법이라 한다.

## 22

「국가경찰과 자치경찰의 조직 및 운영에 관한 법률」 제10조에서 규정하고 있는 '국가경찰위원회의 심의·의결 사항'에 대한 설명으로 옳지 않은 것은 모두 몇 개인가?

---

㉠ 국가경찰사무에 관한 인사, 예산, 장비, 통신 등에 관한 주요정책 및 경찰 업무 발전에 관한 사항

㉡ 국가경찰사무에 관한 인권보호와 관련되는 경찰의 운영·개선에 관한 사항

㉢ 국가경찰사무 담당 공무원의 부패 방지와 청렴도 향상에 관한 주요 정책사항

㉣ 국가경찰사무에 대한 다른 국가기관으로부터의 업무협조 요청에 관한 사항

㉤ 비상사태 등 전국적 치안유지를 위한 경찰청장의 지휘·감독에 관한 사항

㉥ 그 밖에 경찰청장 및 시·도경찰청장이 중요하다고 인정하여 국가경찰위원회의 회의에 부친 사항

---

① 1개　　　　　② 2개

③ 3개　　　　　④ 4개

## 23

「행정권한의 위임 및 위탁에 관한 규정」에 대한 설명으로 가장 적절하지 않은 것은? (다툼이 있는 경우 판례에 의함)

① 행정기관의 장은 허가·인가·등록 등 민원에 관한 사무, 정책의 구체화에 따른 집행사무 및 일상적으로 반복되는 사무로서 그가 직접 시행하여야 할 사무를 제외한 일부 권한을 그 보조기관 또는 하급행정기관의 장, 다른 행정기관의 장, 지방자치단체의 장에게 위임 및 위탁한다.

② 사무처리로 인하여 이해관계 있는 제3자나 이미 형성된 법률관계가 존재하는 경우에는 위임 및 위탁기관이 일반적인 지휘·감독을 하는 경우와 비교하여 그 사무처리가 부당하다는 이유로 이를 취소할 때 상대적으로 엄격한 재량통제의 필요성이 인정된다.

③ 수임 및 수탁사무의 처리에 관하여 위임 및 위탁기관은 수임 및 수탁기관에 대하여 사전승인을 받거나 협의를 할 것을 요구할 수 있으나, 수임 및 수탁사무 처리상황은 감사할 수 없다.

④ 권한위임의 경우에는 수임관청이 자기의 이름으로 그 권한행사를 할 수 있지만 내부위임의 경우에는 수임관청은 위임관청의 이름으로만 그 권한을 행사할 수 있을 뿐 자기의 이름으로는 그 권한을 행사할 수 없다.

## 24

「경찰공무원 임용령」상 '임용권의 위임 등'에 대한 설명으로 옳은 것은?

① 경찰청장은 법 제7조 제3항 전단에 따라 특별시장·광역시장·특별자치시장·도지사 또는 특별자치도지사(이하 "시·도지사"라 한다)에게 해당 특별시·광역시·특별자치시·도 또는 특별자치도(이하 "시·도"라 한다)의 자치경찰사무를 담당하는 경찰공무원[「국가경찰과 자치경찰의 조직 및 운영에 관한 법률」 제18조 제1항에 따른 시·도자치경찰위원회(이하 "시·도자치경찰위원회"라 한다), 시·도경찰청 및 경찰서(지구대 및 파출소는 제외)에서 근무하는 경찰공무원을 말한다] 중 경정의 전보·파견·휴직·직위해제 및 복직에 관한 권한과 경감 이하의 임용권(신규채용 및 면직에 관한 권한은 제외한다)을 위임하며, 임용권을 위임받은 시·도지사는 법 제7조 제3항 후단에 따라 경감 또는 경위로의 승진 임용에 관한 권한을 포함한 임용권을 시·도자치경찰위원회에 다시 위임한다.

② ①에 따라 임용권을 위임받은 시·도자치경찰위원회는 시·도지사와 경찰청장의 의견을 들어 그 권한의 일부를 시·도경찰청장에게 다시 위임할 수 있다.

③ ①에 따라 임용권을 위임받은 시·도경찰청장은 소속 경감 이하 경찰공무원에 대한 해당 경찰서 안에서의 전보권을 경찰서장에게 다시 위임할 수 있다.

④ 경찰청장은 국가수사본부장에게 국가수사본부 안에서의 경정 이하에 대한 임용권을 위임한다.

## 25

경찰책임에 대한 설명으로 가장 적절하지 않은 것은?

① 경찰책임은 경찰위반의 상태가 개별적인 법규위반으로부터 나오는 것이 아니라 공공의 안녕 또는 질서를 위협하는 행위나 상태로부터 나온다.

② 경찰권은 긴급한 필요가 있는 경우 경찰책임자가 아닌 제3자(비장해자)에 대한 경찰권 발동이 가능하다.

③ 모든 자연인은 경찰책임자가 될 수 있으므로 행위능력, 불법행위능력, 형사책임능력, 국적 여부, 정당한 권원의 유무 등은 문제되지 않는다.

④ 경찰책임자에 대한 경찰의 경찰권발동으로 경찰책임자에게 재산적 손해가 발생한 경우, 그 경찰책임자에게 손실보상청구권이 인정된다.

## 26

부당결부금지의 원칙에 관한 설명으로 가장 적절한 것은? (다툼이 있는 경우 판례에 의함)

① 행정청은 행정작용을 할 때 상대방에게 해당 행정작용과 실질적인 관련이 없는 의무를 부과해서는 아니 된다는 원칙이다.

② 현행법상 명시적인 규정은 없지만 법치국가의 원리와 자의금지의 원칙으로부터 도출되는 행정법의 일반원칙이다.

③ 제1종 대형면허의 취소에는 당연히 제1종 보통면허소지자가 운전할 수 있는 차량의 운전까지 금지하는 취지가 포함된 것이어서 이들 차량의 운전면허는 서로 관련된 것이라할지라도, 제1종 대형면허로 운전할 수 있는 차량을 운전면허정지 기간 중에 운전한 경우에는 이와 관련된 제1종 보통면허까지 취소할 수 없다.

④ 甲이 혈중알코올농도 0.140%의 주취상태로 배기량 125cc 이륜자동차를 운전하였다는 이유로 甲의 자동차운전면허[제1종 대형, 제1종 보통, 제1종 특수(대형견인·구난), 제2종 소형]를 취소한 것은 甲이 음주상태에서 운전을 하지 않으면 안 되는 부득이한 사정이 없었더라도 재량권을 일탈·남용한 것이다.

## 27

행정의 실효성 확보수단에 관한 설명으로 적절하지 않은 것은? (다툼이 있는 경우 판례에 의함)

① 통고처분은 형식적 의미의 행정이며 실질적 의미의 사법이다.

② 행정대집행은 행정의무의 이행확보에 관하여서는 따로 법률로써 정하는 것을 제외하고는 행정대집행법의 정하는 바에 의한다.

③ 구 건축법상의 이행강제금은 구 건축법의 위반행위에 대하여 시정명령을 받은 후 시정기간 내에 당해 시정명령을 이행하지 아니한 건축주 등에 대하여 부과되는 직접강제의 일종으로서 그 이행강제금 납부의무는 상속인 기타의 사람에게 승계될 수 없는 일신전속적인 성질의 것이므로 이미 사망한 사람에게 이행강제금을 부과하는 내용의 처분이나 결정은 당연 무효이다.

④ 해산명령 불이행에 따른 해산조치, 불법영업소의 폐쇄조치는 직접강제이고, 감염병 환자의 즉각적인 강제격리는 즉시강제에 해당한다.

## 28

「질서위반행위규제법」 제3조 법 적용의 시간적 범위와 제4조 법 적용의 장소적 범위에 관한 내용으로 가장 적절한 것은?

① 질서위반행위의 성립과 과태료 처분은 처분 시의 법률에 따른다.

② 질서위반행위 후 법률이 변경되어 그 행위가 질서위반행위에 해당하지 아니하게 되거나 과태료가 변경되기 전의 법률보다 가볍게 된 때에는 법률에 특별한 규정이 없는 한 과태료의 징수 또는 집행을 면제한다.

③ 이 법은 대한민국 영역 밖에 있는 대한민국의 선박 또는 항공기 안에서 질서위반행위를 한 외국인에게는 적용하지 아니한다.

④ 이 법은 대한민국 영역 밖에서 질서위반행위를 한 대한민국의 국민에게 적용한다.

## 29

국가배상에 관한 설명 중 가장 적절하지 않은 것은? (다툼이 있는 경우 판례에 의함)

① 일반적으로 공무원이 직무를 집행함에 있어서 법령에 대한 해석이 그 문언 자체만으로는 명백하지 아니하여 여러 견해가 있을 수 있는 데다가 이에 대한 선례나 학설, 판례 등도 귀일된 바 없어 이의(異義)가 없을 수 없는 경우, 관계 국가공무원이 그 나름대로 신중을 다하여 합리적인 근거를 찾아 그 중 어느 한 견해를 따라 내린 해석이 후에 대법원이 내린 입장과 같지 않아 결과적으로 잘못된 해석에 돌아가고, 이에 따른 처리가 역시 결과적으로 위법하게 되어 그 법령의 부당집행이라는 결과를 가져오게 되었다면 「국가배상법」상 공무원의 과실을 인정할 수 있다.

② 경찰공무원의 중과실이란 공무원에게 통상 요구되는 정도의 상당한 주의를 하지 않더라도 약간의 주의를 한다면 손쉽게 위법·위해한 결과를 예견할 수 있는 경우임에도 만연히 이를 간과한 경우와 같이, 거의 고의에 가까운 현저한 주의를 결여한 상태를 의미한다.

③ 국가공무원이 고의 또는 과실로 직무상 의무를 위반하였을 경우라고 하더라도 국가는 그러한 직무상의 의무 위반과 피해자가 입은 손해 사이에 상당인과관계가 인정되는 범위 내에서만 배상책임을 지는 것이고, 이 경우 상당인과관계가 인정되기 위하여는 공무원에게 부과된 직무상 의무의 내용이 단순히 공공 일반의 이익을 위한 것이거나 행정기관 내부의 질서를 규율하기 위한 것이 아니고 전적으로 또는 부수적으로 사회 구성원 개인의 안전과 이익을 보호하기 위하여 설정된 것이어야 한다.

④ 국민의 생명, 신체 및 재산의 보호, 범죄의 예방·진압 및 수사, 기타 공공의 안녕과 질서유지 등의 직무를 수행하는 경찰은 「경찰관 직무집행법」, 「형사소송법」 등 관련 법령에서 부여한 여러 권한을 제반 상황에 대응하여 적절하게 행사

하여 필요한 조치를 취할 수 있고, 그 권한은 일반적으로 경찰관의 전문적 판단에 기한 합리적인 재량에 위임되어 있지만, 경찰관에게 권한을 부여한 취지와 목적에 비추어 볼 때 구체적인 사정에 따라 경찰관이 그 권한을 행사하여 필요한 조치를 취하지 아니하는 것이 현저하게 불합리하다고 인정되는 경우에는 그러한 권한의 불행사는 직무상의 의무를 위반한 것이 되어 위법하게 된다.

# 30

「행정심판법」상 재결에 관한 설명으로 가장 적절한 것은? (다툼이 있는 경우 판례에 의함)

① 행정심판위원회는 무효확인심판의 청구가 이유가 있더라도 이를 인용하는 것이 공공복리에 크게 위배된다고 인정하면 그 청구를 기각하는 재결을 할 수 있다.

② 위원회는 심판청구가 이유가 없다고 인정하면 그 심판청구를 각하한다.

③ 위원회는 지체 없이 당사자에게 재결서의 등본을 송달하여야 하며, 재결서가 청구인에게 발송되었을 때에 그 효력이 생긴다.

④ 재결의 기속력은 재결의 주문 및 그 전제가 된 요건사실의 인정과 판단, 즉 처분 등의 구체적 위법사유에 관한 판단에만 미친다고 할 것이고, 종전 처분이 재결에 의하여 취소되었다 하더라도 종전 처분시와는 다른 사유를 들어서 처분을 하는 것은 기속력에 저촉되지 않는다.

# 31

「경찰관 직무집행법」에 관한 설명으로 가장 적절한 것은? (다툼이 있는 경우 판례에 의함)

① 경찰 병력이 행정대집행 직후 "A자동차 희생자 추모와 해고자 복직을 위한 범국민대책위원회"(이하 'A차 대책위'라 함)가 또다시 같은 장소를 점거하고 물건을 다시 비치하는 것을 막기 위해 당해 사건 장소를 미리 둘러싼 뒤 'A차 대책위'가 같은 장소에서 기자회견 명목의 집회를 개최하려는 것을 불허하면서 소극적으로 제지한 것은 범죄행위 예방을 위한 경찰 행정상 즉시강제로서 적법한 공무집행에 해당한다고 볼 수 없다.

② 「아동학대범죄의 처벌 등에 관한 특례법」에 따른 아동학대범죄가 행하여지려고 하거나 행하여지고 있어 타인의 생명·신체에 대한 위해 발생의 우려가 명백하고 긴급한 상황에서, 경찰관이 그 위해를 예방하거나 진압하기 위한 행위 또는 범인의 검거 과정에서 경찰관을 향한 직접적인 유형력 행사에 대응하는 행위를 하여 그로 인하여 타인에게 피해가 발생한 경우, 그 경찰관의 직무수행이 불가피한 것이고 필요한 최소한의 범위에서 이루어졌으며 해당 경찰관에게 고의 또는 중대한 과실이 없는 때에는 형을 감경하거나 면제한다.

③ 경찰관은 형사처벌의 대상이 되는 행위가 눈앞에서 막 이루어지려고 하는 것이 객관적으로 인정될 수 있는 상황이고 그 행위를 당장 제지하지 않으면 곧 인명·신체에 중대한 위해를 미치거나 재산에 손해를 끼칠 우려가 있는 상황이어서, 직접 제지하는 방법 외에는 위와 같은 결과를 막을 수 없는 급박한 상태일 때에만 「경찰관 직무집행법」 제6조에 의하여 적법하게 그 행위를 제지할 수 있다.

④ 「경찰관 직무집행법」은 제1조 제2항에서 "경찰관의 직권은 그 직무 수행에 필요한 최소한도에서 행사되어야 하며 남용되어서는 아니 된다."라고 선언하여 경찰비례의 원칙을 명시적으로 규정하고 있는데, 이는 경찰행정 영역에서의 헌법상 과소보호금지원칙을 표현한 것이다.

## 32

「경찰관 직무집행법」제5조의 위험발생의 방지조치에 대한 설명 중 적절하지 않은 것은?

① 위험발생의 방지조치란 경찰관이 사람의 생명 또는 신체에 위해를 끼치거나 재산에 중대한 손해를 끼칠 우려가 있는 천재, 사변, 인공구조물의 파손이나 붕괴, 교통사고, 위험물의 폭발, 위험한 동물 등의 출현, 극도의 혼잡, 그 밖의 위험한 사태가 있을 시 이를 방지하기 위해 취하는 특정조치를 말한다.

② 경찰관서의 장은 대간첩 작전의 수행이나 소요 사태의 예방을 위하여 필요하다고 인정되는 상당한 이유가 있을 때에는 대간첩 작전지역이나 경찰관서·무기고 등 국가중요시설에 대한 접근 또는 통행을 제한하거나 금지할 수 있다.

③ 위험발생 방지조치의 수단으로 경고, 억류·피난 조치, 위해방지 조치, 접근·통행의 제한·금지 조치가 있다.

④ 경찰관은 위험사태의 발생장소에 모인 사람, 사물의 관리자, 그 밖의 관계인에게 필요한 경고를 하고, 매우 긴급한 경우에 위해를 입을 우려가 있는 사람에 대하여 필요한 한도에서 이를 억류시키거나 피난시킬 수 있다.

## 33

「경찰 물리력 행사의 기준과 방법에 관한 규칙」에 대한 설명으로 가장 적절하지 않은 것은?

① 경찰관이 물리력 사용 시 준수하여야 할 기본원칙, 물리력 사용의 정도, 각 물리력 수단의 사용 한계 및 유의사항을 규정함으로써 국민과 경찰관의 생명·신체를 보호하고 인권을 보장하며 경찰 법집행의 정당성을 확보하는 데에 그 목적이 있다.

② 경찰관은 성별, 장애, 인종, 종교 및 성정체성 등에 대한 선입견을 가지고 차별적으로 물리력을 사용하여서는 아니 된다.

③ 경찰관은 이미 경찰목적을 달성하여 더 이상 물리력을 사용할 필요가 없는 경우에는 물리력 사용을 즉시 중단하여야 한다.

④ 대상자가 경찰관의 지시, 통제를 따르지 않고 비협조적이지만 경찰관 또는 제3자에 대해 직접적인 위해를 가하지 않는 경우에 경찰봉이나 방패 등으로 대상자의 신체 중요 부위 또는 급소 부위를 가격할 수 있다.

## 34

「경찰관 직무집행법 시행령」상 '손실보상심의위원회'에 대한 내용으로 옳고 그름(O, X)의 표시가 바르게 연결된 것은?

> ㉠ 소속 경찰공무원의 직무집행으로 인하여 발생한 손실보상청구 사건을 심의하기 위하여 경찰청, 해양경찰청, 시·도경찰청 및 지방해양경찰청, 경찰서 및 해양경찰서에 손실보상심의위원회를 설치한다.
>
> ㉡ 위원장 1명을 포함한 5명 이상 7명 이하의 위원으로 구성하며, 위원장이 부득이한 사유로 직무를 수행할 수 없는 때에는 상임위원, 위원 중 연장자 순으로 위원장의 직무를 대행한다.
>
> ㉢ 위원장은 위원 중에서 호선(互選)하며, 위원회의 업무를 총괄한다.
>
> ㉣ 위원회의 회의는 재적위원 과반수의 출석으로 개의(開議)하고, 출석위원 과반수의 찬성으로 의결한다.
>
> ㉤ 위원회의 위원은 소속 경찰공무원과 판사·검사 또는 변호사로 5년 이상 근무한 사람, 고등교육법 제2조에 따른 학교에서 법학 또는 행정학을 가르치는 정교수 이상으로 5년 이상 재직한 사람, 경찰업무와 손실보상에 관하여 학식과 경험이 풍부한 사람 중에서 경찰청장 등이 위촉하거나 임명한다.

① ㉠ (O) ㉡ (O) ㉢ (X) ㉣ (X) ㉤ (O)

② ㉠ (X) ㉡ (X) ㉢ (O) ㉣ (O) ㉤ (X)

③ ㉠ (X) ㉡ (O) ㉢ (O) ㉣ (O) ㉤ (X)

④ ㉠ (O) ㉡ (X) ㉢ (X) ㉣ (O) ㉤ (X)

## 35

「지역경찰의 조직 및 운영에 관한 규칙」에 관한 설명으로 가장 적절한 것은?

① 시·도경찰청장은 인구, 면적, 행정구역, 교통·지리적 여건, 각종 사건사고 발생 등을 고려하여 경찰서의 관할구역을 나누어 지역경찰관서를 설치한다.

② 순찰팀은 범죄예방 순찰, 각종 사건사고에 대한 초동조치 등 현장 치안활동을 담당하며, 팀장은 경정 또는 경감로 보한다.

③ 지역경찰관서장은 지역경찰관서의 운영에 관하여 총괄 지휘·감독한다.

④ 「지역경찰의 조직 및 운영에 관한 규칙」 제23조는 "행정근무를 지정받은 지역경찰은 지역경찰관서 및 치안센터 내에서 방문민원 및 각종 신고사건의 접수 및 처리업무를 수행한다."라고 규정하고 있다.

## 36

「범죄피해자 보호법」에 관한 설명 중 가장 적절한 것은?

① '범죄피해자'란 타인의 범죄행위로 피해를 당한 사람과 그 배우자, 직계친족 및 형제자매를 말한다. 다만, 배우자의 경우 사실상의 혼인관계는 제외한다.

② "범죄피해자 보호 지원"이란 복지 증진을 제외한 범죄피해자의 손실 복구, 정당한 권리 행사에 기여하는 행위를 말한다. 다만, 수사 변호 또는 재판에 부당한 영향을 미치는 행위는 포함되지 아니한다.

③ 국가는 구조피해자나 유족이 해당 구조대상 범죄피해를 원인으로 하여 손해배상을 받았으면 그 범위에서 구조금을 지급하지 아니한다.

④ 이 법은 외국인이 구조피해자이거나 유족인 경우에는 해당 국가의 상호보증이 없는 경우에만 적용한다.

## 37

경비경찰 '조직운영의 원리'에 대한 설명으로 가장 적절하지 않은 것은?

① 부대단위활동의 원칙 – 부대를 관리하기 위한 지휘관과 장비가 편성되고 임무수행을 위한 보급지원체계를 갖추고 있어야 하며, 주로 하명에 의하여 임무가 이루어진다.

② 치안협력성의 원칙 – 업무수행과정에서 국민의 신뢰를 바탕으로 국민과 협력을 이루어야 하고 국민이 스스로 협조해 줄 때 효과적으로 목적달성이 가능하다.

③ 체계통일성의 원칙 – 상하계급 간 일정한 관계가 형성되고 책임과 임무의 분담이 명확히 이루어지고 명령과 복종의 체계가 통일되어야 한다는 것으로 경찰조직 간 체계가 확립되어야만 타 기관과도 상호응원이 가능하게 된다.

④ 지휘관 단일성의 원칙 – 긴급하고 신속한 경비업무의 효율적인 처리를 위하여 지휘관을 한 사람만 두어야 한다는 의미로 부대활동의 성패는 지휘관에 의하여 좌우된다.

## 38

「도로교통법」상 용어의 정의와 관련된 설명으로 적절한 것은 모두 몇 개인가?

> ㉠ "도로"란 「도로법」에 따른 도로, 「유료도로법」에 따른 유료도로, 「농어촌도로정비법」에 따른 농어촌도로에 한정된다.
> ㉡ "회전교차로"란 교차로 중 차마가 원형의 교통섬(차마의 안전하고 원활한 교통처리나 보행자 도로횡단의 안전을 확보하기 위하여 교차로 또는 차도의 분기점 등에 설치하는 섬 모양의 시설을 말한다)을 중심으로 반시계방향으로 통행하도록 한 원형의 도로를 말한다.
> ㉢ "자전거횡단도"란 자전거만 일반도로를 횡단할 수 있도록 안전표지로 표시한 도로의 부분을 말한다.
> ㉣ "길가장자리구역"이란 보도와 차도가 구분된 도로에서 보행자의 안전을 확보하기 위하여 안전표지 등으로 경계를 표시한 도로의 가장자리 부분을 말한다.
> ㉤ "차선"이란 차도와 차도를 구분하기 위하여 그 경계지점을 안전표지로 표시한 선을 말한다.

① 1개                    ② 2개
③ 3개                    ④ 4개

## 39

「집회 및 시위에 관한 법률 시행령」상 집회시위의 해산 절차로 가장 적절한 것은?

① 자진 해산의 요청 → 해산명령 → 종결선언의 요청 → 직접해산

② 자진 해산의 요청 → 종결선언의 요청 → 해산명령 → 직접해산

③ 종결선언의 요청 → 자진 해산의 요청 → 해산명령 → 직접해산

④ 종결선언의 요청 → 해산명령 → 자진 해산의 요청 → 직접해산

## 40

「범죄수사규칙」에 대한 설명으로 가장 적절한 것은?

① 경찰관은 외국인인 피의자 및 그 밖의 관계자가 한국어에 능통하지 않는 경우에는 통역인으로 하여금 통역하게 하여 한국어로 피의자신문조서나 진술조서를 작성하여야 하며, 특히 필요한 때에는 한국어의 진술서를 작성하게 하거나 한국어의 진술서를 제출하게 하여야 한다.

② 경찰관은 피의자가 외교 특권을 가진 사람인지 여부가 의심스러운 경우에는 신속히 국가수사본부장에게 보고하여 그 지시를 받을 수 있다.

③ 경찰관은 중대한 범죄를 범한 사람이 도주하여 대한민국의 영해에 있는 외국군함으로 들어갔을 때에는 신속히 국가수사본부장에게 보고하여 그 지시를 받아야 한다. 다만, 급속을 요할 때에는 신분을 밝히고 출입할 수 있다.

④ 경찰관은 외국군함에 속하는 군인이나 군속이 그 군함을 떠나 대한민국의 영해 또는 영토 내에서 죄를 범한 경우에는 신속히 국가수사본부장에게 보고하여 그 지시를 받아야 한다. 다만, 현행범 그 밖의 급속을 요하는 때에는 체포 그 밖의 수사상 필요한 조치를 한 후 신속히 국가수사본부장에게 보고하여 그 지시를 받아야 한다.

## 01

**실질적 의미의 경찰개념의 역사적 발전과정에 관한 설명 중 가장 적절한 것은?**

① 요한 쉬테판 퓌터(Johann Stephan Pütter)가 자신의 저서인 『독일공법제도』에서 주장한 "경찰의 직무는 임박한 위험을 방지하는 것이다. 복리증진은 경찰의 본래 직무이다."라는 내용은 경찰국가시대를 거치면서 확장된 경찰의 개념을 제한하기 위한 노력의 일환으로 볼 수 있다.

② 독일의 경우, 15세기부터 17세기에 이르기까지 경찰은 공동체의 질서정연한 상태 또는 공동체의 질서정연한 상태를 창설하고 유지하기 위한 활동으로 이해되었고, 이러한 공동체의 질서정연한 상태를 창설 유지하기 위하여 신민(臣民)의 거의 모든 생활영역이 포괄적으로 규제될 수 있었다.

③ 크로이츠베르크 판결(1882)은 승전기념비의 전망을 확보할 목적으로 주변 건축물의 고도를 제한하기 위해 베를린 경찰청장이 제정한 법규명령은 독일의 「제국경찰법」상 개별적 수권조항에 위반되어 무효라고 하였다.

④ 1931년 제정된 「프로이센 경찰행정법」 제14조 제1항은 "경찰행정청은 현행법의 범위 내에서 공공의 안녕 또는 공공의 질서를 위협하는 위험으로부터 공중이나 개인을 보호하기 위하여 필요한 조치를 의무에 적합한 재량에 따라 취하여야 한다."라고 규정하여 크로이츠베르크 판결(1882)에 의해 발전된 형식적 의미의 경찰개념을 성문화시켰다.

## 02

**다음 보기 중 소극목적 위험방지에 한정한 법(판결)으로 옳지 않은 것은 모두 몇 개 인가?**

⊙ 손해가 공무원에 의하여 발생한 것이라는 이유에서 행정재판소 관할로 옮겨진 사건으로 공무원에 의한 손해는 국가에 배상책임이 있다.
ⓒ 자치체경찰은 공공의 질서·안전 및 위생을 확보함을 목적으로 한다.
ⓒ 변호인과의 접견교통권 및 진술거부권을 침해하여 획득한 자백의 증거능력을 부정한다.
ⓔ 경찰법규의 목적은 공익의 보호·증진과 동시에 국민 개개인의 이익도 보호하려는 것이다.
ⓜ 경찰관청은 공공의 평온, 안녕 및 질서를 유지하고, 또한 공중 및 그의 개개 구성원들에 대한 절박한 위험을 방지하기 위하여 필요한 기관이라고 규정하였다.

① 1개      ② 2개
③ 3개      ④ 4개

## 03

**위험의 분류와 위험에 대한 인식에 대한 설명으로 옳지 않은 것은?**

① 구체적 위험이란 구체적 개개 사안에 있어 가까운 장래에 손해발생의 충분한 가능성이 존재하는 경우, 즉 개개의 경우에 실제로 존재하는 경우이다.

② 추정적 위험의 경우 구체적 위험의 예상 가능성을 의미한다.

③ 범죄의 예방분야나 장래의 위험방지를 위한 준비행위는 구체적 위험이나 추상적 위험의 구성요소에 의해서도 제한되지 않으므로 그런 목적으로 경찰이 활동하는 것은 가능하다.

④ 위험에 대한 인식으로 외관적 위험, 위험혐의, 오상위험으로 구분할 수 있다.

## 04

**다음은 지역관할에 대한 내용으로 옳은 것은?**

① 국회의장은 국회의 경호를 위하여 필요한 때에는 국가경찰위원회 동의를 얻어 일정한 기간을 정하여 정부에 대하여 필요한 경찰공무원의 파견을 요구할 수 있다.

② 국회경위와 파견 경찰공무원은 국회의장의 지휘를 받으며, 경위는 회의장건물 안에서, 경찰공무원은 회의장건물 밖에서 경호한다.

③ 국회 안에 현행범인이 있을 때에는 경찰공무원은 국회의장에게 보고 후 지시를 받아 체포하여야 한다. 다만, 국회의원은 회의장 안에 있어서는 의장의 명령없이 이를 체포할수 없다.

④ 외교공관 뿐만 아니라 외교관의 개인주택도 불가침이며, 외교관이 타는 승용차·보트·비행기 등도 이에 준하여 불가침권이 인정된다. 다만, 화재나 감염병 발생처럼 긴급을 요하는 경우에는 외교사절의 동의 없이도 공관에 들어갈 수 있으며, 이는 국제법상 인정된 것이다.

## 05

**다음은 경찰활동의 기본이념과 관련된 법적 근거를 제시한 것이다. 이와 관련하여 〈보기 1〉과 〈보기 2〉의 내용이 가장 적절하게 연결된 것은?**

---

〈보기 1〉

(가) 헌법 제1조 제2항에서는 "대한민국 주권은 국민에게 있고, 모든 권력은 국민으로부터 나온다"라고 규정하고 있다.

(나) 헌법 제37조 제1항에서는 "국민의 자유와 권리는 헌법에 열거되지 아니한 이유로 경시되지 아니한다"라고 규정하고 있다.

(다) 「국가공무원법」 제65조 제1항에서는 "공무원은 정당이나 그 밖의 정치단체의 결성에 관여하거나 이에 가입할 수 없다"라고 규정하고 있다.

(라) 헌법 제37조 제2항에서는 "국민의 모든 자유와 권리는 국가안전보장·질서유지 또는 공공복리를 위하여 필요한 경우에 한하여 법률로써 제한할 수 있으며, 제한하는 경우에도 자유와 권리의 본질적인 내용을 침해할 수 없다"라고 규정하고 있다.

(마) 「국가경찰과 자치경찰의 조직 및 운영에 관한 법률」 제1조에서는 "이 법은 경찰의 민주적인 관리·운영과 효율적인 임무수행을 위하여 경찰의 기본조직 및 직무 범위와 그 밖에 필요한 사항을 규정함을 목적으로 한다"라고 규정하고 있다.

---

〈보기 2〉

| ㉠ 인권존중주의 | ㉡ 민주주의 |
| --- | --- |
| ㉢ 법치주의 | ㉣ 정치적 중립주의 |
| ㉤ 경영주의 | |

---

　가　나　다　라　마

① ㉢　㉡　㉠　㉤　㉣

② ㉡　㉠　㉣　㉢　㉤

③ ㉡　㉠　㉣　㉤　㉢

④ ㉡　㉠　㉤　㉣　㉢

## 6

**범죄의 개념에 대한 설명으로 옳지 않은 것은?**

① 사이키스(G. M. Sykes)는 각 시대의 사회적, 문화적, 역사적 상황과 환경에 따라 다른 모습을 하게 되는 상대적 개념이라고 정의한다.

② 실리(J. F. Sheley)가 주장한 범죄유발의 4요소는 범행의 동기, 사회적 제재로부터의 자유, 범행의 기술, 범행의 기회이다. 이들 4요소는 범행에 있어서 필요조건이지만 충분조건은 되지 못하기 때문에 어떤 범행이 가능하기 위해서는 이들 4요소가 동시에 상호작용해야 한다.

③ 하워드 베커(Howard Becker)는 범죄란 범죄를 정의할 권한이나 힘을 가진 자들에 의해 규정되며 일탈이라는 낙인이 부착된 사람을 일탈자라고 하고, 사람들에 의해 일탈한 것이라고 규정하였다.

④ 사기, 횡령, 뇌물, 사이버 범죄 등과 같이 지능범죄는 일반적으로 블루칼라범죄(blue-collar crimes)로 분류된다.

## 07

**환경설계를 통한 범죄예방(CPTED)의 기본원리에 관한 설명으로 가장 적절한 것은?**

① '활동의 활성화'는 주민들이 모여서 상호의견을 교환하고 유대감을 증대할 수 있는 공공장소를 설치하여 이를 이용하도록 함으로써, '거리의 눈'에 의한 자연적인 감시와 접근통제의 기능을 확대하는 것이다. 놀이터와 공원의 설치, 벤치·정자의 위치 및 활용성에 대한 설계를 예로 들수 있다.

② '영역성의 강화'는 일정한 지역에 접근하는 사람들을 정해진 공간으로 유도하거나 외부인의 출입을 통제하도록 설계함으로써, 접근에 대한 심리적 부담을 증대시켜 범죄를 예방하는 것이다. 출입구의 최소화, 통행로의 설계, 울타리 및 표지판의 설치를 예로 들 수 있다.

③ '유지관리'는 시설물이나 공공장소의 기능을 처음 설계되거나 개선한 의도대로 지속적으로 이용될 수 있도록 관리함으로써, 범죄예방을 위한 환경설계의 장기적이고 지속적 효과를 유지하는 것이다. 청결유지, 파손의 즉시 보수, 체육시설의 접근성 및 이용의 증대를 예로 들 수 있다.

④ '자연적 접근통제'는 건축물이나 시설물의 설계 시 가시권을 최대한 확보하고 외부 침입에 대한 감시기능을 확대함으로써, 범죄 발각 위험을 증가시키고 범행 기회를 감소시키는 것이다. 가시권 확대를 위한 건물의 배치, 조명 및 조경 설치를 예로 들 수 있다.

## 08

다음 사례에서 나타나는 전문직업인으로서 경찰의 윤리적 문제점으로 가장 적절한 것은?

> ○○경찰서 형사과 소속 경찰관 甲은 범죄 현장에서 피해자가 다수 발생하자 범죄 수사, 현장 보호, 피해자 지원 등 다른 전체적인 분야에 대한 고려 없이 오로지 범인 검거에만 집중하여 검거 결정을 하였다.

① 부권주의
② 소외
③ 차별
④ 사적 이익을 위한 이용

## 09

'냉소주의'와 '회의주의'에 대한 설명 중 옳고 그름의 표시(O, X)가 바르게 된 것은?

> 가. 니더호퍼(Niederhoffer)는 사회체계에 대한 기존의 신념체제가 붕괴된 후 새로운 신념체제에 의해 급하게 대체될 때 냉소주의가 나타날 수 있다고 하였다.
> 나. 냉소주의와 회의주의는 모두 불신을 바탕으로 한다는 공통점이 있지만, 회의주의는 대상이 특정화되어 있다는 점에서 냉소주의와 차이가 있다.
> 다. 인간관 중 X이론은 인간이 책임감 있고 정직하여 권위적인 관리를 해야 한다는 이론이고, Y이론은 인간을 게으르고 부정직한 것으로 보아 민주적으로 관리해야 한다는 이론으로, Y이론에 의한 관리가 냉소주의를 극복하는 방안이 된다.
> 라. 건전한 회의주의는 대상을 개선시키겠다는 의지가 있다.

① 가.(O) 나.(O) 다.(X) 라.(X)
② 가.(X) 나.(O) 다.(O) 라.(O)
③ 가.(X) 나.(O) 다.(X) 라.(O)
④ 가.(X) 나.(X) 다.(X) 라.(X)

## 10

「부정청탁 및 금품등 수수의 금지에 관한 법률」 제8조에서는 '금품 등의 수수 금지'를 규정하고 있다. 다음 중 '금품 등의 수수 금지'에 해당하지 않는 것에 대한 설명으로 가장 적절하지 않은 것은?

① 공직자등과 관련된 직원상조회·동호인회·동창회·향우회·친목회·종교단체·사회단체 등이 정하는 기준에 따라 구성원에게 제공하는 금품등 및 그 소속 구성원 등 공직자등과 특별히 장기적·지속적인 친분관계를 맺고 있는 자가 질병·재난 등으로 어려운 처지에 있는 공직자등에게 제공하는 금품등
② 불특정 다수인에게 배포하기 위한 기념품 또는 홍보용품 등이나 경연·추첨을 통하여 받는 보상 또는 상품 등
③ 사적 거래(증여 포함)로 인한 채무의 이행 등 정당한 권원(權原)에 의하여 제공되는 금품등
④ 공직자등의 직무와 관련된 공식적인 행사에서 주최자가 참석자에게 통상적인 범위에서 일률적으로 제공하는 교통, 숙박, 음식물 등의 금품등

## 11

**「공직자의 이해충돌 방지법」에 관한 내용으로 적절하지 않은 것은?**

① 공직자는 직무관련자(직무관련자의 대리인을 포함)가 사적이해관계자임을 안 경우 안 날부터 30일 이내에 소속기관장에게 그 사실을 서면(전자문서를 포함)으로 신고하고 회피를 신청하여야 한다.

② 공직자는 직무수행 중 알게 된 비밀 또는 소속 공공기관의 미공개정보를 사적 이익을 위하여 이용하거나 제3자로 하여금 이용하게 하여서는 아니 된다.

③ 공직자는 공직자가 소속된 공공기관이 당사자이거나 직접적인 이해관계를 가지는 사안에서 자신이 소속된 공공기관의 상대방을 대리하거나 그 상대방에게 조언·자문 또는 정보를 제공하는 행위를 하여서는 아니 된다.

④ 공직자는 공공기관이 소유하거나 임차한 물품·차량·선박·항공기·건물·토지·시설 등을 사적인 용도로 사용·수익하거나 제3자로 하여금 사용·수익하게 하여서는 아니된다.

## 12

**「적극행정 운영규정」에 대한 설명으로 가장 적절한 것은?**

① 적극행정이란 "공무원이 민원인의 고충을 해결하기 위해 선례에 얽매이지 않고 적극적으로 업무를 처리하는 행위"로 정의하고 있다.

② 누구든지 공무원의 소극행정을 소속 중앙행정기관의 장이나 국가인권위원회가 운영하는 소극행정 신고센터에 신고할 수 있다.

③ 이 규정에 의한 면책은 경찰청 및 그 소속기관의 공무원 또는 산하단체의 임·직원 등에게 적용된다.

④ 면책요건에는 업무처리과정에서 기본적으로 지켜야 할 의무를 다하지 않았더라도 면책대상에서 제외되지 않는다.

## 13

**다음 중 경찰제도에 대한 설명으로 옳지 않은 것은?**

① 법률 제1호인 「정부조직법」에서 기존의 경무부를 내무부의 일국인 치안국에서 인수하도록 함으로써 경찰조직은 부에서 국으로 격하되었는데, 이는 법률을 제정한 구성원이 대부분 식민지시대의 관리로 구 총독부의 행정조직을 모방했기 때문이다.

② 광복 이후 미군정은 일제가 운용하던 비민주적 형사제도를 상당 부분 개선하고, 영미식 형사제도를 도입하기도 하였는데, 1945년 미군정 법무국 검사에 대한 훈령 제3호가 발령되어 수사는 경찰, 기소는 검사 체제가 도입되며 경찰의 독자적 수사권이 인정되었다.

③ 해양경찰업무(1953)와 전투경찰업무(1968)가 정식으로 경찰의 업무범위에 추가되었으나, 소방업무(1975)는 경찰의 업무에서 배제되었다.

④ 1969년 1월 7일 「경찰관 직무집행법」이 처음으로 제정되어 그동안 「국가공무원법」에서 의거하던 경찰공무원을 특별법으로 규율하게 되었다.

## 14

**미국의 경찰조직에 대한 설명으로 옳지 않은 것은?**

① 연방지방법원과 같은 관할 구역을 가지고 있는 연방보안관의 임무는 관할법원의 법정관리, 증인의 신변안전도모, 지역적 소요의 진압 등이 있다.

② 연방정부는 헌법의 명문규정상으로는 경찰권이 없으나, 헌법 상의 과세권 및 주간(州間)통상규제권 등에 의해 사실상 경찰권을 행사한다.

③ 법무부 소속으로 마약단속국(DEA), 연방보안관실(US Marshals), 연방범죄 수사국(FBI) 등이 있다.

④ 연방 법집행기관은 다수이지만 임무중복 등의 현상이 없이 체계적인 조직을 갖추고 있다.

## 15

다음 중 조직편성의 원리 중 분업의 원리에 대한 설명으로 옳지 않은 것은?

① 분업의 원리란 업무를 성질과 종류별로 구분하여 한 사람에게 한 가지의 동일한 업무만을 전담토록 하는 원리를 말한다.

② 분업화에 의하여 자기 분야는 잘 알지만 시야가 좁아지고 경찰문제를 전체적인 입장에서 보는 넓은 통찰력을 가지기 어렵다.

③ 업무를 세분할수록 업무를 습득하는데 걸리는 시간을 단축시킬 수 있다.

④ 분업의 원리로 인한 분업화는 정형화된 업무를 반복시켜 일에 대한 흥미를 잃게 하고, 분업화의 정도가 낮아질수록 조정과 통합이 어려워져 할거주의가 초래될 수 있다.

## 16

동기부여이론에 관한 설명과 학자가 가장 적절하게 연결된 것은?

---

㉠ 인간은 자신의 욕구를 충족시키기 위해서 노력하며 하위단계의 욕구가 충족되어야 다음 단계로 발전되는 순차적 특성을 갖는다.

㉡ Y이론적 인간형은 부지런하고, 책임과 자율성 및 창의성을 발휘하기를 좋아하고, 스스로 통제와 발전이 가능하기 때문에 민주적이고 인간적인 동기유발 전략이 필요한 유형이다.

㉢ 위생요인을 제거해주는 것은 불만을 줄여주는 소극적 효과일 뿐이기 때문에, 근무태도 변화에 단기적 영향을 주어 사기는 높여줄 수 있으나 생산성을 높여주지는 못한다. 만족요인이 충족되면 자기실현욕구를 자극하여, 적극적 만족을 유발하고 동기유발에 장기적 영향을 준다.

㉣ 인간의 동기를 성취 욕구, 권력 욕구, 친교 욕구의 세 가지 주요 요인으로 분류하여 설명하는 동기 이론입니다.

---

① ㉠ 매슬로우(Maslow)
　㉡ 맥그리거(McGregor)
　㉢ 데이비드 맥클랜드(David McClelland)
　㉣ 허즈버그(Herzberg)

② ㉠ 매슬로우(Maslow)
　㉡ 데이비드 맥클랜드(David McClelland)
　㉢ 맥그리거(McGregor)
　㉣ 허즈버그(Herzberg)

③ ㉠ 매슬로우(Maslow)
　㉡ 맥그리거(McGregor)
　㉢ 허즈버그(Herzberg)
　㉣ 데이비드 맥클랜드(David McClelland)

④ ㉠ 맥그리거(McGregor)
　㉡ 데이비드 맥클랜드(David McClelland)
　㉢ 허즈버그(Herzberg)
　㉣ 매슬로우(Maslow)

## 17

「경찰장비관리규칙」상 무기 탄약의 회수 및 보관에 대한 설명 중 가장 적절한 것은?

① 경찰기관의 장은 무기를 휴대한 자 중에서 사의를 표명한 자에게 대여한 무기·탄약을 무기 소지 적격 심의위원회의 심의를 거쳐 회수할 수 있다.

② 경찰기관의 장은 무기를 휴대한 자 중에서 경찰공무원 직무적성검사 결과 고위험군에 해당되는 자에게 대여한 무기·탄약을 즉시 회수해야 한다.

③ 경찰기관의 장은 무기를 휴대한 자 중에서 직무상의 비위 등으로 인하여 중징계 의결 요구된 자에게 대여한 무기·탄약을 즉시 회수해야 한다. 다만, 대상자가 이의신청을 하거나 소속 부서장이 무기 소지 적격 여부에 대해 심의를 요청하는 경우에는 무기 소지 적격 심의위원회(이하 '심의위원회'라 함)의 심의를 거쳐 대여한 무기·탄약의 회수여부를 결정한다.

④ 경찰기관의 장은 무기를 휴대한 자 중에서 직무상의 비위 등으로 인하여 감찰조사의 대상이 되거나 경징계의결 요구 또는 경징계 처분 중인 자에게 심의위원회의 심의를 거쳐 대여한 무기·탄약을 회수할 수 있다. 다만, 심의위원회를 개최할 시간적 여유가 없거나 사고 방지 등을 위해 신속한 회수가 필요하다고 인정되는 경우에는 대여한 무기·탄약을 즉시 회수해야 하며, 회수한 날부터 7일 이내에 심의위원회를 개최하여 회수의 타당성을 심의하고 계속 회수 여부를 결정한다.

## 18

「행정업무의 운영 및 혁신에 관한 규정」에 대한 설명으로 가장 적절한 것은?

① 공문서는 기안자가 해당 문서에 서명(전자이미지서명, 전자문자서명 및 행정전자서명을 포함한다)의 방식으로 결재함으로써 성립한다.

② 공문서는 결재권자에게 도달(전자문서의 경우는 수신자가 관리하거나 지정한 전자적 시스템 등에 입력되는 것을 말한다)됨으로써 효력을 발생한다. 다만, 공고문서의 경우 그 문서에서 효력 발생 시기를 구체적으로 밝히고 있지 않으면 그 고시 또는 공고 등이 있은 날부터 5일이 경과한 때에 효력이 발생한다.

③ 공문서는 「국어기본법」에 따른 어문규범에 맞게 한글로 작성하되, 뜻을 정확하게 전달하기 위하여 필요한 경우에는 괄호 안에 한자나 그 밖의 외국어를 함께 적을 수 있다.

④ 공문서에는 음성정보나 영상정보 등이 수록되거나 연계된 바코드 등을 표기할 수 없다.

## 19

「경찰 감찰 규칙」상 내용으로 옳지 않은 것은?

① 감찰관은 심야(자정부터 오전 6시까지를 말한다)에 조사를 하여서는 아니 된다. 단 조사대상자 또는 그 변호인의 별지 심야조사 요청이 있는 경우에는 예외적으로 심야조사를 할 수 있다. 이 경우 심야조사의 사유를 조서에 명확히 기재하여야 한다.

② 감찰관은 조사에 장시간이 소요되는 경우 특별한 사정이 없는 한 조사 도중에 최소한 2시간마다 10분 이상의 휴식시간을 부여하여 조사대상자가 피로를 회복할 수 있도록 노력하여야 한다.

③ 감찰관은 소속공무원의 의무위반사실에 대한 민원을 접수한 경우 접수일로부터 2개월 내에 신속히 처리하여야 한다. 다만, 부득이한 사유로 민원을 기한 내에 처리할 수 없을 때에는 소속 경찰기관의 감찰부서장에게 보고하여 그 처리기간을 연장할 수 있다.

④ 감찰결과는 원칙적으로 공개한다.

## 20

「경찰 인권보호 규칙」에 대한 설명으로 가장 적절하지 않은 것은?

① 조사담당자는 사건 조사 과정에서 진정인·피진정인 또는 참고인 등이 임의로 제출한 물건 중 사건 조사에 필요한 물건은 보관할 수 있다.

② 조사담당자는 ①에 따라 제출받은 물건의 목록을 작성하여 제출자에게 내주고 사건기록에 그 물건 등의 번호·명칭 및 내용, 제출자 및 소유자의 성명과 주소를 적고 서명 또는 기명날인하게 하여야 한다.

③ 조사담당자는 제출받은 물건에 사건번호와 표제, 제출자 성명, 물건 번호, 보관자 성명 등을 적은 표지를 붙인후 봉투에 넣거나 포장하여 안전하게 보관할 수 있다.

④ 조사담당자는 제출자가 보관 중인 물건의 반환을 요구하는 경우에는 반환하여야 하며, 진정인이 진정을 취소한 사건에서 진정인이 제출한 물건이 있는 경우에는 제출자가 요구하지 않더라도 반환할 수 있다.

## 21

「국가경찰과 자치경찰의 조직 및 운영에 관한 법률」 과 「국가경찰위원회 규정」상 국가경찰위원회에 대한 설명으로 적절하지 않은 것은 모두 몇 개인가?

> ㉠ 국가경찰위원회는 경찰의 정치적 중립 보장과 중요 정책에 대한 민주적 결정을 위해 설치된 기구로서 행정안전부에 두지만, 위원회의 사무는 경찰청에서 수행한다.
>
> ㉡ 국가경찰위원회는 위원장 1인을 포함한 7인의 위원으로 구성하되, 위원장 및 5인의 위원은 비상임, 1인의 상임위원은 정무직차관급으로 한다.
>
> ㉢ 위원의 임기는 3년으로 하며, 중임할 수 없다. 이 경우 보궐위원의 임기는 전임자 임기의 남은 기간으로 한다.
>
> ㉣ 위원장이 사고가 있을 때에는 위원장이 미리 지명한 위원으로 위원장의 직무를 대리한다.
>
> ㉤ 「국가경찰위원회 규정」에 규정된 사항외에 위원회의 운영을 위하여 필요한 사항은 위원회의 의결을 거쳐 행정안전부장관이 정한다.

① 2개  ② 3개
③ 4개  ④ 5개

## 22

「경찰공무원법」에서 규정하는 '경찰공무원의 임용' 에 대한 설명으로 가장 적절한 것은? (다툼이 있는 경우 판례에 의함)

① "임용"이란 신규채용·승진·전보·파견·휴직·직위해제·강임·정직·강등·복직·면직·해임 및 파면을 말한다.

② 「경찰공무원 임용령」상 재임용된 경찰공무원의 계급정년 연한은 재임용 전에 해당 계급의 경찰공무원으로 근무한 연수를 합하여 계산한다.

③ 경찰공무원은 임용장이나 임용통지서에 적힌 날짜에 임용된 것으로 본다. 다만, 사망으로 인한 면직은 사망한 다음 날에 면직된 것으로 본다. 「경찰공무원 임용령」상 경찰공무원이 재직 중 전사하거나 순직한 경우로서 특별승진 임용하는 경우에는 사망한 날을 임용일자로 본다.

④ 직위해제 중에 자격정지 이상의 형의 선고유예를 받아 당연퇴직된 경찰공무원에게 임용권자가 복직처분을 하였다면 선고유예기간이 경과된 경우에 경찰공무원의 신분은 회복된다.

## 23

「공직자윤리법」과 동법 「시행령」에 대한 설명으로 가장 적절한 것은?

① 「공직자윤리법」에서는 치안감 이상의 경찰공무원을 재산등록의무자로 규정하고 있고, 「동법 시행령」에서는 경찰공무원 중 경정, 경감, 경위, 경사와 자치경찰공무원 중 자치경정, 자치경감, 자치경위, 자치경사를 재산등록의무자로 규정하고 있다.

② 「공직자윤리법」상 등록의무자가 등록할 재산은 ㉠ 본인 ㉡ 배우자(사실상의 혼인관계에 있는 사람은 제외한다) ㉢ 본인의 직계존속·직계비속(다만, 혼인한 직계비속인 여성과 외증조부모, 외조부모, 외손자녀 및 외증손자녀는 제외한다)의 재산(소유 명의와 관계없이 사실상 소유하는 재산, 비영리법인에 출연한 재산과 외국에 있는 재산을 포함한다)으로 한다.

③ 소유자별 합계액 5백만원 이상의 현금(수표를 포함), 예금, 보석류는 등록대상재산에 해당하고, 등록의무자는 매년 1월 1일부터 12월 31일까지의 재산 변동사항을 다음 해 2월 말일까지 등록기관에 신고하여야 한다.

④ 「공직자윤리법」상 취업심사대상자는 퇴직일부터 3년간 "취업심사대상기관"에 취업할 수 없다. 다만, 관할 공직자윤리위원회로부터 취업심사대상자가 퇴직 전 5년 동안 소속하였던 부서 또는 기관의 업무와 취업심사대상기관 간에 밀접한 관련성이 없다는 확인을 받거나 취업승인을 받은 때에는 취업할 수 있다. 「공직자윤리법 시행령」상 자본금이 10억원 이상이고 연간 외형거래액(부가가치세가 면세되는 경우에는 그 면세되는 수입금액을 포함한다)이 100억원 이상인 영리를 목적으로 하는 사기업체는 취업심사대상기관에 해당한다.

## 24

경찰공무원 관련 법령에 따를 때, 경찰공무원의 신분변동에 관한 설명 중 가장 적절하지 않은 것은?

① 직무수행 능력이 부족하거나 근무성적이 극히 나쁜 경찰공무원 甲에 대해 직위해제처분을 할 경우, 임용권자는 3개월의 범위 내에서 대기를 명하고 능력 회복이나 근무성적의 향상을 위한 교육훈련 또는 특별한 연구과제의 부여 등 필요한 조치를 하여야 한다.

② 위원장 포함 5명이 출석하여 구성된 징계위원회에서 정직 3월 1명, 정직 1월 1명, 감봉 3월 1명, 감봉 2월 1명, 감봉 1월 1명으로 의견이 나뉜 경우, 감봉 2월로 의결해야 한다.

③ 자치경찰사무를 담당하는 OO경찰서 소속 경위 乙의 경감으로의 승진임용을 시·도지사가 하므로, 경위 乙에 대한 휴직이나 복직은 시·도자치경찰위원회가 한다.

④ 순경 채용후보자 명부에 등재된 채용후보자 丙이 학업을 계속하고자 이를 증명할 수 있는 자료를 첨부하여 임용권자가 정하는 기간 내에 원하는 유예기간을 적어 신청할 경우, 임용권자는 채용후보자 명부의 유효기간 범위에서 기간을 정하여 임용을 유예할 수 있다.

## 25

**경찰권 발동의 근거와 한계에 관한 설명으로 가장 적절하지 않은 것은? (다툼이 있는 경우 판례에 의함)**

① 일반수권조항이란 경찰권의 발동근거가 되는 개별적인 작용법적 근거가 없을 때 경찰권 발동의 일반적·보충적 근거가 될 수 있도록 개괄적으로 수권된 일반조항을 말한다.

② 「경찰관 직무집행법」 제5조는 형식상 경찰관에게 재량에 의한 직무수행권한을 부여한 것처럼 되어 있으나, 경찰관에게 그러한 권한을 부여한 취지와 목적에 비추어 볼 때 구체적인 사정에 따라 경찰관이 그 권한을 행사하여 필요한 조치를 취하지 아니하는 것이 현저하게 불합리하다고 인정되는 경우에는 그러한 권한의 불행사는 직무상의 의무를 위반한 것이 되어 위법하게 된다.

③ 경찰관 직무집행법에 규정된 경찰관의 의무를 위반하거나 직권을 남용하여 다른 사람에게 해를 끼친 사람은 1년 이하의 징역이나 금고에 처한다.

④ 「경찰공무원 복무규정」상 "경찰공무원은 직위 또는 직권을 이용하여 부당하게 타인의 민사분쟁에 개입하여서는 아니된다."고 규정하고 있다.

## 26

**「행정기본법」상 법 적용의 기준에 관한 내용이다. (   )에 들어갈 것으로 옳은 것은?**

- 당사자의 ( ㄱ )에 따른 처분은 법령등에 특별한 규정이 있거나 ( ㄴ ) 당시의 법령등을 적용하기 곤란한 특별한 사정이 있는 경우를 제외하고는 ( ㄴ ) 당시의 법령등에 따른다.
- 법령등을 위반한 행위의 성립과 이에 대한 제재처분은 법령등에 특별한 규정이 있는 경우를 제외하고는 ( ㄷ ) 당시의 법령등에 따른다. 다만, 법령등을 위반한 행위 후 법령등의 변경에 의하여 그 행위가 법령등을 위반한 행위에 해당하지 아니하거나 제재처분 기준이 가벼워진 경우로서 해당 법령등에 특별한 규정이 없는 경우에는 ( ㄹ ) 법령등을 적용한다.

| | ㄱ | ㄴ | ㄷ | ㄹ |
|---|---|---|---|---|
| ① | 처분 | 신청 | 제재처분 | 변경된 |
| ② | 신청 | 신청 | 법령등을 위반한 행위 | 신청시 |
| ③ | 처분 | 처분 | 판결 | 신청시 |
| ④ | 신청 | 처분 | 법령등을 위반한 행위 | 변경된 |

## 27

「행정절차법」제8조에 따른 행정응원에 관한 설명으로 가장 적절하지 않은 것은?

① 행정청은 다른 행정청의 응원을 받아 처리하는 것이 보다 능률적이고 경제적인 경우 다른 행정청에 행정응원을 요청할 수 있다.

② 행정응원을 요청받은 행정청은 행정응원으로 인하여 고유의 직무 수행이 현저히 지장받을 것으로 인정되는 명백한 이유가 있는 경우에는 응원을 거부할 수 있다.

③ 행정응원을 위하여 파견된 직원은 응원을 요청한 행정청의 지휘·감독을 받는다. 다만, 해당 직원의 복무에 관하여 다른 법령등에 특별한 규정이 있는 경우에는 그에 따른다.

④ 행정응원에 드는 비용은 응원을 요청한 행정청이 부담하며, 그 부담금액 및 부담방법은 응원을 하는 행정청이 결정한다.

## 28

행정조사에 관한 설명으로 적절하지 않은 것은? (다툼이 있는 경우 판례에 의함)

① 「고용보험법」상 '실업인정대상기간 중의 취업 사실'에 대한 행정조사 절차에는 수사절차에서의 진술거부권 고지의무에 관한 「형사소송법」 규정이 준용되지 않는다.

② 경찰공무원이 도로교통법 규정에 따라 호흡측정 또는 혈액 검사 등의 방법으로 운전자가 술에 취한 상태에서 운전하였는지를 조사하는 것은, 수사기관과 경찰행정조사자의 지위를 겸하는 주체가 형사소송에서 사용될 증거를 수집하기 위한 수사로서의 성격을 가짐과 아울러 교통상 위험의 방지를 목적으로 하는 운전면허 정지·취소의 행정처분을 위한 자료를 수집하는 행정조사의 성격을 동시에 가지고 있다고 볼 수 있다.

③ 조사대상자의 자발적 협조로 조사가 이루어지는 경우일지라도 행정의 적법성 및 공공성 등을 높이기 위해서 조사목적 등을 반드시 서면으로 통보하여야 한다.

④ 「행정조사기본법」상 행정기관의 장은 법령등에 특별한 규정이 있는 경우를 제외하고는 행정조사의 결과를 확정한 날부터 7일 이내에 그 결과를 조사대상자에게 통지하여야 한다.

## 29

「공공기관의 정보공개에 관한 법률」과 관련된 설명으로 가장 적절하지 않은 것은?

① 민원인이 경찰관서에서 현재 수사 중인 '폭력단체 현황'에 대한 정보공개를 요청한 경우, 국민의 알 권리를 충족시킨다는 차원에서 해당 정보를 공개하여야 한다.

② 공공기관은 비공개 대상 정보가 기간의 경과 등으로 인하여 비공개의 필요성이 없어진 경우에는 그 정보를 공개 대상으로 하여야 한다.

③ 공공기관은 부득이한 사유로 정보공개의 청구를 받은 날부터 10일 이내에 공개 여부를 결정할 수 없을 때에는 그 기간이 끝나는 날의 다음 날부터 기산하여 10일의 범위에서 공개 여부 결정기간을 연장할 수 있다.

④ 공공기관은 공개 청구된 공개 대상 정보의 전부 또는 일부가 제3자와 관련이 있다고 인정할 때에는 그 사실을 제3자에게 지체 없이 통지하여야 하며, 통지받은 제3자는 그 통지를 받은 날부터 3일 이내에 해당 공공기관에 대하여 자신과 관련된 정보를 공개하지 아니할 것을 요청할 수 있다.

## 30

「개인정보 보호법」에 대한 설명으로 가장 적절하지 않은 것은?

① "개인정보처리자"란 업무를 목적으로 개인정보파일을 운용하기 위하여 스스로 또는 다른 사람을 통하여 개인정보를 처리하는 공공기관, 법인, 단체 및 개인 등을 말한다.

② 보호위원회는 상임위원 2명(위원장 1명, 부위원장 1명)을 포함한 9명의 위원으로 구성한다.

③ 정보주체는 자신의 개인정보 처리와 관련하여 개인정보의 처리 정지, 정정·삭제 및 파기를 요구할 권리를 가진다.

④ 개인정보처리자는 개인정보를 익명 또는 가명으로 처리하여도 개인정보 수집목적을 달성할 수 있는 경우에도 익명처리가 아닌 가명처리만을 하여야 한다.

## 31

「행정절차법」상 송달 및 기간·기한에 관한 설명으로 옳은 것은?

① 정보통신망을 이용한 송달을 할 경우 행정청은 송달받을 자의 동의를 얻어 송달받을 전자우편주소 등을 지정하여야 한다.

② ①에 따라 정보통신망을 이용하여 전자문서로 송달하는 경우에는 송달받을 자가 지정한 컴퓨터 등에 입력된 때에 도달된 것으로 본다.

③ 송달은 다른 법령등에 특별한 규정이 있는 경우를 제외하고는 해당 문서를 발신한때 그 효력이 발생한다.

④ 천재지변이나 그 밖에 당사자등에게 책임이 없는 사유로 기간 및 기한을 지킬 수 없는 경우에는 그 사유가 끝나는 날이 속하는 주말까지 기간의 진행이 정지된다.

## 32

「행정심판법」에 관한 설명으로 가장 적절한 것은?

① 대통령의 처분 또는 부작위에 대하여는 다른 법률에서 행정심판을 청구할 수 있도록 정한 경우 외에는 행정심판을 청구할 수 없다.

② 의무이행심판은 행정청의 처분의 효력 유무 또는 존재 여부를 확인하는 행정심판이다.

③ 처분 또는 부작위에 대한 행정심판은 청구서를 제출하거나 말로써 청구할 수 있다.

④ 행정심판에서는 불이익변경금지의 원칙이 적용되지 않으나, 행정소송에서는 불이익변경금지의 원칙이 적용된다.

## 33

다음은 「경찰관 직무집행법」상 범죄의 예방과 제지에 관한 사례이다. 이와 관련한 설명 중 적절하지 않은 것은? (다툼이 있는 경우 판례에 의함)

> 甲은 평소 집에서 심한 고성과 욕설, 시끄러운 음악소리 등으로 이웃 주민들로부터 수 회에 걸쳐 112신고가 있어 왔던 사람이다. 사건 당일에도 甲이 자정에 가까운 한밤중에 집 안에서 음악을 크게 켜놓고 심한 고성을 지른다는 112신고를 받고 경찰관이 출동하였다. 출동한 경찰관이 인터폰으로 甲에게 문을 열어달라고 하였으나, 甲은 심한 욕설을 할 뿐 출입문을 열어주지 않은 채, 소란행위를 멈추지 않았다. 이에 경찰관들이 甲을 만나기 위해 甲의 집으로 통하는 전기를 일시적으로 차단하여 甲이 집 밖으로 나오도록 유도하였다.

① 경찰관의 제지에 관한 부분은 범죄 예방을 위한 경찰 행정상 즉시강제, 즉 눈앞의 급박한 경찰상 장해를 제거할 필요가 있고 의무를 명할 시간적 여유가 없거나 의무를 명하는 방법으로는 그 목적을 달성하기 어려운 상황에서 의무불이행을 전제로 하지 않고 경찰이 직접 실력을 행사하여 경찰상 필요한 상태를 실현하는 권력적 사실행위에 관한 근거조항이다.

② 甲의 행위는 「경범죄처벌법」상 '인근소란 등'에 해당하고 이로 인하여 인근 주민들이 잠을 이루지 못할 수 있으며 출동한 경찰관들을 만나지 않고 소란행위를 지속하고 있으므로, 甲의 행위를 제지하는 것은 경찰관의 직무상 권한이자 의무로 볼 수 있다.

③ 「경찰관 직무집행법」상 경찰관의 제지 조치가 적법한지는 제지 조치 당시의 구체적 상황을 기초로 판단하여야 하고 사후적으로 순수한 객관적 기준에서 판단할 것은 아니다.

④ 경찰관의 조치는 사람의 생명·신체에 위해를 끼치거나 재산에 중대한 손해를 끼칠 우려가 있는 긴급한 경우로 경찰상 강제집행에 관한 근거 조항이다.

## 34

「경찰 물리력 행사의 기준과 방법에 관한 규칙(경찰청예규)」에서 규정하고 있는 '중위험 물리력'의 종류에 해당하는 것은 모두 몇 개인가?

> ㉠ 목을 압박하여 제압하거나 관절을 꺾는 방법
> ㉡ 손바닥, 주먹, 발 등 신체부위를 이용한 가격
> ㉢ 경찰봉으로 중요 신체 부위를 찌르거나 가격
> ㉣ 경찰봉으로 중요부위가 아닌 신체 부위를 찌르거나 가격
> ㉤ 권총 등 총기류 사용

① 1개      ② 2개
③ 3개      ④ 4개

## 35

「실종아동 등의 보호 및 지원에 관한 법률」 및 「실종아동등 및 가출인 업무처리규칙」에 관한 내용으로 옳은 것은?

① 프로파일링시스템에 등록되어 있는 발견된 18세 미만 아동 및 가출인의 자료는 수배 해제 후로부터 10년간 보관하며, 발견된 지적·자폐성·정신장애인 등 및 치매환자의 자료는 수배 해제 후로부터 5년간 보관한다.

② 실종아동등에 대하여 현장탐문 및 수색 후 그 결과를 즉시 보호자에게 통보하여야 하며, 이후에는 실종아동등 프로파일링시스템에 등록한 날부터 3개월까지는 15일에 1회, 3개월이 경과한 후부터는 분기별 1회 보호자에게 추적 진행사항을 통보한다.

③ 경찰청장은 정보시스템으로 실종아동등 프로파일링시스템 및 실종아동찾기센터 홈페이지를 운영한다. 실종아동등 프로파일링시스템은 경찰관서 내에만 사용할 수 있도록 제한하고, 인터넷 안전드림은 누구든 사용할 수 있도록 공개하는 등 분리하여 운영한다.

④ 누구든지 정당한 사유 없이 실종아동등을 경찰관서의 장에게 신고하지 아니하고 보호할 수 없다. 위반시 5년 이하의 징역 또는 5천만원 이하의 벌금에 처한다.

## 36

「아동학대범죄의 처벌 등에 관한 특례법」상 응급조치에 대한 내용으로 옳은 것은?

① 현장에 출동하거나 아동학대범죄 현장을 발견한 경우 또는 학대현장 이외의 장소에서 학대피해가 확인되고 재학대의 위험이 급박·현저한 경우, 사법경찰관리 또는 아동학대전담공무원은 피해아동, 피해아동의 형제자매인 아동 및 피해아동과 동거하는 아동(이하 피해아동등)의 보호를 위하여 즉시 응급조치를 하여야 한다.

② ①의 응급조치의 내용은 아동학대범죄 행위의 제지, 아동학대행위자를 피해아동등으로부터 격리, 피해아동등을 아동학대 관련 보호시설로 인도, 긴급치료가 필요한 피해아동을 의료기관으로 인도, 경찰관서의 유치장 또는 구치소에의 유치이다.

③ '피해아동등을 아동학대 관련 보호시설로 인도 조치'를 하는 때에는 피해아동등의 이익을 최우선으로 고려하여야 하며, 피해아동등을 보호하여야 할 필요가 있는 등 특별한 사정이 있는 경우를 제외하고는 피해아동등의 동의를 얻어야 한다.

④ 긴급치료가 필요한 피해아동을 의료기관으로 인도를 하는 응급조치는 48시간을 넘을 수 없다. 다만, 본문의 기간에 공휴일이나 토요일이 포함되는 경우로서 피해아동등의 보호를 위하여 필요하다고 인정되는 경우에는 24시간의 범위에서 그 기간을 연장할 수 있다.

## 37

청원경찰에 대한 설명으로 가장 적절한 것은? (다툼이 있는 경우 판례에 따름)

① 청원경찰은 청원주와 배치된 기관·시설 또는 사업장 등의 구역을 관할하는 경찰서장의 감독을 받아 그 경비구역만의 경비를 목적으로 필요한 범위에서 「청원경찰법」에 따른 경찰관의 직무를 수행한다.

② 청원경찰에 대한 징계의 종류는 파면, 해임, 강등, 정직, 감봉 및 견책으로 구분한다.

③ 청원경찰(국가기관이나 지방자치단체에 근무하는 청원경찰은 제외)의 직무상 불법행위에 대한 배상책임에 관하여는 「민법」의 규정을 따른다.

④ 국가나 지방자치단체에 근무하는 청원경찰의 근무관계는 사법상의 고용계약관계이다.

## 38

도로교통법상 긴급자동차에 대한 설명으로 옳지 않은 것은?

① 긴급자동차는 이 법이나 이 법에 따른 명령에 따라 정지하여야 하는 경우에도 불구하고 긴급하고 부득이한 경우에는 정지하지 아니할 수 있다.

② 긴급자동차는 제13조제3항에도 불구하고 긴급하고 부득이한 경우에는 도로의 중앙이나 좌측 부분을 통행할 수 있다.

③ 긴급자동차(제2조 제22호 가목부터 다목까지의 자동차와 대통령령으로 정하는 경찰용 자동차만 해당한다)의 운전자가 그 차를 본래의 긴급한 용도로 운행하는 중에 교통사고를 일으킨 경우에는 그 긴급활동의 시급성과 불가피성 등 정상을 참작하여 제151조 또는 「교통사고처리 특례법」 제3조 제1항에 따른 형을 감경하거나 면제할 수 있다.

④ 긴급한 용도로 사용되고 있는 "국내외 요인에 대한 경호업무 수행에 공무로 사용되는 자동차"의 경우 앞지르기 방법, 신호 또는 지시에 따를 의무가 적용되지 않는다.

## 39

「집회등 채증활동규칙」에 관한 설명으로 가장 적절하지 않은 것은?

① "채증"이란 집회등 현장에서 범죄수사를 목적으로 촬영, 녹화 또는 녹음하는 것을 말한다.

② 채증은 폭력 등 범죄행위가 행하여지고 있거나 행하여진 직후에 하여야 한다. 단, 범죄행위로 인하여 타인의 생명·신체 또는 재산에 대한 위해가 임박한 때에 범죄에 이르게 된 경위나 그 전후 사정에 관하여 긴급히 증거를 확보하여야 할 필요가 있는 경우에는 범죄행위가 행하여지기 이전이라도 채증을 할 수 있다.

③ 집회등 현장에서 채증을 할 때에는 사전에 채증대상자에게 범죄사실의 요지, 채증요원의 소속, 채증 개시사실을 직접 고지하거나 방송 등으로 알려야 하며, 20분 이상 채증을 계속하는 경우에는 20분이 경과할 때마다 채증 중임을 고지하거나 알려야 한다.

④ 주관부서의 장은 채증자료를 열람·판독할 때에는 현장 근무자 등을 참여시킬 수 없다.

## 40

국제수배서의 종류 중 요건에 해당하는 것은?

> ㉠ 유죄판결을 받은 자, 수배자, 피의자, 참고인 등 범죄 관련자일 것
> ㉡ 소재확인을 위한 범죄사실 특정 등 충분한 자료가 제공될 것

① 적색수배서(Red Notice)
② 녹색수배서(Green Notice)
③ 황색수배서(Yellow Notice)
④ 청색수배서(Blue Notice)

## 01

실질적 의미의 경찰과 형식적 의미의 경찰에 대한 설명으로 적절한 것은 모두 몇 개인가?

> 가. 형식적 의미의 경찰은 현재의 법규정에 경찰이 담당하도록 규정되어 있는 사항은 그것이 소극적 질서유지에 관한 사항이든지, 적극적 성격이든, 권력적·비권력적 작용이든 가리지 않고 모두 경찰업무에 해당한다.
>
> 나. 형식적 의미의 경찰과 실질적 의미의 경찰은 일치한다.
>
> 다. 사무를 기준으로 하였을 때 우리나라 자치경찰은 형식적 의미의 경찰과 실질적 의미의 경찰 모두에 해당한다.
>
> 라. 건축경찰, 위생경찰, 공물경찰은 실질적 의미의 경찰에 해당한다.
>
> 마. 정보경찰, 의원경찰, 법정경찰은 형식적 의미의 경찰에 해당한다.

① 1개      ② 2개

③ 3개      ④ 4개

## 02

경찰의 임무를 공공의 안녕과 질서에 대한 위험의 방지라고 할 때, '위험의 인식'에 대한 설명으로 옳은 것은? (다툼이 있으면 판례에 의함)

① 외관적 위험·위험혐의·오상위험은 위험에 대한 인식과 사실이 일치한 경우이다.

② 외관적 위험은 경찰관이 상황을 합리적으로 사려 깊게 판단하여 위험이 존재한다고 인식하여 개입하였으나 실제로는 위험이 없었던 경우를 말한다.

③ 위험혐의는 경찰관이 의무에 합당한 사려 깊은 판단을 할 때 실제로 위험의 발생 가능성은 예측되나 위험의 실제 발생 여부가 불확실한 경우로 위험의 혐의만 존재하는 경우에 위험의 존재가 명백해지기 전까지 예비적 조치로서 위험 존재 여부를 조사할 권한이 없다.

④ 오상위험(추정적 위험 또는 상상위험)은 객관적으로 판단할 때 위험의 외관 또는 혐의가 정당화되지 않음에도 경찰이 위험의 존재를 잘못 추정한 경우로서, 이는 위법한 경찰개입이므로 경찰관 개인은 형사상·민사상 책임을 부담할 수 있고, 국가는 손실보상책임을 부담할 수 있다.

## 03

**국가경찰과 자치경찰제도에 대한 설명으로 적절하지 않은 것은?**

① 국가경찰은 경찰기관 간 협조와 조정이 용이하다.
② 자치경찰은 경찰유지의 권한과 책임이 지방자치단체에 분산되어 있는 경찰제도이다.
③ 국가경찰의 조직은 중앙집권적, 관료적인 제도로서 단일화된 명령체계를 갖추고 있다.
④ 국가경찰의 권력의 기초는 일반통치권에 근거하지만 자치경찰은 특별권력관계에 근거한다.

## 04

**브랜팅햄(P.J.Brantingham)와 파우스트(F.L.Faust)의 3단계 범죄예방모델에서 '3차적 예방'에 대한 설명으로 가장 적절한 것은?**

① 잠재적 범죄자를 초기에 발견하여 개입하는 전략
② 범죄의 기회를 제공하는 물리적 환경조건을 찾아 개입하는 전략
③ 상습범 대책수립 및 재범억제를 지향하는 전략
④ 범죄발생 원인에 영향을 미치는 경제 및 사회 조건에 개입하는 전략

## 05

**다음은 범죄예방 관련 이론에 대한 설명이다. 보기의 내용과 올바르게 연결된 것은?**

> ㉠ 오스카 뉴먼이 주장한 이론으로 주거에 대한 영역성의 강화를 통해 주민들이 살고 있는 지역이나 장소를 자신들의 영역이라 생각하고 감시를 게을리 하지 않으면 어떤 지역이든 범죄로부터 안전할 수 있다고 주장한다.
>
> ㉡ 개인이 이익을 극대화하고 손해를 최소화하기 위해 모든 가능한 선택의 결과를 고려하여 가장 합리적인 결정을 내린다고 보는 이론이다.
>
> ㉢ 작은 무질서가 심각한 범죄로 이어질 수 있으므로 심각한 범죄의 예방을 위해서 작은 무질서라도 일체 용인할 수 없으며, 이를 위하여 작은 무질서행위도 철저하게 단속하는 경찰활동을 말한다.
>
> ㉣ 미국 뉴욕시에서 실제 1990년대 높은 범죄율을 예방하기위해 이 이론을 응용하여 지하철의 낙서를 지우는 프로젝트를 대대적으로 진행해 범죄율을 크게 감소시키는 성과를 거두었다.

| | ㉠ | ㉡ | ㉢ | ㉣ |
|---|---|---|---|---|
| ① | 방어공간이론 | 합리적 선택이론 | 깨진 유리창이론 | 무관용 경찰활동 |
| ② | 무관용 경찰활동 | 합리적 선택이론 | 깨진 유리창이론 | 방어공간이론 |
| ③ | 방어공간이론 | 합리적 선택이론 | 무관용 경찰활동 | 깨진 유리창이론 |
| ④ | 무관용 경찰활동 | 방어공간이론 | 합리적 선택이론 | 깨진 유리창이론 |

## 06

**다음 중 지역사회 경찰활동에 대한 설명을 모두 고르시오.**

> ㉠ 범죄방지의무는 경찰과 시민 모두에게 있다.
> ㉡ 가장 중요한 정보는 범죄자 정보(개인 또는 집단의 정보)이다.
> ㉢ 업무의 효율성은 112신고와 이에 따른 반응시간이 얼마나 짧은가로 판단한다.
> ㉣ 체포율과 적발건수로 경찰의 능률을 측정한다.
> ㉤ 경찰은 지역의 특성에 맞는 조직을 구성하고 이에 따라 활동이 이루어진다.
> ㉥ 경찰의 책임은 법과 규범에 의해 규제하고 법을 엄격히 준수하는 것을 강조한다.

① ㉠㉡㉥
② ㉡㉢㉥
③ ㉠㉡㉤
④ ㉡㉤㉥

## 07

**순찰에 대한 설명으로 옳지 않은 것은?**

① 순찰노선에 의해 정선순찰, 난선순찰, 요점순찰, 구역 자율순찰로 구분된다.
② 워커(Samuel Walker)는 순찰의 3가지 기능으로 범죄억제, 공공안전감 증진, 대민서비스의 제공을 언급하였다.
③ 지구대 순찰요원으로 근무 중인 박경장은 112순찰 근무시간에 자기에게 지정된 개인별 담당구역을 요점순찰 하였다. 이를 요점순찰이라 한다.
④ 자동차 순찰은 높은 가시방범효과의 장점이 있지만, 좁은 골목길 주행이 불가능하다.

## 08

**홉스, 로크, 루소의 사회계약설에 대한 설명으로 가장 적절하지 않은 것은?**

① 로크는 자연상태에서도 인간은 자연법의 제한을 받으며 자신의 권리가 침해되었을 때 스스로의 자위권을 발동할 수 있다고 주장하였다.
② 루소는 자연상태에서 처음에는 자유, 평등이 보장되는 목가적 상태에서 점차 강자와 약자의 구별이 생기고 불평등 관계가 성립한다고 보았다.
③ 루소가 고안한 "일반의지"라는 개념은 모호한 개념으로 일반의지라는 미명하에 독재가 가능하다는 비판을 받는다.
④ 홉스는 국왕의 통치의지에 절대 복종, 자연권의 일부 양도설을 주장하였다.

## 09

**경찰의 부정부패 사례와 그에 대한 원인분석을 설명하는 이론 중 가장 옳지 않은 것은?**

① 음주운전으로 징계처분을 받은 적이 있는 A가 다시 음주운전으로 적발되어 징계위원회에 회부되었다면 '미끄러지기 쉬운 경사로 이론'의 한 예로 볼 수 있다.

② 경제팀 수사관 B가 기소중지자의 신병인수차 출장을 가면서 사실은 1명이 갔으면서도 2명분의 출장비를 수령하였다면, 그 원인은 행정내부의 '법규 및 예산과 현실의 괴리' 때문이라고도 볼 수 있다.

③ 정직하고 청렴하였던 신임형사 C가 자신의 조장인 D로부터 관내 유흥업소 업자들을 소개받고, 이후 D와 함께 활동을 해가면서 D가 유흥업소 업자들로부터 월정금을 받는 것을 보고 점점 그 방식 등을 답습하였다면 '구조원인 가설'로 설명할 수 있다.

④ E지역은 과거부터 지역 주민들이 관내 경찰관들과 어울려 도박을 일삼고, 부적절한 사건청탁을 하는 경우가 종종 있었으나 아무도 이를 문제화하지 않던 곳인데, 동 지역에 새로 발령받은 신임경찰관 F에게도 지역 주민들이 접근하여 도박을 함께 하게 되는 경우는 '전체사회 가설'로 설명할 수 있다.

## 10

**「부정청탁 및 금품 등 수수의 금지에 관한 법률(시행령 포함)」에 대한 설명으로 가장 적절하지 않은 것은?**

① 음식물은 3만원, 선물은 5만원까지 허용되지만 예외적으로 선물의 경우 농수산물 및 농수산가공품과 농수산물·농수산가공품 상품권은 15만원까지 가능하다. (대통령령으로 정하는 설날·추석을 포함한 기간에 한정하여 그 가액 범위를 두배로 한다.

② ①의 "대통령령으로 정하는 설날·추석을 포함한 기간"이란 설날·추석 전 24일부터 설날·추석 후 5일까지(그 기간 중에 우편 등을 통해 발송하여 그 기간 후에 수수한 경우에는 그 수수한 날까지)를 말한다.

③ 경조사로 축의금과 화환·조화를 같이 보낼 경우 합산하여 10만원까지 가능하므로, 축의금 3만원과 화환 7만원짜리를 같이 보낼 경우 10만원 범위 내이므로 법위반이 아니다.

④ 공직자등이 제3자를 위하여 다른 공직자등(제11조에 따라 준용되는 공무수행사인을 포함한다)에게 수사·재판·심판·결정·조정·중재·화해 또는 이에 준하는 업무를 법령을 위반하여 처리하도록 부정청탁한 경우 2천만원 이하의 과태료를 부과한다.

## 11

「경찰청 공무원 행동강령」에 대한 설명으로 가장 적절한 것은?

① 법률적으로 가상자산의 개념을 명시적으로 규정하고 있지는 않다.

② 공무원은 수사·단속의 대상이 되는 업소 중 행동강령책임관이 지정하는 유형의 업소 관계자와 부적절한 사적 접촉을 하여서는 아니 되며, 공적 또는 사적으로 접촉한 경우 행동강령책임관이 정하는 방법에 따라 신고하여야 한다.

③ 가상자산과 관련된 수사·조사·검사 등에 관련되는 직무를 수행하는 부서와 직위는 경찰청장이 정한다.

④ 공무원은 월 3회를 초과하여 대가를 받고 외부강의등을 하려는 경우에는 미리 소속 기관의 장에게 보고를 하여야 한다.

## 12

「공직자의 이해충돌 방지법」에는 이해충돌을 방지하기 위한 제한·금지의무가 규정되어 있다. 다음 중 옳지 않은 것은?

① 공직자는 직무관련자에게 사적으로 노무 또는 조언·자문 등을 제공하고 대가를 받는 행위나 소속 공공기관의 소관 직무와 관련된 지식이나 정보를 타인에게 제공하고 대가를 받는 행위(다만, 외부강의등의 대가로서 사례금 수수가 허용되는 경우와 소속기관장이 허가한 경우는 제외)를 하여서는 아니 된다.

② 공직자(공직자가 아니게 된 날부터 3년이 경과하지 아니한 사람을 포함하되, 다른 법률에서 이와 달리 규정하고 있는 경우에는 그 법률에서 규정한 바에 따름)는 직무수행 중 알게 된 비밀 또는 소속 공공기관의 미공개정보(재물 또는 재산 상 이익의 취득 여부의 판단에 중대한 영향을 미칠 수 있는 정보로서 불특정 다수인이 알 수 있도록 공개되기 전의 것을 말함)를 이용하여 재물 또는 재산상의 이익을 취득하거나 제3자로 하여금 재물 또는 재산상의 이익을 취득하게 하여서는 아니 된다.

③ 공공기관(산하 공공기관, 자회사포함)소속 고위공직자, 채용업무를 담당하는 공직자, 해당 산하 공공기관의 감독기관인 공공기관 소속 고위공직자, 해당 자회사의 모회사인 공공기관 소속 고위공직자는 공개경쟁채용시험 또는 다수인 대상 경력경쟁채용시험 등 경쟁절차를 거치지 않고는 공직자의 가족을 해당 공공기관에 채용할 수 없다.

④ 공공기관(산하 공공기관, 자회사포함)소속 고위공직자, 계약업무담당자, 감독기관·모회사의 고위공직자, 상임위원회의 소관인 경우 해당 상임위원회 위원으로서 직무를 담당하는 국회의원, 감사·조사권 있는 지방의회의원 등과 그 가족 등은 수의계약을 체결할 수 없다. 해당 물품의 생산자가 1명뿐인 경우에도 동일하게 적용된다.

## 13

다음은 자랑스러운 경찰의 표상에 대한 서술이다. 해당 인물을 바르게 나열한 것은?

---

⊙ 성산포 경찰서장 재직 시 계엄군의 예비검속자 총살 명령에 '부당함으로 불이행'한다고 거부하고 주민들을 방면함

ⓛ 1946년 5월 미군정하 제1기 여자경찰간부로 임용되며 국립 경찰에 투신하였고 1952년부터 2년간 서울여자경찰서장을 역임하며 풍속·소년·여성보호 업무를 담당함(여자경찰제도는 당시 권위적인 사회 속에서 선진적이고 민주적인 제도였음)

ⓒ 1980. 5. 18. 당시 목포경찰서장으로 재임하면서 안병하 국장의 방침에 따라 경찰 총기 대부분을 군부대 등으로 사전에 이동시켰으며 자체 방호를 위해 가지고 있던 소량의 총기마저 격발할 수 없도록 방아쇠 뭉치를 모두 제거해 원천적으로 시민들과의 유혈충돌을 피하도록 조치하여 광주와 달리 목포에서는 사상자가 거의 나오지 않았음

ⓔ 임시정부 경무국 경호원 및 의경대원으로 활동하였고 1926년 12월 식민수탈의 심장인 식산은행과 동양척식회사에 폭탄을 투척하였음

---

① ⊙ 안맥결 ⓛ 문형순 ⓒ 최규식 ⓔ 나석주
② ⊙ 문형순 ⓛ 안맥결 ⓒ 이준규 ⓔ 나석주
③ ⊙ 안병하 ⓛ 문형순 ⓒ 나석주 ⓔ 안맥결
④ ⊙ 문형순 ⓛ 안맥결 ⓒ 이준규 ⓔ 정종수

## 14

일본의 국가공안위원회에 대한 설명으로 옳지 않은 것은?

① 위원은 위원장 1인을 제외한 6인의 위원으로 구성한다.
② 위원은 임명 전 5년간 경찰 또는 검찰의 전력이 없는 자 중에서 내각총리대신이 국회의 동의를 얻어 임명한다.
③ 위원의 임기는 5년이며 1회에 한하여 재임 가능하고, 강력한 신분보장을 받는다.
④ 위원장 및 3인 이상의 위원의 출석으로 개회하고, 출석위원의 과반수로 의결하며 가부동수인 경우에는 위원장이 결정한다.

## 15

직업공무원제도에 대한 설명으로 가장 옳지 않은 것은?

① 직업공무원제도는 유능하고 젊은 인재를 공직에 유인·확보하고 나아가 이들이 공직을 보람 있는 평생의 직업으로 여기고 성실히 근무할 수 있도록 운영하는 인사제도이다.
② 직업공무원제도는 장기적인 발전가능성을 선발기준으로 삼고 있으며 계급제가 직위분류제보다 직업공무원제도의 정착에 더 유리하다.
③ 직업공무원제도는 강력한 신분보장으로 공무원에 대한 민주적 통제가 약화될 수 있으며, 공무원의 무책임성이 발생하여 행정통제·행정책임 확보가 곤란해 질 수 있다.
④ 직업공무원제도는 행정의 안정성과 독립성 확보에 용이하며 외부환경 변화에 신속하게 대응한다는 장점이 있다.

## 16

다음은 경찰 예산의 과정을 순서 없이 나열한 것이다. 과정의 순서를 가장 바르게 나열한 것은?

> ㉠ 경찰청장은 다음 연도의 세입세출예산·계속비·명시이월비 및 국고 채무부담 행위 요구서를 작성하여 기획재정부장관에게 제출한다.
> ㉡ 기획재정부장관은 대통령의 승인을 받은 국가결산보고서를 감사원에 제출하여야 한다.
> ㉢ 경찰청장은 결산보고서(이하 "중앙관서결산보고서"라 함)를 기획재정부장관에게 제출하여야 한다.
> ㉣ 경찰청장은 예산배정 요구서를 기획재정부장관에게 제출하여야 한다.
> ㉤ 기획재정부장관은 각 중앙관서의 장에게 통보한 예산안편성지침을 국회 예산결산특별위원회에 보고하여야 한다.

① ㉤－㉠－㉣－㉢－㉡
② ㉠－㉤－㉣－㉢－㉡
③ ㉤－㉠－㉣－㉡－㉢
④ ㉣－㉤－㉠－㉡－㉢

## 17

「보안업무규정」에 따른 보호지역 중 보안상 매우 중요한 구역으로서 비인가자의 출입이 금지되는 구역에 해당하는 장소는?

① 정보통신실
② 작전·경호·정보·안보업무 담당 부서 전역
③ 정보통신관제센터
④ 비밀발간실

## 18

경찰홍보에 관한 설명으로 가장 적절하지 않은 것은?

① 포돌이처럼 상징물(캐릭터)을 개발·전파하는 등 조직 이미지를 고양하여 높아진 주민 지지도를 바탕으로 예산획득, 형사사법 환경 하의 협력확보 등의 목적을 달성하는 종합적이고 계획적인 홍보활동을 기업 이미지식 경찰홍보라고 한다.
② 지역사회 내의 각종 기관, 단체 및 주민들과 유기적인 연락 및 협조체제를 구축·유지하여 지역사회 각계각층의 요구에 부응하는 경찰활동을 하는 동시에, 경찰활동의 긍정적인 측면을 지역사회에 널리 알리는 것을 지역공동체관계라 한다.
③ 로버트 마크(Robertmark)는 경찰과 대중매체의 관계를 "단란하고 행복스럽지는 않더라도, 오래 지속되는 결혼생활"에 비유하였다.
④ 경찰의 적극적 홍보전략으로는 비밀주의와 대변인실의 이용을 들 수 있다.

## 19

다음은 경찰의 사전통제와 사후통제, 내부통제와 외부통제를 구분없이 나열한 것이다. 이 중 사후통제와 외부통제에 관한 것으로 올바르게 짝지어진 것은?

〈사전통제와 사후통제〉
가. 행정상 입법예고
나. 행정심판
다. 국회의 국정감사 조사권
라. 사법부에 의한 사법심사
마. 국회의 예산심의권

〈내부통제와 외부통제〉
㉠ 국가경찰위원회의 심의·의결
㉡ 소청심사위원회 등에 의한 통제
㉢ 청문감사인권관 제도
㉣ 직무명령권
㉤ 중앙행정심판위원회의 심리·재결

① 사후통제 : 나, 다, 라 / 외부통제 : ㉠, ㉡, ㉤
② 사후통제 : 가, 다, 라 / 외부통제 : ㉡, ㉢, ㉣
③ 사후통제 : 가, 나, 마 / 외부통제 : ㉡, ㉣, ㉤
④ 사후통제 : 나, 다, 마 / 외부통제 : ㉠, ㉢, ㉤

## 20

인권과 관련한 설명이다. 아래 가.부터 라.까지 설명 중 옳고 그름의 표시(O, X)가 바르게 된 것은?

가. 「국가인권위원회법」상 위원회는 인권에 관한 교육 및 홍보의 업무를 수행한다.
나. 「경찰 인권보호 규칙」상 경찰관등은 인권의식을 함양하고 인권친화적 경찰활동을 위해 인권교육을 이수해야 하며, 경찰관서의 장은 소속 경찰관등에게 인권보장의 필요성, 경찰과 인권의 관계 등을 포함하여 인권교육을 실시한다.
다. 「경찰 인권보호 규칙」상 경찰관등에 대한 인권교육은 교육대상에 따라 신규 임용예정 경찰관등은 각 교육기관 교육기간 중 1시간 이상 실시해야 한다.
라. 「경찰 인권보호 규칙」상 경찰청장은 인권침해를 예방하고, 인권친화적인 치안 행정이 구현되도록 참가인원, 내용, 동원 경력의 규모, 배치 장비 등을 고려하여 인권침해 가능성이 높다고 판단되는 집회 및 시위에 대하여 인권영향평가를 실시하여야 한다.

① 가.(O) 나.(X) 다.(X) 라.(O)
② 가.(O) 나.(O) 다.(X) 라.(O)
③ 가.(O) 나.(O) 다.(X) 라.(X)
④ 가.(X) 나.(O) 다.(O) 라.(O)

## 21

법률과 법규명령의 공포 및 효력발생시기에 관한 설명으로 가장 적절하지 않은 것은?

① 국회에서 의결된 법률안은 정부에 이송되어 15일 이내에 대통령이 공포한다.

② 법률은 특별한 규정이 없는 한 공포한 날로부터 20일을 경과함으로써 효력을 발생한다.

③ 대통령령, 총리령 및 부령은 특별한 규정이 없으면 공포한 날부터 20일이 경과함으로써 효력을 발생한다.

④ 국민의 권리 제한 또는 의무 부과와 직접 관련되는 법률, 대통령령, 총리령 및 부령은 긴급히 시행하여야 할 특별한 사유가 있는 경우를 제외하고는 공포일로부터 적어도 20일이 경과한 날부터 시행되도록 하여야 한다.

## 22

「국가경찰과 자치경찰의 조직 및 운영에 관한 법률」상 시·도자치경찰위원회 위원에 관한 설명으로 옳지 않은 것은 모두 몇 개인가?

⊙ 시·도자치경찰위원회 위원은 시·도의회가 추천하는 2명, 국가경찰위원회가 추천하는 2명, 해당 시·도 교육감이 추천하는 1명, 시·도자치경찰위원회 위원추천위원회가 추천하는 1명, 시·도지사가 지명하는 1명을 시·도지사가 임명한다.

ⓒ 위원장 1명을 포함한 7명의 위원으로 구성하되, 위원장과 1명의 위원은 상임으로 하고, 5명의 위원은 비상임으로 한다.

ⓒ 위원장과 상임위원은 시·도자치경찰위원회의 의결을 거쳐 위원 중에서 위원장의 제청으로 시·도지사가 임명한다.

ⓔ 위원 중 2명은 법관의 자격이 있는 사람이 임명될 수 있도록 노력하여야 한다.

ⓜ 보궐위원의 임기는 전임자 임기의 남은 기간으로 하되, 전임자의 남은 임기가 6개월 미만인 경우 그 보궐위원은 한 차례만 연임할 수 있다.

ⓗ 경찰, 검찰, 국가정보원 직원 또는 군인의 직에 있거나 그 직에서 퇴직한 날부터 3년이 지나지 아니한 사람은 위원이 될 수 없다.

① 2개      ② 3개

③ 4개      ④ 5개

## 23

「국가경찰과 자치경찰의 조직 및 운영에 관한 법률」상 경찰서장에 대한 설명으로 옳지 않은 것은?

① 경찰서에 경찰서장을 두며, 경찰서장은 경무관, 총경 또는 경정으로 보한다.

② 경찰서장은 시·도경찰청장의 지휘·감독을 받아 관할구역의 소관 사무를 관장하고 소속 공무원을 지휘·감독한다.

③ 경찰서장 소속으로 지구대 또는 파출소를 두고, 그 설치기준은 치안수요·교통·지리 등 관할구역의 특성을 고려하여 대통령령으로 정한다. 다만, 필요한 경우에는 출장소를 둘 수 있다.

④ 시·도자치경찰위원회는 정기적으로 경찰서장의 자치경찰사무 수행에 관한 평가결과를 경찰청장에게 통보하여야 하며 경찰청장은 이를 반영하여야 한다.

## 24

「경찰공무원 징계령」에 관한 설명으로 가장 적절하지 않은 것은?

① 경찰기관의 장은 그 소속 경찰공무원에 대한 징계등 사건이 상급 경찰기관에 설치된 징계위원회의 관할에 속한 경우에는 그 상급 경찰기관의 장에게 징계의결서등을 첨부하여 징계등 의결의 요구를 신청하여야 한다.

② 징계위원회 회의는 위원장과 징계위원회가 설치된 경찰기관의 장이 회의마다 지정하는 4명 이상 6명 이하의 위원으로 성별을 고려하여 구성하되, 「성폭력범죄의 처벌 등에 관한 특례법」에 따른 성폭력범죄, 「양성평등기본법」에 따른 성희롱에 해당하는 징계 사건이 속한 징계위원회의 회의를 구성하는 경우에는 피해자와 같은 성별의 위원이 위원장을 제외한 위원 수의 2분의 1 이상 포함되어야 한다.

③ 징계위원회는 징계등 심의대상자가 그 징계위원회에 출석하여 진술하기를 원하지 아니할 때에는 진술권 포기서를 제출하게 하여 이를 기록에 첨부하고 서면심사로 징계등 의결을 할 수 있다.

④ 징계등 의결을 요구한 자 또는 징계등 의결의 요구를 신청한 자는 징계위원회에 출석하여 의견을 진술하거나 서면으로 의견을 진술할 수 있다. 다만, 중징계나 중징계 관련 징계부가금 요구사건의 경우에는 특별한 사유가 없는 한 징계위원회에 출석하여 의견을 진술해야 한다.

## 25

경찰상 긴급상태(경찰비책임자에 대한 경찰권발동)에 대한 설명으로 가장 적절하지 않은 것은?

① 위험이 이미 현실화되었거나 위험의 현실화가 목전에 급박하여야 한다.

② 경찰책임의 예외로서 경찰긴급권은 급박성, 보충성 등의 요건이 충족되는 경우 경찰책임자가 아닌 제3자에게 경찰권 발동이 인정되는 경우를 의미한다. 법적근거는 요하지 않으나 제3자의 승낙이 있는 경우에 한하여 경찰긴급권의 발동이 허용된다. 다만, 이 경우에도 생명·건강 등 제3자의 중대한 법익에 대한 침해는 허용되지 않는다.

③ 경찰비책임자에 대한 경찰권발동을 위해서 보충성은 전제조건이므로 경찰책임자에 대한 경찰권발동 또는 경찰 자신의 고유한 수단으로는 위험방지가 불가능한지 여부를 먼저 심사하여야 한다.

④ 경찰권발동으로 인하여 손실을 입은 경찰비책임자에게는 정당한 보상이 행해져야 하며, 결과제거청구와 같은 구제수단이 마련되어야 한다.

## 26

다음 〈보기〉의 내용 중 공통된 행정의 법 원칙은 무엇인가?

〈보기〉
• 「행정기본법」 제10조는 행정작용은 다음 각 호의 원칙에 따라야 한다.
  1. 행정목적을 달성하는 데 유효하고 적절할 것
  2. 행정목적을 달성하는 데 필요한 최소한도에 그칠 것
  3. 행정작용으로 인한 국민의 이익 침해가 그 행정작용이 의도하는 공익보다 크지 아니할 것
• 「행정절차법」 제48조 제1항 "행정지도는 그 목적 달성에 필요한 최소한도에 그쳐야 하며, 행정지도의 상대방의 의사에 반하여 부당하게 강요하여서는 아니 된다."

① 비례의 원칙
② 평등의 원칙
③ 신뢰보호의 원칙
④ 부당결부금지의 원칙

## 27

경찰작용에 관한 설명으로 가장 적절하지 않은 것은? (다툼이 있으면 판례에 의함)

① 법령에 의한 일반적·상대적 금지를 특정한 경우에 해제하여 적법하게 일정한 행위를 할 수 있게 하는 행정행위를 허가라 한다.

② 건축허가는 대물적 성질을 갖는 것이어서 행정청으로서는 허가를 할 때에는 건축주 또는 토지소유자가 누구인지 등 인적 요소에 관하여는 형식적 심사만 한다.

③ 법정부관의 경우 처분의 효과 제한이 직접 법규에 의해서 부여되는 부관으로서 원칙적으로 부관의 개념에 속한다.

④ 행정지도는 일정한 행정목적을 달성하기 위해 상대방인 국민에게 임의적인 협력을 요청하는 비권력적 사실행위를 말한다.

## 28

### 「질서위반행위규제법」에 관한 내용으로 옳은 것은?

① 행정청의 과태료 부과에 불복하는 당사자는 과태료 부과 통지를 받은 날부터 60일 이내에 직근 상급 행정청에 서면으로 이의제기할 수 있다.

② 심신장애로 인하여 행위의 옳고 그름을 판단할 능력이나 그 판단에 따른 행위를 할 능력이 미약한 자의 질서위반행위는 과태료를 감면한다.

③ 분할납부나 납부기일의 연기를 결정하는 경우 그 기간을 징수유예 등을 결정한 날의 다음 날부터 9개월 이내로 하여야 하며, 1회에 한정하여 3개월의 범위 내에서 연장가능하다.

④ 행정청이 질서위반행위에 대하여 과태료를 부과하고자 하는 때에는 미리 당사자에게 30일 이상의 기간을 정하여 의견을 제출할 기회를 주어야 한다.

## 29

### 「행정소송법」의 규정 내용으로 옳지 않은 것은?

① 법원은 당사자의 신청이 있는 때에는 결정으로써 재결을 행한 행정청에 대하여 행정심판에 관한 기록의 제출을 명하여야 한다.

② 원고는 피고인 행정청이 속하는 국가 또는 공공단체를 상대로 손해배상, 제해시설의 설치 그 밖에 적당한 구제방법의 청구를 당해 취소소송등이 계속된 법원에 병합하여 제기할 수 있다.

③ 처분등을 취소하는 확정판결은 제3자에 대하여도 효력이 있다.

④ 처분등을 취소하는 판결에 의하여 권리 또는 이익의 침해를 받은 제3자는 자기에게 책임없는 사유로 소송에 참가하지 못함으로써 판결의 결과에 영향을 미칠 공격 또는 방어방법을 제출하지 못한 때에는 이를 이유로 확정된 종국판결에 대하여 재심의 청구를 할 수 있다.

## 30

### 「경찰관 직무집행법」상 불심검문에 대한 설명으로 옳은 것은? (판례에 의함)

① 경찰관은 이미 행하여진 범죄나 행하여지려고 하는 범죄행위에 관한 사실을 안다고 인정되는 사람에 대하여 질문을 하는 경우 자신의 신분을 표시하는 증표를 제시하면서 소속과 성명을 밝히고 질문의 목적과 이유를 설명하여야 하며 동행을 요구하는 경우에는 변호인의 도움을 받을 권리가 있음을 알려야 한다.

② 경찰관의 질문을 위한 동행요구가 형사소송법의 규율을 받는 수사로 이어지는 경우, 그 동행요구는 피의자의 자발적인 의사에 의하여 수사관서 등에 동행이 이루어졌음이 객관적인 사정에 의하여 명백하게 입증된 경우가 아니어도 그 적법성이 인정된다.

③ 경찰관은 불심검문 대상자에게 질문을 하기 위하여 범행의 경중, 범행과의 관련성, 상황의 긴박성, 혐의의 정도, 질문의 필요성 등에 비추어 목적 달성에 필요한 최소한의 범위 내에서 사회통념상 용인될 수 있는 상당한 방법으로 대상자를 정지시킬 수 있고 질문에 수반하여 흉기의 소지 여부도 조사할 수 있다.

④ 임의동행은 상대방의 동의 또는 승낙을 그 요건으로 하는 것이므로 경찰관으로부터 임의동행 요구를 받은 경우 상대방은 이를 거절할 수 있을 뿐만 아니라 임의동행 후 언제든지 경찰관서에서 퇴거할 자유가 있다 할 것이고, 경찰관 직무집행법 제3조 제6항이 '임의동행한 경우 당해인을 6시간을 초과하여 경찰관서에 머물게 할 수 없다'고 규정하고 있어 그 규정에 따라 임의동행한 자를 6시간 동안 경찰관서에 구금하는 것을 허용한다.

## 31

「경찰관 직무집행법」상 위험방지를 위한 출입에 대한 설명으로 가장 적절하지 않은 것은?

① 위험방지를 위한 출입은 행정조사의 성격을 가진다.

② 경찰공무원은 여관에 불이 나서 객실에 쓰러져 있는 사람이 있는 경우에는 주인이 허락하지 않더라도 들어갈 수 있다.

③ 새벽 3시 영업이 끝난 식당에서 주인만 머무르는 경우, 경찰공무원은 범죄의 예방을 위해 출입을 요구할 경우 상대방은 이를 거절할 수 있다.

④ 경찰공무원은 위험방지를 위해 여관에 출입할 경우에는 그 신분을 표시하는 증표를 제시하여야 하며, 함부로 관계인이 하는 정당한 업무를 방해해서는 아니 된다.

## 32

경찰장비에 대한 설명이다. 아래 ㉠부터 ㉣까지의 설명 중 옳고 그름의 표시(O, X)가 바르게 된 것은?(다툼이 있으면 판례에 의함)

> ㉠ 「경찰관 직무집행법」상 경찰청장은 위해성 경찰장비를 새로 도입하려는 경우에는 대통령령으로 정하는 바에 따라 안전성 검사를 실시하여 그 안전성 검사의 결과보고서를 행정안전부장관에게 제출하여야 한다.
>
> ㉡ 「위해성 경찰장비의 사용기준 등에 관한 규정」상 경찰관은 14세 미만의 자 또는 65세 이상의 고령자에 대하여 전자충격기를 사용하여서는 아니 된다.
>
> ㉢ 경찰관이 농성 진압의 과정에서 경찰장비를 위법하게 사용함으로써 그 직무수행이 적법한 범위를 벗어난 것으로 볼 수밖에 없다면, 상대방이 그로 인한 생명·신체에 대한 위해를 면하기 위하여 직접적으로 대항하는 과정에서 경찰장비를 손상시켰더라도 이는 위법한 공무집행으로 인한 신체에 대한 현재의 부당한 침해에서 벗어나기 위한 행위로서 정당방위에 해당한다.
>
> ㉣ 「경찰관 직무집행법」상 경찰관은 범인의 체포, 범인의 도주 방지, 자신이나 다른 사람의 생명·신체의 방어 및 보호, 공무집행에 대한 항거의 제지를 위하여 필요하다고 인정되는 상당한 이유가 있을 때에는 그 사태를 합리적으로 판단하여 필요한 한도에서 무기를 사용할 수 있다.

① ㉠ (X) ㉡ (O) ㉢ (O) ㉣ (X)

② ㉠ (O) ㉡ (X) ㉢ (O) ㉣ (X)

③ ㉠ (X) ㉡ (X) ㉢ (X) ㉣ (O)

④ ㉠ (X) ㉡ (X) ㉢ (O) ㉣ (O)

## 33

「경찰 물리력 행사의 기준과 방법에 관한 규칙」상 보기의 대상자 행위에 대한 경찰관의 대응 수준으로 적절한 것은?

> 대상자가 경찰관 또는 제3자에 대해 신체적 위해를 가하는 상태를 말하며, 대상자가 경찰관에게 폭력을 행사하려는 자세를 취하여 그 행사가 임박한 상태, 주먹·발 등을 사용해서 경찰관에 대해 신체적 위해를 초래하고 있거나 임박한 상태, 강한 힘으로 경찰관을 밀거나 잡아당기는 등 완력을 사용해 체포에서 벗어나려고 하는 상태 등이 이에 해당한다.

① 신체 일부 잡기·밀기·잡아끌기, 쥐기·누르기·비틀기
② 경찰봉, 방패, 신체적 물리력으로 대상자의 신체 중요 부위 또는 급소 부위 가격, 대상자의 목을 강하게 조르거나 신체를 강한 힘으로 압박하는 행위
③ 손바닥, 주먹, 발 등 신체부위를 이용한 가격
④ 목을 압박하여 제압하거나 관절을 꺾는 방법, 팔·다리를 이용해 움직이지 못하도록 조른다.

## 34

「경찰관 직무집행법」상 범인검거 등 공로자 보상에 대한 설명으로 가장 옳은 것은?

① 경찰청장, 시·도경찰청장 또는 경찰서장은 보상금심사위원회의 심사·의결에 따라 보상금을 지급하고, 거짓 또는 부정한 방법으로 보상금을 받은 사람에 대하여는 해당 보상금을 환수할 수 있다.
② 보상금심사위원회는 위원장 1명을 포함한 5명 이상 7명 이내의 위원으로 구성한다.
③ 경찰청장, 시·도경찰청장 또는 경찰서장은 범인 또는 범인의 소재를 신고하여 검거하게 한 사람에게 보상금을 지급하여야 한다.
④ 경찰청장, 시·도경찰청장 또는 경찰서장은 보상금을 반환하여야 할 사람이 대통령령으로 정한 기한까지 그 금액을 납부하지 아니한 때에는 국세 체납처분의 예에 따라 징수할 수 있다.

## 35

「아동·청소년의 성보호에 관한 법률」과 관련된 내용으로 적절하지 않은 것은? (다툼이 있으면 판례에 의함)

① 성인 남성 B가 인터넷 채팅사이트를 통하여, 성매매 의사를 가지고 성매수자를 찾고 있던 청소년 갑과 성 매매 장소, 대가 등에 관하여 구체적으로 정한 후 약속장소 인근에 도착하여 甲에게 전화로 요구 사항을 지시하였지만 성관계를 하지 못했다 하더라도 사전에 성매매의사를 가진 청소년이였고, 실제 성관계 여부와 상관없이 '성을 팔도록 권유한 행위'에 해당한다.

② 아동·청소년의 성을 사는 행위를 알선하는 행위를 업으로 하는 사람이 알선의 대상이 아동·청소년임을 인식하면서 알선행위를 하였다면, 아동·청소년의 성을 사는 행위를 한 사람이 상대방이 아동·청소년임을 인식하고 있었는지 여부는 알선행위를 한 사람의 책임에 영향을 미칠 이유가 없다.

③ 피고인이 아동·청소년 또는 아동·청소년으로 인식될 수 있는 사람 부근에서 그들 몰래 본인의 신체 일부를 노출하거나 또는 자위행위를 하는 내용일 뿐 아동·청소년이 성적 행위를 하는 내용을 표현한 것이 아닌 필름 또는 동영상은 아동·청소년성착취물에 해당한다고 보기 어렵다.

④ 영리를 목적으로 청소년으로 하여금 신체적인 접촉 또는 은밀한 부분의 노출 등 성적 접대행위를 하게 하거나 이러한 행위를 알선·매개하는 행위는 아동·청소년의 성을 사는 행위이다.

## 36

「검사와 사법경찰관의 상호협력과 일반적 수사준칙에 관한 규정」에 대한 설명으로 가장 적절하지 않은 것은?

① 검사는 「형사소송법」 제245조의8에 따라 사법경찰관에게 재수사를 요청하려는 경우에는 같은 법 제245조의5 제2호에 따라 관계 서류와 증거물을 송부받은 날부터 90일 이내에 해야 한다. 다만, 증거 등의 허위, 위조 또는 변조를 인정할 만한 상당한 정황이 있는 경우에는 관계 서류와 증거물을 송부받은 날부터 90일이 지난 후에도 재수사를 요청할 수 있다.

② 보완수사를 요구받은 사법경찰관은 「검사와 사법경찰관의 상호협력과 일반적 수사준칙에 관한 규정」 제60조 제1항 단서에 따라 검사로부터 송부받지 못한 관계 서류와 증거물이 보완수사를 위해 필요하다고 판단하면 검사에게 해당 서류와 증거물을 송부해 줄 것을 요청해야 한다.

③ 검사 또는 사법경찰관은 고소 또는 고발에 따라 범죄를 수사하는 경우에는 고소 또는 고발을 수리한 날부터 3개월 이내에 수사를 마쳐야 한다고 규정되어 있다.

④ 검사는 「형사소송법」 제197조의2 제1항에 따라 보완수사를 요구할 때에는 그 이유와 내용 등을 구체적으로 적은 서면과 관계 서류 및 증거물을 사법경찰관에게 함께 송부해야 한다. 다만, 보완수사 대상의 성질, 사안의 긴급성 등을 고려하여 관계 서류와 증거물을 송부할 필요가 없거나 송부하는 것이 적절하지 않다고 판단하는 경우에는 해당 관계 서류와 증거물을 송부하지 않을 수 있다.

## 37

「경찰 비상업무 규칙」에 대한 설명으로 옳지 않은 것은?

① "가용경력"이라 함은 총원에서 휴가·출장·교육·파견 등을 포함하여 실제 동원될 수 있는 모든 인원을 말한다.

② "정착근무"라 함은 사무실 또는 상황과 관련된 현장에 위치하는 것을 말한다.

③ 비상근무 대상은 경비·작전·안보·수사·교통 또는 재난관리 업무와 관련한 비상상황에 국한한다. 다만, 두 종류 이상의 비상상황이 동시에 발생한 경우에는 긴급성 또는 중요도가 상대적으로 더 큰 비상상황("주된 비상상황")의 비상근무로 통합·실시한다.

④ 적용지역은 전국 또는 일정지역(시·도경찰청 또는 경찰서 관할)으로 구분한다. 다만, 2개 이상의 지역에 관련되는 상황은 바로 위의 상급 기관에서 주관하여 실시한다.

## 38

「교통사고처리 특례법」 제3조 제2항 단서의 '처벌특례 항목(12개 항목)'에 해당하지 않는 것은 모두 몇 개인가?

> ㉠ 고속도로에서의 끼어들기 방법을 위반하여 운전한 경우
> ㉡ 술에 취한 상태에서 운전을 하거나 같은 법 제45조를 위반하여 약물의 영향으로 정상적으로 운전하지 못할 우려가 있는 상태에서 운전한 경우
> ㉢ 안전거리를 확보하지 아니하고 운전한 경우
> ㉣ 제한속도를 시속 20킬로미터 초과하여 운전한 경우
> ㉤ 횡단보도에서의 보행자 보호의무를 위반하여 운전한 경우
> ㉥ 보도(步道)가 설치된 도로의 보도를 침범하거나 같은 법 제13조제2항에 따른 보도 횡단방법을 위반하여 운전한 경우

① 0개      ② 1개
③ 2개      ④ 3개

## 39

「집회 및 시위에 관한 법률」상 용어의 정의에 관한 내용으로 옳은 것은?

① "옥외집회"란 천장이 없고 사방이 폐쇄되지 아니한 장소에서 여는 집회를 말한다.

② 집회는 특정 또는 불특정 다수인이 공동목적을 가지고 일정한 장소에 모이는 것으로 군 관할 구역에서의 옥외집회는 신고대상이지만, 차량시위, 해상시위, 공중시위는 신고대상에 해당하지 않는다.

③ "시위"란 여러 사람이 공동의 목적을 가지고 도로, 광장, 공원 등 특정인이 자유로이 통행할 수 있는 장소를 행진하거나 위력(威力) 또는 기세(氣勢)를 보여, 불특정한 여러 사람의 의견에 영향을 주거나 제압(制壓)을 가하는 행위를 말한다.

④ "주관자"란 자기 이름으로 자기 책임 아래 집회나 시위를 여는 사람이나 단체를 말한다. 주관자는 주최자를 따로 두어 집회 또는 시위의 실행을 맡아 관리하도록 위임할 수 있다. 이 경우 주최자는 그 위임의 범위 안에서 주관자로 본다.

## 40

「국제형사사법 공조법」상 임의적 공조거절 사유에 해당하지 않는 경우는?

① 공조범죄가 대한민국에서 수사진행 중이거나 재판에 계속 중인 경우

② 대한민국의 주권, 국가안전보장, 안녕질서 또는 미풍양속을 해칠 우려가 있는 경우

③ 공조범죄가 대한민국의 법률에 의하여는 범죄를 구성하지 아니하거나 공소를 제기할 수 없는 범죄인 경우

④ 「국제형사사법 공조법」에 요청국이 보증하도록 규정되어 있음에도 불구하고 요청국의 보증이 없는 경우

# 총알 총정리 모의고사 6회

## 01

경찰의 개념 중 형식적 의미의 경찰과 실질적 의미의 경찰에 관한 설명으로 적절하지 않은 것은?

① 실질적 의미의 경찰 개념은 이론상·학문상 정립된 개념이 아닌 실무상으로 정립된 개념이며, 독일 행정법학에서 유래하였다.

② 형식적 의미의 경찰이란 실정법상 보통경찰기관이 관장하는 행정작용을 말하는 것으로, 경찰의 서비스 활동도 이에 속한다.

③ 경찰이 아닌 다른 일반 행정기관 또한 경찰과 마찬가지로 실질적 의미의 경찰에 해당하는 활동을 할 수 있다.

④ 형식적 의미의 경찰개념에 입각한 경찰활동의 범위는 나라마다 차이가 있을 수 있다.

## 02

경찰의 임무를 공공의 안녕과 질서에 대한 위험의 방지라고 정의할 때, 위험에 대한 설명 중 가장 옳은 것은?

① '위험'이란 가까운 장래에 공공의 안녕에 손해가 나타날 가능성이 개개의 경우 충분히 존재하는 상태를 의미한다. 위험은 구체적 위험과 추상적 위험으로 구분할 수 있으며 경찰개입은 구체적 위험이 있을 때에만 가능하다.

② '손해'란 보호법익에 대한 현저한 침해행위를 의미하고 정상적 상태의 객관적 감소이어야 하므로, 단순한 성가심이나 불편함은 경찰개입의 대상이 아니다.

③ '외관적 위험'에 대한 경찰권 발동은 경찰상 위험에 해당하는 적법한 경찰개입이므로 경찰관에게 민·형사상의 책임을 물을 수 없고, 국가의 손실보상 책임도 발생하지 않는다.

④ '위험혐의'의 경우 위험의 존재여부가 명백해질 때까지 예비적인 위험조사 차원의 경찰개입은 정당화될 수 없다.

## 03

대륙법계 국가의 경찰에 관한 설명으로 가장 적절하지 않은 것은?

① 대륙법계 경찰개념은 국가의 통치권에 근거하여 국민의 생명·신체·재산을 보호하고 공공질서를 유지하는 작용을 의미한다.

② 대륙법계 경찰개념은 진압(사후적)보다 예방(사전적)에 초점을 둔다.

③ 대륙법계 경찰개념은 경찰과 국민을 수직적·명령 복종 관계로 본다.

④ 대륙법계 경찰개념은 "경찰활동이란 무엇인가?"라는 문제보다는 "경찰이란 무엇인가?"라는 문제와 관련이 깊다.

## 04

다음에서 설명하는 범죄원인론과 학자를 바르게 연결한 것은?

> 이 이론은 청소년 비행이 특정 사회계층 내에서 발생하는 이유를 규명하고자 하였다. 연구 결과, 청소년들은 중산층의 가치와 목표를 달성하기 어렵다고 느낄 때, 자신들만의 새로운 가치와 규범을 형성하게 된다. 이러한 새로운 규범은 기존 사회의 규범을 거부하며, 비행 행동을 정상적이고 가치 있는 것으로 여긴다. 이러한 규범은 주로 비슷한 처지의 동료들 간의 상호작용을 통해 강화된다고 보았다.

① 뒤르켐(Durkheim) - 아노미이론

② 코헨(Cohen) - 하위문화이론

③ 서덜랜드(Sutherland) - 차별적 접촉이론

④ 쇼와 맥케이(Shaw & Mckay) - 사회해체이론

## 05

'치료 및 갱생이론', '상황적 범죄예방론'에 대한 비판 내용으로 바르게 연결된 것은?

> ㉠ 비용이 많이 든다.
> ㉡ 적극적 범죄예방에 한계가 있다.
> ㉢ 한 지역의 범죄가 다른지역으로 전이되어 전체 범죄가 줄지 않는 전이효과가 발생한다.
> ㉣ 범죄의 기회를 줄이기 위하여 사회에 대한 국가권력의 과도개입을 초래하게 되고, '요새화된 사회'를 형성하게 되며, 인권을 침해할 수 있다.
> ㉤ 충동적 범죄에 적용시 한계가 있다.
> ㉥ 개인이나 소규모의 조직체에 의해서 수행되지 못한다.

① 치료 및 갱생이론-㉠㉤  상황적 범죄예방론-㉣
② 치료 및 갱생이론-㉠㉡  상황적 범죄예방론-㉣
③ 치료 및 갱생이론-㉠   상황적 범죄예방론-㉡㉢㉥
④ 치료 및 갱생이론-㉠㉡  상황적 범죄예방론-㉢㉣

## 06

뉴먼(1972)은 방어공간의 구성요소를 구분하였다. 이와 관련된 〈보기 1〉의 설명과 〈보기 2〉의 구성요소가 가장 적절하게 연결된 것은?

> 〈보기 1〉
> (가) 지역의 외관이 다른 지역과 고립되어 있지 않고, 보호되고 있으며, 주민의 적극적 행동의지를 보여줌
> (나) 지역에 대한 소유의식은 일상적이지 않은 일이 있을 때 주민으로 하여금 행동을 취하도록 자극함
> (다) 특별한 장치의 도움 없이 실내와 실외의 활동을 관찰할 수 있는 능력임
> (라) 철저히 감시되는 지역에 거주지를 건설하는 것이 범죄를 예방할 것이라는 것

> 〈보기 2〉
> ㉠ 영역성  ㉡ 자연적 감시
> ㉢ 이미지  ㉣ 환경(안전지대)

　　(가) (나) (다) (라)
① 　㉢ 　㉣ 　㉠ 　㉡
② 　㉢ 　㉠ 　㉡ 　㉣
③ 　㉣ 　㉠ 　㉢ 　㉡
④ 　㉣ 　㉢ 　㉡ 　㉠

## 07

**문제지향적 경찰활동(Problem-Oriented Policing) 에 관한 설명으로 가장 적절하지 않은 것은?**

① 문제지향적 경찰활동(POP)의 목표는 확인된 문제에 대한 전략적 대응을 위해 경찰자원을 배분하고, 전통적인 경찰활동과 절차를 통해 범죄적 요소나 사회무질서의 원인을 효과적으로 제거하는 경찰활동을 말한다.

② 형법의 적용은 여러 대응 수단 중 하나에 불과하고, 사안들에 있어서 그 상황에 맞는 대안을 개발하기 위해 노력하는 활동에 주력한다.

③ 일선경찰관에게 문제해결 권한과 필요한 시간을 부여하고 범죄분석자료를 제공한다.

④ 경찰활동이 단순한 법집행자의 역할에서 지역사회 범죄문제의 근원적 원인을 확인하고 해결하는 역할로 전환될 것을 추구하며 지역사회 문제 해결 과정으로 SARA모형이 강조되며, 이는 조사(Scanning) → 분석(Analysis) → 대응(Response) → 평가(Assessment)으로 진행되는 문제해결 단계를 제시한다.

## 08

**부정부패에 관한 설명으로 가장 적절하지 않은 것은?**

① 공직자가 직무와 관련하여 그 지위 또는 권한을 남용하거나 법령을 위반하여 자기 또는 제3자의 이익을 도모하는 행위는 「부패방지 및 국민권익위원회의 설치와 운영에 관한 법률」상 부패행위에 해당한다.

② 「부패방지 및 국민권익위원회의 설치와 운영에 관한 법률」상 공공기관은 부패를 방지하기 위하여 법령상, 제도상 또는 행정상의 모순이 있거나 그 밖에 개선할 사항이 있다고 인정할 때에는 즉시 이를 개선 또는 시정하여야 한다.

③ 대의명분 있는 부패(noble cause corruption) 와 Dirty Harry 문제는 부패의 개념적 징표를 개인적 이익 추구를 넘어 조직 혹은 사회적 차원의 이익 추구로 확대하고자 하는 시도라고 볼 수 있다.

④ 작은 호의를 제공받은 경찰관이 도덕적 부채를 느껴 이를 보충하기 위해 결과적으로 선한 후속행위를 하는 상황은 미끄러운 경사(slippery slope) 가설의 맥락에서 이해할 수 있다.

## 09

**경찰윤리강령에 관한 설명으로 가장 적절하지 않은 것은?**

① 법적 강제력이 없기 때문에 위반했을 경우 제재할 방법이 미흡하다.

② 민주적 참여에 의한 제정보다는 상부에서 제정되고 일방적으로 하달되어 냉소주의를 불러일으키는 단점이 있다.

③ 우리나라의 경찰윤리강령은 경찰헌장(1966년) - 새경찰신조(1980년) - 경찰윤리헌장(1991년) - 경찰서비스헌장(1998년) 순서로 제정되었다.

④ 1945년 10월 21일 국립경찰의 탄생 시 이념적 지표가 된 경찰정신은 영미법계의 영향으로 '봉사' 와 '질서'를 경찰의 행동강령으로 삼았다.

## 10

다음은 경찰의 부정부패 이론(가설)에 관한 설명이다. 주장한 학자와 이론이 가장 적절하게 연결된 것은?

> ⊙ 정직하고 청렴한 신임순경 A가 상사인 B로부터 관내 유흥업소 업자들을 소개받고, 이후 B와 함께 근무를 하면서 B가 유흥업소 업자들로부터 정기적으로 금품을 받는 것을 보고, 점차 부패관행을 학습한 경우로 설명할 수 있다.
>
> ⓒ 경찰관은 순찰 중 주민으로부터 피로회복 음료를 무상으로 받았고, 그 다음주는 식사대접을 받았다. 순찰나갈 때 마다 주민들에게 뇌물을 받는 습관이 들었고, 주민들도 경찰관이 순찰을 나가면 마음의 선물이라며 뇌물을 주는 것이 관례가 되어버렸다.

① ⊙ 델라트르(Delattre)–미끄러지기 쉬운 경사로 이론
   ⓒ 니더호퍼(Neiderhoffer), 로벅(Roebuck), 바커(Barker)–구조원인가설

② ⊙ 셔먼(Sherman)–구조원인가설
   ⓒ 델라트르(Delattre)–미끄러지기 쉬운 경사로 이론

③ ⊙ 니더호퍼(Neiderhoffer), 로벅(Roebuck), 바커(Barker)–구조원인가설
   ⓒ 윌슨(Wilson)–전체사회가설

④ ⊙ 윌슨(Wilson)–전체사회가설
   ⓒ 펠드버그(Feldberg)–구조원인가설

## 11

「경찰청 공무원 행동강령」에서 규정하고 있는 '공정한 직무수행을 해치는 지시에 대한 처리'에 대한 설명으로 가장 적절한 것은?

① 공무원은 상급자가 자기 또는 타인의 부당한 이익을 위하여 공정한 직무수행을 현저하게 해치는 지시를 하였을 때에는 별지 제1호 서식 또는 전자우편 등의 방법으로 그 사유를 상급자에게 소명하고 지시에 따르지 아니하거나, 행동강령책임관과 상담하여야 한다.

② ①에 따라 지시를 이행하지 아니하였는데도 같은 지시가 반복될 때에는 즉시 행동강령책임관과 상담할 수 있다.

③ ①이나 ②에 따라 상담 요청을 받은 행동강령책임관은 지시 내용을 확인하여 지시를 취소하거나 변경할 필요가 있다고 인정되면 취소 또는 변경하여야 한다. 다만, 지시 내용을 확인하는 과정에서 부당한 지시를 한 상급자가 스스로 그 지시를 취소하거나 변경하였을 때에는 그러하지 아니하다.

④ ③에 따른 보고를 받은 소속 기관의 장은 필요하다고 인정되면 지시를 취소·변경하는 등 적절한 조치를 하여야 한다. 이 경우 공정한 직무수행을 해치는 지시를 ①에 따라 이행하지 아니하였는데도 같은 지시를 반복한 상급자에게는 징계 등 필요한 조치를 할 수 있다.

## 12

「공직자의 이해충돌 방지법」과 「부정청탁 및 금품 등 수수의 금지에 관한 법률」에 관한 설명 중 가장 적절한 것은?

① 「공직자의 이해충돌 방지법」상 부동산을 직접적으로 취급하는 대통령령으로 정하는 공공기관의 공직자는 공직자 자신이 소속 공공기관의 업무와 관련된 부동산을 보유하고 있거나 매수하는 경우 소속기관장에게 그 사실을 서면으로 신고하여야 한다.

② 「부정청탁 및 금품등 수수의 금지에 관한 법률」상 '공직자등'이 부정청탁을 받았을 때에는 부정청탁을 한 자에게 부정청탁임을 알리고 이를 거절하는 의사를 명확히 표시하여야 하며, 이러한 조치를 하였음에도 불구하고 동일한 부정청탁을 다시 받은 경우에는 이를 소속기관장에게 구두 또는 서면(전자서면을 포함)으로 신고하여야 한다.

③ 「부정청탁 및 금품등 수수의 금지에 관한 법률」에 따르면 ○○경찰서 소속 경찰관 甲이 모교에서 자신의 직무와 관련된 강의를 요청받아 1시간 동안 강의를 하고 50만 원의 사례금을 받았다면 대통령령이 정하는 바에 따라 소속기관장에게 신고하고 그 초과금액을 소속기관장에게 지체없이 반환하여야 한다.

④ 「부정청탁 및 금품등 수수의 금지에 관한 법률」상 「국가공무원법」 또는 「지방공무원법」에 따른 공무원과 그 밖에 다른 법률에 따라 그 자격·임용·교육훈련·복무·보수·신분보장 등에 있어서 공무원으로 인정된 사람일지라도 '공직자등' 개념에 포함되지 않는다.

## 13

정부수립이후 경찰 연혁에 대한 설명으로 가장 적절하지 않은 것은?

① 4·19 이후 혁명 정신에 따라 제2공화국 헌법은 '경찰중립화'를 헌법에 신설하였다.

② 1969년 경찰공무원법이 제정되어 '경정과 경장' 계급이 신설되었으며 경정 이상(치안감까지)의 계급정년제가 도입되었다.

③ 1974년 12월 24일 정부조직법 개정으로 종래 치안국장은 치안본부장으로 격상되었다.

④ 1975년 8월 치안본부 아래 있던 소방과를 내무부 소방국으로 이전함에 따라서 소방업무가 경찰업무에서 배제되었다.

## 14

외국의 경찰에 대한 설명으로 가장 적절하지 않은 것은?

① 미국의 주경찰은 실질적인 경찰권을 행사함으로써 연방경찰의 제한적인 활동에 비해 경찰권의 행사 범위가 훨씬 광범위하다.

② 프랑스 군경찰은 군인의 신분으로 국방임무를 수행하면서, 행정경찰과 사법경찰의 기능을 수행한다.

③ 일본 경찰은 일반적으로 1차적 수사기관이라고 하며 수사의 개시권을 갖고, 검사는 수사권과 기소권, 수사의 종결권을 가지고 있다.

④ 독일의 검찰은 공소권만 가지고 있고, 수사권은 가지고 있지 않아 소위 "팔 없는 머리"로 불리기도 한다.

## 15

**경찰인사관리에 대한 설명으로 가장 옳지 않은것은?**

① 실적주의는 공무원 임용 기준이 직무수행능력과 성적이다.

② 실적주의는 19세기 말 미국 등에서 공직의 매관매직·공직부패 등이 문제되어 대두되었고, 공직은 모든 국민에게 개방되며 어떠한 차별도 받지 않는다.

③ 엽관주의는 인사행정의 기준을 당파성과 정실에 두는 제도로 행정을 단순하게 보아 누구나 수행할 수 있는 것으로 보기 때문에 법령에 저촉되지 않는 한 일체의 신분상의 불이익을 받지 않는다.

④ 엽관주의의 폐해로는 관료가 관직을 계속 유지하기 위하여 정당에 정치자금을 헌납하는 등 관료의 부패를 조장하게 되었다는 점, 인사의 기준이 객관적이지 않아 인사의 공정성이 약하게 된다는 점, 인사부패가 연관되기 쉽다는 점, 행정의 계속성·일관성·안정성이 훼손될 수 있다는 점 등이 있다.

## 16

**계급제와 직위분류제에 관한 설명으로 가장 적절하지 않은 것은?**

① 직위분류제는 사람 중심 분류로서 계급제보다 인사배치의 신축성 측면에서 유리하다.

② 우리나라의 공직분류는 계급제 위주에 직위분류제적 요소를 가미한 혼합 형태라고 할 수 있다.

③ 직위분류제는 미국에서 실시된 후 다른 나라로 전파되었다.

④ 직위분류제는 계급제에 비해서 보수결정의 합리적인 기준을 제시하는 것이 장점이다.

## 17

**다음은 관서운영경비에 관한 설명이다. 옳은 것은?**

① 관서운영경비출납공무원은 매 회계연도의 관서운영경비의 사용잔액을 다음 회계연도 12월 20일까지 해당 지출관에게 반납하여야 한다.

② 관서운영경비는 관서운영경비출납공무원이 아니면 지급할 수 없으며 관서운영경비출납공무원은 관서운영경비를 금융회사 등에 예치하여 관리하여야 한다.

③ 관서운영 경비 중 건당 500만원 이하의 경비만 관서운영경비로 집행하도록 규정한 예산과목은 운영비·특수활동비가 있으며 업무추진비는 이에 해당하지 않는다.

④ 운영비 중 공과금으로 지급할 수 있는 경비의 최고금액은 건당 500만 원 이하이다.

## 18

**「경찰장비관리규칙」상 무기고 및 탄약고 설치에 관한 설명 중 적절하지 않은 것은?**

① 무기는 인명 또는 신체에 위해를 가할 수 있도록 제작된 권총·소총·도검 등을 말한다.

② 간이무기고란 경찰인력 및 경찰기관별 무기책정 기준에 따라 배정된 개인화기와 공용화기를 집중보관·관리하기 위하여 각 경찰기관에 설치된 시설을 말한다.

③ 탄약고 내에는 전기시설을 하여서는 아니되며, 조명은 건전지 등으로 하고 방화시설을 완비하여야 한다. 단, 방폭설비를 갖춘 경우 전기시설을 설치할 수 있다.

④ 지구대 등의 간이무기고의 경우는 소속 경찰관에 한하여 무기를 지급하되 감독자 입회(감독자가 없을 경우 반드시 타 선임 경찰관 입회)하에 무기탄약 입출고부에 기재한 뒤 입출고하여야 한다. 다만, 긴급상황 발생시 경찰서장의 사전허가를 받은 경우의 대여는 예외로 한다.

## 19

「언론중재 및 피해구제 등에 관한 법률」에 관한 설명 중 가장 적절하지 않은 것은?

① 언론중재위원회에 위원장 1명과 2명 이내의 부위원장 및 2명의 감사를 두며, 각각 언론중재위원 중에서 임명한다.

② 사실적 주장에 관한 언론보도등이 진실하지 아니함으로 인하여 피해를 입은 자는 해당 언론보도등이 있음을 안 날부터 3개월 이내에 언론사, 인터넷뉴스서비스사업자 및 인터넷 멀티미디어 방송사업자에게 그 언론보도등의 내용에 관한 정정보도를 청구할 수 있다. 다만, 해당 언론보도등이 있은 후 6개월이 지났을 때에는 그러하지 아니하다.

③ 언론중재위원회는 40명 이상 90명 이내의 중재위원으로 구성하며, 중재위원은 문화체육관광부장관이 위촉한다.

④ 중재위원회는 중재부의 구성에 관한 사항, 중재위원회규칙의 제정·개정 및 폐지에 관한 사항 등을 심의한다.

## 20

대륙법계와 영미법계의 경찰통제의 방법에 대한 설명으로 옳은 것은?

① 대륙법계 국가에서는 초기 행정소송 등의 개괄주의에서 열기주의로 전환함으로써 행정에 대한 법원의 통제를 확대하고 있으며, 대륙법계 국가에서는 사후적 통제가 발달되어 있다.

② 경찰의 통제방법과 관련하여 영미법계 국가에서는 경찰조직의 민주성을 확보하기 위하여 경찰책임자의 선거, 자치경찰제도의 시행 등 제도적 장치 마련을 통해 시민이 직접 또는 그 대표기관을 통한 참여와 감시를 가능하게 하는 시스템을 구축하고 있지만, 대륙법계 국가에서는 행정소송, 국가배상제도, 경찰위원회 등 사법심사를 통해 법원이 행정부의 행위를 심사함으로써 통제하는 시스템을 구축하고 있다.

③ 우리나라에서 시행되고 있는 국가경찰위원회는 경찰의 주요정책 등에 관하여 심의·자문하는 권한을 가지고 있으나, 행정안전부장관의 재의요구권이 있어 실질적으로는 심의회 수준에 머물고 있는 등 명실상부한 민주적 통제장치로 보기는 어렵다.

④ 법원은 법적 쟁송사건에 대한 재판권을 통해 경찰활동을 통제하는 바, 법원의 판례법이 법의 근간을 이루는 영미법계에서 대륙법계보다 강력한 통제장치로 작용한다.

## 21

경찰법의 법원(法源)에 관한 설명이다. 아래 가.부터 라.까지 설명 중 옳고 그름의 표시(O, X)가 바르게 된 것은?(다툼이 있으면 판례에 의함)

가. 헌법은 국가의 기본적인 통치구조를 정한 기본법으로서 행정의 조직이나 작용의 기본원칙을 정한 부분은 그 한도 내에서 경찰법의 법원이 된다.
나. 경찰권 발동은 법률에 근거해야 하므로, 법률은 경찰법상의 법률관계에 있어서 중요한 법원이다.
다. 지방자치단체는 조례를 위반한 행위에 대하여 조례로써 1천만원 이하의 벌금을 정할 수 있다.
라. 법률이 주민의 권리의무에 관한 사항에 관하여 구체적으로 범위를 정하지 않은 채 조례로 정하도록 포괄적으로 위임한 경우에도 지방자치단체는 법령에 위반되지 않는 범위 내에서 주민의 권리의무에 관한 사항을 조례로 제정할 수 있다.

① 가. (O) 나. (X) 다. (X) 라. (O)
② 가. (O) 나. (O) 다. (X) 라. (X)
③ 가. (O) 나. (O) 다. (X) 라. (O)
④ 가. (X) 나. (O) 다. (O) 라. (O)

## 22

「국가경찰과 자치경찰의 조직 및 운영에 관한 법률」에 대한 설명으로 가장 적절하지 않은 것은?

① 시·도경찰청장은 경찰청장이 시·도자치경찰위원회와 협의하여 추천한 사람 중에서 행정안전부장관의 제청으로 국무총리를 거쳐 대통령이 임용한다.
② 시·도경찰청 차장은 시·도경찰청장을 보좌하여 소관 사무를 처리하고, 시·도경찰청장이 부득이한 사유로 직무를 수행할 수 없을 때에는 그 직무를 대행한다.
③ 국가수사본부장은 「형사소송법」에 따른 경찰의 수사에 관하여 각 시·도경찰청장과 경찰서장 및 수사부서 소속 공무원을 지휘·감독한다.
④ 국가수사본부장이 직무를 집행하면서 헌법이나 법률을 위배하였더라도 국회는 탄핵소추를 의결할 수 없다.

## 23

다음 중 국가공무원법과 경찰공무원법상 공통적으로 적용되는 임용결격사유는 모두 몇 개인가?

> ㉠ 피한정후견인
> ㉡ 파산선고를 받고 복권되지 아니한 사람(자)
> ㉢ 자격정지 이상의 형의 선고유예를 선고받고 그 유예 기간 중에 있는 사람(자)
> ㉣ 「성폭력범죄의 처벌 등에 관한 특례법」 제2조에 규정된 죄를 범한 사람으로서 100만원 이상의 벌금형을 선고받고 그 형이 확정된 후 3년이 지나지 아니한 사람(자)
> ㉤ 징계로 파면처분을 받은 때부터 5년이 지나지 아니한 사람(자)
> ㉥ 대한민국 국적을 가지지 아니한 사람(자)
> ㉦ 공무원으로 재직기간 중 직무와 관련하여 「형법」 제355조(횡령, 배임) 및 제356조(업무상의 횡령과 배임)에 규정된 죄를 범한 자로서 300만원 이상의 벌금형을 선고받고 그 형이 확정된 후 2년이 지나지 아니한 사람(자)

① 2개    ② 3개
③ 4개    ④ 5개

## 24

「국가공무원법」상 직위해제에 관한 설명으로 가장 적절하지 않은 것은?

① 임용권자는 직무수행 능력이 부족하거나 근무성적이 극히 나쁜 자에게 직위를 부여하지 아니할 수 있다.
② 형사사건으로 기소된 자(약식명령이 청구된 자는 제외한다)에게는 직위를 부여하지 아니할 수 있다.
③ 제73조의3 제1항에 따라 직위를 부여하지 아니한 경우에 그 사유가 소멸되면 임용권자는 7일 이내에 직위를 부여할 수 있다.
④ 임용권자는 제1항 제2호(직무수행 능력이 부족하거나 근무성적이 극히 나쁜 자)에 따라 직위해제된 자에게 3개월의 범위에서 대기를 명한다.

## 25

행정의 법률적합성 원칙(법치행정의 원칙)에 관한 설명 중 가장 적절한 것은? (다툼이 있는 경우 판례에 의함)

① 법치행정의 원칙에 관한 전통적 견해는 '법률의 지배', '법률의 우위', '법률의 유보'를 내용으로 한다.
② 행정은 합헌적으로 제정된 법률에 위반되어선 안 된다는 원칙이 법률의 유보의 원칙인데, 여기서 말하는 '법률'은 국회에서 제정한 형식적 의미의 법률만이 아니라 헌법·법률·법규명령(성문법)·행정법의 일반원칙(불문법)까지를 포함한다.
③ 법규명령에는 위임명령과 집행명령이 있으며, 모두 국민의 권리·의무에 관한 사항을 규정할 수 있다.
④ 집회나 시위 해산을 위한 살수차 사용은 집회의 자유 및 신체의 자유에 대한 중대한 제한을 초래하므로 살수차 사용요건이나 기준은 법률에 근거를 두어야 하고, 살수차와 같은 위해성 경찰장비는 본래의 사용방법에 따라 지정된 용도로 사용되어야 하며 다른 용도나 방법으로 사용하기 위해서는 반드시 법령에 근거가 있어야 한다. 혼합살수방법은 법령에 열거되지 않은 새로운 위해성 경찰장비에 해당하고 이 사건 지침에 혼합살수의 근거 규정을 둘 수 있도록 위임하고 있는 법령이 없으므로, 이 사건 지침은 법률유보원칙에 위배되고 이 사건 지침만을 근거로 한 이 사건 혼합살수행위 역시 법률유보원칙에 위배된다.

## 26

경찰하명에 관한 설명으로 가장 적절하지 않은 것은? (다툼이 있는 경우 판례에 의함)

① 경찰하명은 경찰상의 목적을 위하여 국가의 일반통치권에 의거, 개인에게 특정한 작위·부작위·수인 또는 급부의 의무를 명하는 행정행위이다.

② 부작위하명은 소극적으로 어떤 행위를 하지 말 것을 명하는 것으로 경찰금지라 부르기도 한다.

③ 경찰하명에 위반한 행위는 강제집행이나 처벌의 대상이 되지만, 원칙적으로 사법(私法)상의 법률적 효력까지 부인하는 것은 아니다.

④ 위법한 경찰하명으로 인하여 권리·이익이 침해된 자는 행정쟁송 또는 손실보상을 청구할 수 있다.

## 27

다음은 「공공기관의 정보공개에 관한 법률」상 이의신청에 대한 설명이다. ㉠부터 ㉛까지에 들어갈 숫자를 모두 합한 값은?

- 청구인이 정보공개와 관련한 공공기관의 비공개 결정 또는 부분 공개 결정에 대하여 불복이 있거나 정보공개 청구 후 ( ㉠ )일이 경과하도록 정보공개 결정이 없는 때에는 공공기관으로부터 정보공개 여부의 결정 통지를 받은 날 또는 정보공개 청구 후 ( ㉡ )일이 경과한 날부터 ( ㉢ )일 이내에 해당 공공기관에 문서로 이의신청을 할 수 있다.

- 공공기관은 이의신청을 받은 날부터 ( ㉣ )일 이내에 그 이의신청에 대하여 결정하고 그 결과를 청구인에게 지체 없이 문서로 통지하여야 한다. 다만, 부득이한 사유로 정하여진 기간 이내에 결정할 수 없을 때에는 그 기간이 끝나는 날의 다음 날부터 기산하여 ( ㉤ )일의 범위에서 연장할 수 있으며, 연장 사유를 청구인에게 통지하여야 한다.

- 청구인이 정보공개와 관련한 공공기관의 결정에 대하여 불복이 있거나 정보공개 청구 후 ( ㉥ )일이 경과하도록 정보공개 결정이 없는 때에는 행정심판법에서 정하는 바에 따라 행정심판을 청구할 수 있으며, 이 경우 이의신청 절차를 거치지 아니하고 행정심판을 청구할 수 있다.

① 104      ② 110
③ 114      ④ 120

## 28

경찰행정의 실효성 확보수단에 관한 설명으로 가장 적절하지 않은 것은? (다툼이 있는 경우 판례에 의함)

① 행정대집행은 대체적 작위의무 불이행에 대하여 다른 수단으로는 그 이행을 확보하기 곤란하고 불이행을 방치하면 공익을 크게 해칠 것으로 인정될 때에 행정청이 의무자가 하여야 할 행위를 스스로 하거나 제3자에게 하게 하고 그 비용을 의무자로부터 징수하는 것을 말한다.

② 행정청은 의무자가 행정상 의무를 이행할 때까지 이행강제금을 반복하여 부과할 수 있다. 다만, 의무자가 의무를 이행하면 새로운 이행강제금의 부과를 즉시 중지하되, 이미 부과한 이행강제금을 징수하여서는 안 된다.

③ 직접강제는 행정대집행이나 이행강제금 부과로는 행정상 의무이행을 확보할 수 없거나 그 실현이 불가능한 경우에 실시하여야 한다.

④ 전통적으로 행정대집행은 대체적 작위의무에 대한 강제집행수단으로, 이행강제금은 부작위의무나 비대체적 작위의무에 대한 강제집행수단으로 이해되어 왔으나, 이는 이행강제금제도의 본질에서 오는 제약은 아니며, 이행강제금은 대체적 작위의무의 위반에 대하여도 부과될 수 있다.

## 29

행정상 즉시강제에 해당하는 것을 모두 고른 것은? (다툼이 있는 경우 판례에 의함)

> ㉠ 「경찰관 직무집행법」 제6조 범죄의 예방을 위한 제지
> ㉡ 「경찰관 직무집행법」 제4조 제1항 제1호에서 규정하는 술에 취한 상태로 인하여 자기 또는 타인의 생명·신체와 재산에 위해를 미칠 우려가 있는 피구호자에 대한 보호조치
> ㉢ 무허가건물의 철거 명령을 받고도 이를 불이행하는 사람의 불법건축물을 철거하는 것
> ㉣ 지정된 기한까지 체납액을 완납하지 않은 국세 체납자의 재산을 압류하는 것
> ㉤ 음주운전 등 교통법규 위반자에 대해 운전면허를 취소하는 것

① ㉠㉢  　　　　② ㉡㉢
③ ㉠㉡  　　　　④ ㉡㉣

## 30

다음 중 「행정절차법」에 규정되어 있는 것은 모두 몇 개인가?

> ㉠ 공법상 계약
> ㉡ 행정계획절차
> ㉢ 행정상 입법예고 절차
> ㉣ 행정예고절차
> ㉤ 행정조사
> ㉥ 확약절차

① 2개  　　　　② 3개
③ 4개  　　　　④ 5개

## 31

「행정소송법」의 규정 내용으로 옳지 않은 것은? (다툼이 있는 경우 판례에 의함)

① 예산회계법 또는 지방재정법에 따라 지방자치 단체가 당사자가 되어 체결하는 계약은 사법상 의 계약일 뿐, 공권력을 행사하는 것이거나 공 권력 작용과 일체성을 가진 것은 아니라고 할 것 이므로 이에 관한 분쟁은 행정소송의 대상이 될 수 없다.

② 원천징수의무자가 비록 과세관청과 같은 행정 청이라 하더라도 그의 원천징수행위는 법령에서 규정된 징수 및 납부의무를 이행하기 위한 것에 불과한 것이지, 공권력의 행사로서의 행정처분 을 한 경우에 해당되지 아니한다.

③ 국립 교육대학 학생에 대한 퇴학처분은 학장이 교육목적실현과 학교의 내부질서유지를 위해 학 칙 위반자인 재학생에 대한 구체적 법집행으로 서 행정처분에 해당하지 않는다.

④ 집행정지는 행정처분의 집행부정지원칙의 예외 로서 인정되는 것이고 또 본안에서 원고가 승 소할 수 있는 가능성을 전제로 한 권리보호수 단이라는 점에 비추어 보면 집행정지사건 자체 에 의하여도 신청인의 본안청구가 적법한 것이 어야 한다는 것을 집행정지의 요건에 포함시켜 야 할 것이다.

## 32

「경찰관 직무집행법」 제4조 '보호조치등'에 대한 설 명으로 적절한 것은?

① 경찰관은 적당한 보호자가 없는 부상자에 대 해 응급구호가 필요하다고 인정할 만한 사유가 있다면 본인이 구호를 거절하더라도 보호조치를 할 수 있다.

② 경찰관은 자살기도자를 발견하여 경찰관서에 보 호할 경우 24시간 이내에 구호대상자의 가족, 친 지 또는 그 밖의 연고자에게 그 사실을 알려야 하며, 연고자가 발견되지 아니할 때에는 구호대 상자의 의사와 상관없이 공공보건의료기관이나 공공구호기관에 인계하여야 한다.

③ 경찰관은 보호조치 등을 하는 경우에 구호대상 자가 휴대하고 있는 무기·흉기 등 위험을 일으 킬 수 있는 것으로 인정되는 물건을 경찰관서에 임시로 영치(領置)하여 놓을 수 있고, 그 기간은 10일을 초과할 수 없으며 법적 성질은 대물적 즉 시강제이다.

④ 긴급구호요청을 받은 응급의료종사자가 정당한 이유 없이 긴급구호요청을 거절할 경우, 「경찰관 직무집행법」에 따라 3년 이하의 징역 또는 3천 만원 이하의 벌금에 처한다.

## 33

「경찰관 직무집행법」 제6조 '범죄의 예방과 제지'에 대한 설명으로 가장 적절하지 않은 것은? (다툼이 있는 경우 판례에 의함)

① 경찰관의 경고나 제지는 범죄의 예방을 위하여 범죄행위에 관한 실행의 착수 전에 행하여질 수 있을 뿐만 아니라, 이후 범죄행위가 계속되는 중에 그 진압을 위하여도 당연히 행하여질 수 있다고 보아야 한다.

② 특정 지역에서의 불법집회에 참가하려는 것을 막기 위하여 시간적·장소적으로 근접하지 않은 다른 지역에서 집회예정장소로 이동하는 것을 제지하는 것은 제6조의 행정상 즉시강제인 경찰관의 제지의 범위를 명백히 넘어 허용될 수 없다.

③ 주거지에서 음악 소리를 크게 내거나 큰 소리로 떠들어 이웃을 시끄럽게 하는 행위는 경범죄처벌법 제3조 제1항 제21호에서 경범죄로 정한 '인근소란 등'에 해당한다. 경찰관은 경찰관 직무집행법에 따라 경범죄에 해당하는 행위를 예방·진압·수사하고, 필요한 경우 제지할 수 있다.

④ 어떠한 범죄행위를 목전에서 저지르려고 하거나 이들의 행위로 인하여 인명·신체에 위해를 미치거나 재산에 중대한 손해를 끼칠 우려 등 긴급한 사정이 있는 경우에 방패를 든 전투경찰대원들이 조합원들을 둘러싸고 이동하지 못하게 가둔 행위(고착관리)는 제지 조치라고 볼 수 없고, 이는 형사소송법상 체포에 해당한다.

## 34

「경찰관 직무집행법」 및 「위해성 경찰장비의 사용기준 등에 관한 규정」상 경찰장비의 사용에 대한 설명으로 가장 적절한 것은?

① 경찰관은 범인의 체포 또는 도주의 방지, 자신이나 다른 사람의 생명·신체의 방어 및 보호, 공무집행에 대한 항거의 제지를 위하여 필요한 상당한 이유가 있는 경우 경찰장구를 사용할 수 있다.

② 경찰관은 불법집회·시위 또는 소요사태로 인하여 발생할 수 있는 타인 또는 경찰관의 생명·신체의 위해와 재산·공공시설의 위험을 억제하기 위하여 부득이한 경우에는 시·도경찰청장의 명령에 따라 필요한 최소한의 범위에서 가스차를 사용할 수 있다.

③ 제11조(사용기록의 보관)에 따라 살수차, 분사기, 전자충격기 및 전자방패, 무기를 사용하는 경우 그 책임자는 사용 일시·장소·대상, 현장책임자, 종류, 수량 등을 기록하여 보관하여야 한다.

④ 경찰관은 범인·술에 취한 사람 또는 정신착란자의 자살 또는 자해기도를 방지하기 위하여 필요한 때에는 수갑·포승 또는 호송용포승을 사용할 수 있다. 이 경우 경찰관은 소속 국가경찰관서의 장에게 그 사실을 보고해야 한다.

## 35

「경범죄 처벌법」에 의한 통고처분을 받은 경우 범칙금 납부기한에 대한 내용으로 옳지 않은 것은?

① 통고처분서를 받은 사람은 통고처분서를 받은 날부터 10일 이내에 경찰청장·해양경찰청장 또는 철도특별사법경찰대장이 지정한 은행, 그 지점이나 대리점, 우체국 또는 제주특별자치도지사가 지정하는 금융기관이나 그 지점에 범칙금을 납부하여야 한다. 다만, 천재지변이나 그 밖의 부득이한 사유로 말미암아 그 기간 내에 범칙금을 납부할 수 없을 때에는 그 부득이한 사유가 없어지게 된 날부터 5일 이내에 납부하여야 한다.

② ①에 따른 납부기간에 범칙금을 납부하지 아니한 사람은 납부기간의 마지막 날의 다음 날부터 20일 이내에 통고받은 범칙금에 그 금액의 100분의 20을 더한 금액을 납부하여야 한다.

③ ① 또는 ②에 따라 범칙금을 납부한 사람은 그 범칙행위에 대하여 다시 처벌받지 아니한다.

④ 즉결심판이 청구된 피고인이 통고받은 범칙금에 그 금액의 100분의 50을 더한 금액을 납부하고 그 증명서류를 즉결심판 선고 전까지 제출하였을 때에는 경찰청장, 해양경찰청장 및 제주특별자치도지사는 그 피고인에 대한 즉결심판 청구를 취소할 수 있다.

## 36

「피의자 유치 및 호송규칙」에 대한 설명으로 옳은 것은?

① 호송관서의 장은 호송관이 5인 이상이 되는 호송일 때에는 경감 이상 계급의 1인을 지휘감독관으로 지정해야 한다.

② 피호송자 발병 시 진찰한 결과 24시간 이내에 치유될 수 있다고 진단되었을 때에는 치료후 인수관서가 호송을 계속하게 하여야 한다.

③ 호송관은 호송근무를 할 때에는 총기를 휴대하여야 하며, 호송관서의 장은 특별한 사유가 있는 경우 호송관이 분사기를 휴대하도록 할 수 있다.

④ 호송 중 도망사고 발생시 도주한 자에 관한 호송관계서류 및 금품은 호송관서에서 보관하여야 한다.

## 37

「통합방위법」상 국가중요시설에 대한 설명으로 가장 적절하지 않은 것은?

① 국가중요시설의 관리자(소유자를 포함한다)는 경비·보안 및 방호책임을 지며, 통합방위사태에 대비하여 자체방호계획을 수립하여야 한다. 이 경우 국가중요시설의 관리자는 자체방호계획을 수립하기 위하여 시·도경찰청장 또는 지역군사령관에게 협조를 요청할 수 있다.

② 시·도경찰청장 또는 지역군사령관은 통합방위사태에 대비하여 국가중요시설에 대한 방호지원계획을 수립·시행하여야 한다.

③ 국가중요시설의 평시 경비·보안활동에 대한 지도·감독은 관계 행정기관의 장과 국가정보원장이 수행한다.

④ 국가중요시설은 국가정보원장이 관계 행정기관의 장 및 국방부장관과 협의하여 지정한다.

## 38

「도로교통법」 및 관련 법령에 따를 때, 다음 설명 중 가장 적절하지 않은 것은? (다툼이 있는 경우 판례에 의함)

① 자동차를 움직이게 할 의도 없이 다른 목적을 위하여 자동차의 원동기(모터)의 시동을 걸었는데, 실수로 기어 등 자동차의 발진에 필요한 장치를 건드려 원동기의 추진력에 의하여 자동차가 움직인 경우 자동차의 운전에 해당한다.

② 「도로교통법」 및 관련 법령에는 연습운전면허를 발급받은 사람이 본인에게 귀책사유(歸責事由)가 없는 경우 등 대통령령으로 정하는 경우를 제외하고, 운전 중 고의 또는 과실로 교통사고를 일으키거나 「도로교통법」이나 동법에 따른 명령 또는 처분을 위반한 경우에 시·도경찰청장은 연습운전면허를 취소하여야 한다고 규정하고 있으므로, 연습운전면허를 받은 사람이 운전을 함에 있어 주행연습 외의 목적으로 운전하여서는 아니된다는 준수사항을 지키지 않았다고 하더라도 무면허운전으로 처벌할 수는 없다.

③ 운전자가 음주운전으로 교통사고를 야기한 후, 차에서 내려 피해자(진단 3주)에게 '왜 와서 들이받냐'라는 말을 하고, 교통사고 조사를 위해 경찰서에 가자는 경찰관의 지시에 순순히 응하여 순찰차에 스스로 탑승하여 경찰서까지 갔을 뿐 아니라 경찰서에서 조사받으면서 사고 당시 상황에 대한 자신의 주장을 정확하게 진술하였다면, 비록 경찰관이 작성한 주취운전자 정황진술보고서에는 '언행상태'란에 '발음 약간 부정확', '보행상태'란에 '비틀거림이 없음', '운전자 혈색'란에 '안면 홍조 및 눈 충혈'이라고 기재되어 있다고 하더라도 음주로 인한 특정범죄 가중처벌 등에 관한 법률 위반(위험운전치사상)이 아니라 도로교통법 위반(음주운전)으로 처벌해야 한다.

④ 개인형 이동장치를 타고 신호위반, 중앙선 침범과 진로변경 금지 위반행위를 연달아 하여 다른 사람에게 위협 또는 위해를 가할 뿐 아니라 교통상의 위험을 발생하게 한 운전자에 대해 난폭운전으로 처벌할 수 없다.

## 39

보안관찰에 대한 설명 중 가장 적절한 것은?

① 피보안관찰자가 주거지를 이전하거나 국외여행 또는 10일 이상 주거를 이탈하여 여행하고자 할 때에는 미리 거주예정지, 여행예정지 기타 대통령령이 정하는 사항을 법무부장관에게 신고하여야 한다.

② 「형법」상 일반이적죄는 「보안관찰법」상 보안관찰 해당범죄에 해당된다.

③ 「보안관찰법 시행규칙」에서 규정하는 '사안'에는 보안관찰처분 기간갱신청구에 관한 사안도 해당된다.

④ 법무부장관의 결정을 받은 자가 그 결정에 이의가 있을 때에는 「행정소송법」이 정하는 바에 따라 그 결정이 집행된 날부터 30일 이내에 서울고등법원에 소를 제기할 수 있다.

## 40

주한미군지위협정(SOFA) 적용 대상자가 아닌 사람은 모두 몇 명인가?

> ㉠ 이중국적 가족
> ㉡ NATO에 근무 중 공무상 한국을 여행 중인 미군
> ㉢ 주한 미군사고문단
> ㉣ 한국에서 근무하는 미군의 21세 미만인 자녀
> ㉤ 주한 미대사관에 근무하는 미군사병

① 2명      ② 3명
③ 4명      ④ 5명

# 총알 총정리 모의고사 7회

## 01

**경찰개념에 대한 설명으로 가장 적절한 것은?**

① 경찰이라는 용어는 그리스 politeia와 라틴어의 politia에서 유래하였으며, 고대에서의 경찰개념은 도시국가의 국가작용 가운데 정치를 제외한 일체의 영역을 의미하였다.

② 16세기 독일 제국경찰법은 외교, 군사, 재정, 사법을 제외한 내무행정 전반을 의미하였다.

③ 경찰의 직무를 공공의 안녕, 질서유지에 한정한 것과 관계가 깊은 것으로는 1794년 독일 프로이센 일반란트법, 1882년 크로이츠베르크(Kreuzberg) 판결, 1795년 프랑스 경죄처벌법전이 있다.

④ 제2차 세계대전 이후 독일에서는 보안경찰을 포함한 영업·위생·건축 등의 협의의 행정경찰사무를 일반행정기관의 사무로 이관하는 이른바 비경찰화 과정이 이루어졌다.

## 02

**다음 중 경찰의 분류에 대한 설명으로 가장 적절하지 않은 것은?**

① 한국에서는 보통경찰기관이 행정경찰 및 사법경찰 업무를 모두 담당한다.

② 범죄수사·다중범죄진압, 교통위반자에 대한 통고처분 등은 질서경찰에 해당한다.

③ 고등경찰과 보통경찰의 구별은 프랑스에서 유래한 것으로 경찰에 의하여 보호되는 법익을 기준으로 한 구별이다.

④ 국가경찰제도는 타 행정부문과의 긴밀한 협조·조정이 원활하지만, 자치경찰제도에 비해 지방세력과 연결되면 경찰부패가 초래할 수 있고, 정실주의에 대한 우려가 있다.

## 03

**경찰의 관할에 대한 설명으로 가장 적절하지 않은 것은?**

① 사물관할이란 경찰이 처리할 수 있고 또 처리해야 하는 사무내용의 범위를 말하는 것으로 국가경찰과 자치경찰의 조직 및 운영에 관한 법률 제3조와 경찰관 직무집행법 제2조에 규정되어 있다.

② 인적관할이란 협의의 경찰권이 어떤 사람에게 적용되는가의 문제이다.

③ 우리나라는 영미법계의 영향으로 범죄수사를 경찰의 사물관할로 인정하고 있다.

④ 헌법상 대통령은 내란 또는 외환의 죄를 범한 경우를 제외하고는 재직 중 형사상의 소추를 받지 아니한다.

## 04

**범죄예방이론에 관한 설명으로 가장 적절하지 않은 것은?**

① 일상활동이론(Routine Activity Theory), 합리적 선택이론(Rational Choice Theory), 범죄패턴이론(Crime Pattern Theory) 등은 상황적 범죄예방(Situational Crime Prevention)의 중요한 이론적 배경이 되고 있다.

② 환경설계를 통한 범죄예방(CPTED: Crime Prevention Through Environmental Design)은 물리적 환경설계 또는 재설계를 통해 범죄기회를 차단하고 시민의 범죄에 대한 불안을 감소시키는 전략이다.

③ 일반예방이론이 잠재적 범죄자인 일반인에 대한 형벌의 예방 기능을 강조한 것이라면, 특별예방이론은 형벌을 구체적인 범죄자 개인에 대한 영향력의 행사라고 보고, 범죄자를 교화함으로써 재범하지 않도록 하는 것이다.

④ 범죄예방에 질병의 예방과 치료의 개념을 도입하여 소개한 브랜팅햄(P. J. Brantingham)과 파우스트(F. L. Faust)는 범죄예방을 1차적 범죄예방, 2차적 범죄예방, 3차적 범죄예방으로 나누고 있다. 1차적 범죄예방은 일반대중, 2차적 범죄예방은 범죄자, 그리고 3차적 범죄예방은 범죄우범자나 집단이 주요 대상이라고 할 수 있다.

## 05

**실증주의 범죄학파의 기본입장에 대한 설명으로 가장 적절한 것은?**

① 인간을 자유로운 의사에 따라 합리적으로 결정하여 행동할 수 있는 이성적 존재로 인식한다.

② 합의의 결과물인 실정법에 반하는 행위를 범죄로 규정하고, 범죄에 상응하는 제재(처벌)를 부과하여야 한다고 본다.

③ 일반시민에 대한 형벌의 위하효과를 통해 범죄예방을 추구한다.

④ 인간의 행동은 개인적 기질과 다양한 환경요인에 의하여 통제되고 결정된다고 본다.

## 06

**멘델존(Mendelsohn)의 범죄피해자 유형론에 대한 연결 중 가장 적절하지 않은 것은?**

① 가해자보다 더 책임이 있는 피해자 – 촉탁살인에 의한 피살자

② 책임이 조금 있는 피해자 – 무지에 의한 낙태 여성

③ 가장 책임이 높은 피해자 – 공격을 가한 자신이 피해자가 되는 가해적 피해자

④ 완전히 책임 없는 피해자 – 영아살해죄의 영아

## 07

**지역사회 경찰활동(Community Policing)에 대한 설명으로 가장 적절하지 않은 것은?**

① 지역중심적 경찰활동(Community Oriented Policing) – 경찰이 지역사회 구성원과 함께 마약·범죄와 범죄에 대한 두려움, 사회적·물리적 무질서 그리고 전반적인 지역의 타락과 같은 당면의 문제들을 확인하고 우선순위를 정하여 해결하고자 함께 노력한다.

② 문제지향적 경찰활동(Problem Oriented Policing) – 특정한 문제들을 해결하기 위해서 경찰과 지역사회가 함께 노력하고 적절한 대응방안을 개발함으로써, 문제해결에 대한 특별한 관심을 이끌어 내는 것이 목표이다.

③ 이웃지향적 경찰활동(Neighborhood Oriented Policing) – 지역사회의 문제를 해결하기 위한 여러 가지 방안을 중점으로 우선순위를 재평가, 각각의 문제에 따른 형태별 대응을 강조한다.

④ 무관용 경찰활동(Zero Tolerance Policing) – 소규모 지역공동체 모임의 활성화를 통해 상호 감시를 증대하고 단속 중심의 경찰활동을 전개함으로써 범죄에 대응하는 전략을 추진한다.

## 08

**경찰의 일탈과 부패에 대한 설명으로 가장 적절하지 않은 것은?**

① 펠드버그는 경찰이 시민의 작은 호의를 받았다고 해서 반드시 큰 부패를 범하는 것은 아니라고 하였다.

② 델라트르는 일부 경찰이 '미끄러지기 쉬운 경사로이론'에 따라 큰 부패로 이어진다고 하더라도 결코 이를 무시하거나 간과할 수 없다는 점에서 작은 호의를 금지해야 한다고 주장한다.

③ 윌슨(O.W.Wilson)은 '경찰은 어떤 작은 호의, 심지어 한 잔의 공짜 커피도 받도록 허용되어서는 안된다.'라고 주장하였다.

④ 셔먼의 '미끄러지기 쉬운 경사로이론'은 부패에 해당하는 작은 선물 등의 사소한 호의를 허용하면 나중에는 엄청난 부패로 이어진다는 이론이다.

## 09

**존 클라이니히(J. Kleinig)가 주장한 경찰윤리 교육의 목적에 대한 설명으로 가장 적절하지 않은 것은?**

① 도덕적 결의의 강화는 경찰이 업무를 수행하면서 내부 및 외부로부터의 여러 압력과 유혹에도 굴복하지 않고 자신의 소신과 직업의식에 따라 일을 처리하는 것이다.

② 도덕적 감수성의 배양은 경찰이 다양한 계층의 사람들을 모두 인간으로서 존중하고 공평하게 봉사하는 것이다.

③ 존 클라이니히(J. Kleinig)가 주장한 경찰윤리 교육의 목적은 도덕적 결의의 강화, 도덕적 감수성의 배양, 도덕적 전문능력 함양이고, 이중에서 경찰윤리 교육의 가장 중요한 목적은 도덕적 감수성 배양이라 보았다.

④ 도덕적 전문능력 함양은 경찰이 비판적·반성적 사고방식을 배양하여 조직 내에 관습적으로 내려오는 관행을 비판적으로 검토하여 수행하는 것이다.

## 10

「부정청탁 및 금품등 수수의 금지에 관한 법률」제8조 '금품등의 수수 금지'에 대한 설명으로 가장 적절하지 않은 것은?

① 경찰서장이 소속경찰서 경무계 직원들에게 격려의 목적으로 제공하는 회식비는 '수수를 금지하는 금품등'에 해당하지 아니한다.

② A경위가 휴일날 인근 대형마트 행사에서 추첨권에 당첨되어 수령한 수입차는 '수수를 금지하는 금품등'에 해당하지 아니한다.

③ 공직자등이 8촌 이내의 혈족, 4촌 이내의 인척, 배우자로부터 제공받는 금품등은 '수수를 금지하는 금품등'에 해당하지 아니한다.

④ 공직자등과 관련된 직원상조회·동호인회·동창회·향우회·친목회·종교단체·사회단체 등이 정하는 기준에 따라 구성원에게 제공하는 금품등은 동법 제8조(금품등의 수수 금지)에서 규정하는 수수를 금지하는 금품등에 해당한다.

## 11

「경찰청 공무원 행동강령」에 대한 설명으로 가장 적절한 것은?

① 공무원은 직무수행 중 알게 된 정보를 이용하여 유가증권, 부동산 등과 관련된 재산상 거래 또는 투자를 하여서는 아니되지만, 타인에게 그러한 정보를 제공하여 재산상 거래 또는 투자를 돕는 행위는 그러하지 아니하다.

② 인가·허가 등을 담당하는 공무원이 그 신청인에게 이익 또는 불이익을 주거나 제3자에게 이익 또는 불이익을 주기 위하여 부당하게 그 신청의 접수를 지연하거나 거부하는 행위를 해서는 안 된다.

③ 공무원이 대가를 받고 수행하는 외부강의등은 월 3회를 초과할 수 없다. 국가나 지방자치단체에서 요청하거나 겸직 허가를 받고 수행하는 외부강의등도 그 횟수에 포함된다.

④ 공무원은 ③에도 불구하고 월 3회를 초과하여 대가를 받고 외부강의등을 하려는 경우에는 미리 소속 기관의 장의 승인을 받아야 한다.

## 12

「공직자의 이해충돌 방지법」 및 동법 시행령 관련 괄호 안의 숫자의 합은 얼마인가?

> ㉠ 사적이해관계자에 해당되는 퇴직자의 경우 최근 (　)년 이내에 퇴직한 공직자로서 퇴직일 전 (　)년 이내에 해당 공직자와 동일한 부서에서 함께 근무하였던 사람이 포함된다.
>
> ㉡ 부동산 보유·매수 신고의 경우, 공직자 본인, 배우자, 생계를 같이하는 직계존비속 등이 소속 공공기관의 직무관련 부동산을 매수 후 등기를 완료한 날부터 (　)일 이내에 신고를 하여야 한다.
>
> ㉢ 고위공직자 민간부문 업무활동의 내역 제출의 경우, 공직임용일 또는 임기 개시일로부터 (　)일 이내에 소속기관장에게 제출하여야 한다.
>
> ㉣ 직무관련자 거래신고에 있어서 특수관계사업자의 정의에는, 공직자, 배우자, 직계존·비속이 발행주식 총수의 100분의 (　) 이상을 소유하고 있는 법인 또는 단체가 포함된다.
>
> ㉤ 직무상 비밀 등 이용금지의 경우, 공직자가 아니게 된 날로부터 (　)년이 경과하지 아니한 퇴직자를 포함한다.

① 77

② 79

③ 81

④ 84

## 13

다음은 임시정부 경찰의 주요 인물에 대한 설명으로 그 인물과 사건을 바르게 연결한 것은?

> ㉠ 임시정부 경무국 경호원 및 의경대원으로 활동하면서 1926년 12월 식민수탈의 심장인 식산은행과 동양척식회사에 폭탄을 투척하였다.
>
> ㉡ 의경대원으로 활동하면서 윤봉길의사의 배후를 지원하였고, 이후 윤봉길의사는 1932년 상해에서 열린 일왕의 생일축하 기념식장에 폭탄을 투척하였다.
>
> ㉢ 의경대 심판을 역임하였으며, 1932년 상해 프랑스 조계에 잠입하였다가 일제에 체포되었다가 1934년 고문 후유증으로 생애를 마감하였다.
>
> ㉣ 경무국장이었던 시기에 경찰을 지휘하고, 임시정부의 수호책임을 졌으며, 그러한 결과 임시정부의 성공적 정착에 이바지하였다.

① ㉠ 나석주 의사　　㉡ 김석 선생
　 ㉢ 김용원 열사　　㉣ 김철 선생

② ㉠ 김구 선생　　　㉡ 김석 선생
　 ㉢ 김철 선생　　　㉣ 김용원 열사

③ ㉠ 나석주 의사　　㉡ 김석 선생
　 ㉢ 김철 선생　　　㉣ 김구 선생

④ ㉠ 김석 선생　　　㉡ 김철 선생
　 ㉢ 김용원 열사　　㉤ 김구 선생

## 14

**일본의 도도부현경찰에 대한 설명으로 옳지 않은 것은?**

① 도도부현경찰에는 동경도 경시청과 도부현 경찰본부가 있으며, 경찰관리기관으로 지사의 소할 하에 도도부현 공안위원회를 설치, 운영하고 있으며, 지사는 원칙적으로 지방경찰에 대한 지휘감독권을 가지고 있다.

② 도도부현 지사는 경찰서 설치권을 가지고 있다.

③ 동경도 경시청의 경시총감은 국가공안위원회가 동경도공안위원회의 동의를 얻어 내각총리대신의 승인을 받아 임면한다.

④ 도부현 경찰본부장은 국가공안위원회가 도부현 공안위원회의 동의를 얻어 임면한다.

## 15

**경찰조직의 편성원리에 대한 설명으로 가장 적절하지 않은 것은?**

① 계층제의 원리 – 권한 및 책임 한계가 명확하며 경찰행정의 능률성과 조직의 안정성을 확보할 수 있다.

② 분업의 원리 – 업무의 전문화를 통해 업무습득에 걸리는 시간을 단축할 수 있지만 분업의 정도가 낮아질수록 조직 할거주의가 초래될 수 있다.

③ 명령통일의 원리 – 업무수행의 혼선을 방지하여 신속한 의사결정을 하도록 한다.

④ 통솔범위의 원리 – 업무의 종류가 단순할수록 통솔범위는 넓어지며 계층의 수가 많을수록 통솔범위는 좁아진다.

## 16

**다음 중 예산제도에 대한 설명으로 가장 옳은 것은?**

① 품목별 예산제도(LIBS)는 정부정책이나 계획수립을 용이하게 하며, 행정의 재량범위 축소, 예산남용을 방지한다.

② 계획예산제도(PPBS)는 예산을 품목별로 분류하는 방식으로 행정책임의 소재와 회계책임에 대한 감독부서 및 국회의 통제가 용이하도록 하기 위한 제도이다.

③ 자본예산제도는 세입과 세출을 경상적인 것과 자본적인 것으로 나누어 경상적 지출은 경상적 수입으로 충당하고, 자본적 지출은 공채 발행 등의 차입으로 충당하는 복식예산제도의 일종이다.

④ 영기준예산제도(ZBB)가 예산편성에 관련된 입법적인 과정이라면, 일몰법은 예산에 관한 심의, 통제를 위한 행정적인 과정으로 평가할 수 있다.

## 17

**「경찰장비관리규칙」에서 '차량관리'에 대하여 규정하고 있는 내용으로 틀린 것은 모두 몇 개인가?**

> ㉠ 차량은 용도별로 전용·지휘용·업무용·순찰용·수사용 차량으로 구분한다.
> ㉡ 차량 교체를 위한 불용차량 선정에는 주행거리를 최우선적으로 고려하여야 한다.
> ㉢ 업무용 차량은 운전요원의 부족 등 불가피한 사유 없는 한 집중관리를 원칙으로 한다.
> ㉣ 차량운행 시 책임자는 1차 선임탑승자(사용자), 2차 운전자, 3차 경찰기관의 장으로 한다.
> ㉤ 의경 신임운전요원은 4주 이상 운전교육을 실시한 후에 운행하도록 하여야 한다.

① 1개      ② 2개
③ 3개      ④ 4개

## 18

「보안업무규정」에 대한 설명으로 가장 적절한 것은?

① 대통령, 국무총리, 감사원장, 국가인권위원회 위원장, 국가정보원장, 검찰총장, 국방부장관이 지정하는 각군 부대장, 경찰청장 등은 Ⅰ급 비밀취급 인가권자이다.

② 공무원 또는 공무원이었던 사람은 어떠한 경우에도 소속 기관의 장이나 소속되었던 기관의 장의 승인 없이 비밀을 공개해서는 아니 된다.

③ 그 생산자가 특정한 제한을 하지 아니한 것으로서 해당 등급의 비밀취급 인가를 받은 사람이 공용(共用)으로 사용하는 경우 Ⅱ급비밀 및 Ⅲ급비밀의 일부 또는 전부에 대해서 모사(模寫)·타자(打字)·인쇄·조각·녹음·촬영·인화(印畵)·확대 등 그 원형을 재현(再現)하는 행위를 할 수 있다.

④ Ⅰ급 비밀은 그 생산자의 허가를 받은 경우에도 모사·타자·인쇄·조각·녹음·촬영·인화·확대 등 그 원형을 재현하는 행위를 할 수 없다.

## 19

부패방지 및 국민권익위원회의 설치와 운영에 관한 법률에 대한 설명으로 적절하지 않은 것은 모두 몇 개인가?

㉠ 누구든지 부패행위를 알게 된 때에는 이를 위원회에 신고를 하여야 하며, 신고자가 신고의 내용이 허위라는 사실을 알았거나 알 수 있었음에도 불구하고 신고한 경우에는 이 법의 보호를 받을 수 없다.

㉡ 공직자는 그 직무를 행함에 있어 다른 공직자가 부패행위를 한 사실을 알게 되었거나 부패행위를 강요 또는 제의받은 경우에는 지체 없이 이를 수사기관·감사원 또는 위원회에 신고할 수 있다.

㉢ 부패행위를 신고를 하려는 자는 본인의 인적사항과 신고 취지 및 이유를 기재한 무기명의 문서로써 하여야 하며, 신고대상과 부패행위의 증거 등을 함께 제시하여야 한다.

㉣ 국민권익위원회는 신고가 접수된 부패행위의 혐의대상자가 치안감급 이상의 경찰공무원이고, 부패혐의의 내용이 형사처벌을 위한 수사 및 공소제기의 필요성이 있는 경우에는 위원회의 명의로 검찰, 수사처, 경찰 등 관할 수사기관에 고발하여야 한다.

㉤ 위원회는 접수된 신고사항에 대하여 감사·수사 또는 조사가 필요한 경우 이를 감사원, 수사기관 또는 해당 공공기관의 감독기관(감독기관이 없는 경우에는 해당 공공기관을 말한다. 이하 "조사기관"이라 한다)에 이첩하여야 하며, 조사기관은 신고를 이첩 또는 송부받은 다음날부터 60일 이내에 감사·수사 또는 조사를 종결하여야 한다. 다만, 정당한 사유가 있는 경우에는 그 기간을 연장할 수 있으며, 위원회에 그 연장사유 및 연장기간을 통보하여야 한다.

㉥ 신고를 이첩 또는 송부받은 조사기관은 감사·수사 또는 조사결과를 감사·수사 또는 조사 종료 후 60일 이내에 위원회에 통보하여야 한다.

① 3개      ② 4개

③ 5개      ④ 6개

# 20

조직화된 무질서(혼란)상태에서 나타나는 문제의 흐름, 해결책의 흐름, 참여자의 흐름, 선택의 기회의 흐름 등 4가지 흐름에 의하여 정책이 우연히 결정되어진다고 보는 정책결정모델은 무엇인가?

① 카오스모델　　　　② 쓰레기통모델
③ 아노미모델　　　　④ 혼합탐사모델

# 21

다음 상황에 대한 설명으로 가장 적절하지 않은 것은?

> 「경찰관 직무집행법 시행령」 제22조는 '범인검거 등 공로자 보상금의 지급 등에 필요한 사항은 경찰청장이 정하여 고시한다'고 규정하고 있는 바, 이에 따라 경찰청장이 제정하여 고시한 「범인검거 등 공로자 보상에 관한 규정(경찰청고시)」은 행정규칙이지만, 이 고시 규정들은 경찰관 직무집행법과 시행령의 위임에 따라서 보상금의 내용을 규정한 것이다.

① 「경찰관 직무집행법 시행령」 제22조에 따라 경찰청장이 고시한 「범인검거 등 공로자 보상에 관한 규정」은 법령 보충적 행정규칙에 해당한다.
② 법률에서 위임받은 사항을 구체화하여 경찰청장이 제정하여 고시한 행정규칙이지만 예외적으로 대외적 구속력이 있다.
③ 대통령령은 법률의 위임에 따라 제정되는 법규명령으로 법률의 시행을 위해 세부 사항을 규정하는 경우 법규명령의 효력을 가진다.
④ 법령의 내용을 보충하지 않는 단순한 행정규칙도 대외적 구속력 가진다.

# 22

「국가경찰과 자치경찰의 조직 및 운영에 관한 법률」상 경찰청장에 관한 설명 중 옳지 않은 것은 모두 몇 개인가?

> ⊙ 경찰청장은 전시·사변, 천재지변, 그 밖에 이에 준하는 국가 비상사태, 대규모의 테러 또는 소요사태가 발생하였거나 발생할 우려가 있어 전국적인 치안유지를 위하여 긴급한 조치가 필요하다고 인정할 만한 충분한 사유가 있는 경우 자치경찰사무를 수행하는 경찰공무원(제주특별자치도의 자치경찰공무원을 포함한다)을 직접 지휘·명령할 수 있다.
> ⓒ 경찰청장은 경찰의 수사에 관한 사무의 경우에는 개별 사건의 수사에 대하여 구체적으로 지휘·감독할 수 없다. 다만, 국민의 생명·신체·재산 또는 공공의 안전 등에 중대한 위험을 초래하는 긴급하고 중요한 사건의 수사에 있어서 경찰의 자원을 대규모로 동원하는 등 통합적으로 현장 대응할 필요가 있다고 판단할 만한 상당한 이유가 있는 때에는 직접 개별 사건의 수사에 대하여 구체적으로 지휘·감독할 수 있다.
> ⓒ 경찰청장은 ⓒ의 단서에 따라 개별 사건의 수사에 대한 구체적 지휘·감독을 개시한 때에는 이를 국가경찰위원회에 보고하여야 한다.
> ⓔ 경찰청장은 ⓒ의 단서 사유가 해소된 경우에는 개별 사건의 수사에 대한 구체적 지휘·감독을 중단하여야 한다.
> ⓜ ⓒ에 따른 '긴급하고 중요한 사건'의 범위 등 필요한 사항은 대통령령으로 정한다.

① 1개　　　　　　② 2개
③ 3개　　　　　　④ 4개

## 23

「국가경찰과 자치경찰의 조직 및 운영에 관한 법률」 상 시·도자치경찰위원회의 소관사무에 관한 설명으로 가장 적절하지 않은 것은?

① 자치경찰사무 담당 공무원의 고충심사 및 사기진작
② 국가경찰사무·자치경찰사무의 협력·조정과 관련하여 시·도경찰청장과 협의
③ 국가경찰위원회에 대한 심의·조정 요청
④ 그 밖에 시·도지사, 시·도경찰청장이 중요하다고 인정하여 시·도자치경찰위원회의 회의에 부친 사항에 대한 심의·의결

## 24

「행정권한의 위임 및 위탁에 관한 규정」에 관한 설명으로 가장 적절하지 않은 것은? (다툼이 있는 경우 판례에 의함)

① "위탁"이란 법률에 규정된 행정기관의 장의 권한 중 일부를 다른 행정기관의 장에게 맡겨 그의 권한과 책임 아래 행사하도록 하는 것을 말한다.
② 수임 및 수탁사무의 처리에 관한 책임은 수임 및 수탁기관에 있으므로, 위임 및 위탁기관의 장은 그에 대한 감독책임을 지지 않는다.
③ 수임 및 수탁사무에 관한 권한을 행사할 때에는 수임 및 수탁기관의 명의로 하여야 한다.
④ 수임 및 수탁사무의 처리가 부당한지 여부의 판단은 위법성 판단과 달리 합목적적·정책적 고려도 포함되므로, 위임 및 위탁기관이 그 사무처리에 관하여 일반적인 지휘·감독을 하는 경우는 물론이고 나아가 수임 및 수탁사무의 처리가 부당하다는 이유로 그 사무처리를 취소하는 경우에도 광범위한 재량이 허용된다고 보아야 한다.

## 25

경찰공무원 관련 법령에 따를 때, 승진에 관한 설명 중 가장 적절하지 않은 것은? (다툼이 있는 경우 판례에 의함)

① ○○지구대에 근무하는 순경 甲이 승진후보자명부에 등재된 후 경장으로 승진임용되기 전에 정직 3개월의 징계처분을 받아 임용권자가 순경 甲을 승진후보자명부에서 삭제한 삭제행위는 결국 그 명부에 등재된 자에 대한 승진 여부를 결정하기 위한 행정청 내부의 준비과정에 불과하고, 그 자체가 어떠한 권리나 의무를 설정하거나 법률상 이익에 직접적인 변동을 초래하는 별도의 행정처분이 된다고 할 수 없다.
② 초등학교 2학년인 외동딸을 양육하기 위하여 1년간 휴직한 경사 乙의 위 휴직 기간 1년은 승진소요 최저근무연수에 포함되지 않는다.
③ 통상적인 근무시간보다 짧은 시간을 근무하는 시간선택제전환경찰공무원으로 경위 계급에서 1년간 근무한 경위 丙의 위 근무기간 1년은 승진소요 최저근무연수에 포함된다.
④ 위법·부당한 처분과 직접적 관계없이 50만 원의 향응을 받아 감봉 1개월의 징계처분을 받은 경감 丁이 그 징계처분을 받은 후 해당 계급에서 경찰청장 표창을 받은 경우(그 외 일체의 포상을 받은 사실 없음)에는 징계처분의 집행이 끝난 날부터 18개월이 지나면 승진임용될 수 있다.

## 26

법치행정의 원칙에 관한 설명으로 가장 적절하지 않은 것은? (다툼이 있는 경우 판례에 의함)

① 법률우위원칙은 행정의 종류를 불문하고 모든 행정 영역에 적용된다.

② 법률유보원칙은 법률에 의한 규율을 뜻하므로 위임입법에 의해 기본권 제한을 할 수 없다.

③ 헌법상 보장된 국민의 자유나 권리를 제한할 때에는 적어도 그 제한의 본질적인 사항에 관하여 국회가 법률로써 스스로 규율하여야 한다.

④ 행정기본법은 행정작용은 법률에 위반되어서는 아니 되며, 국민의 권리를 제한하거나 의무를 부과하는 경우와 그 밖에 국민생활에 중요한 영향을 미치는 경우에는 법률에 근거하여야 한다라고 규정하고 있다."그 밖에 국민생활에 중요한 영향을 미치는 경우에는 법률에 근거하여야 한다"고 규정한 부분은 헌법재판소에서 수용한 본질성설(중요사항유보설)을 명문화한 부분이다.

## 27

「공공기관의 정보공개에 관한 법률」에 대한 설명으로 옳은 것은?

① 정보의 공개를 청구하는 자는 해당 정보를 보유하거나 관리하고 있는 공공기관에 대하여 서면으로만 정보공개를 청구할 수 있고 정보의 공개 및 우송 등에 드는 비용은 실비의 범위에서 청구인이 부담한다.

② 공공기관은 ①의 정보공개 청구를 받으면 그 청구를 받은 날부터 7일 이내에 공개 여부를 결정하여야 한다.

③ 청구인이 정보공개와 관련한 공공기관의 비공개 결정 또는 부분 공개 결정에 대하여 불복이 있거나 정보공개 청구 후 20일이 경과하도록 정보공개 결정이 없는 때에는 공공기관으로부터 정보공개 여부의 결정 통지를 받은 날 또는 정보공개 청구 후 20일이 경과한 다음날부터 30일 이내에 해당 공공기관에 문서로 이의신청을 할 수 있다.

④ 공개될 경우 국민의 생명·신체 및 재산의 보호에 현저한 지장을 초래할 우려가 있다고 인정되는 정보는 공개하지 아니할 수 있다.

## 28

「행정기본법」에 대한 설명으로 적절한 것은 모두 몇 개인가?

- ⊙ "처분"이란 행정청이 구체적 사실에 관하여 행하는 법 집행으로서 공권력의 행사 또는 그 거부와 그 밖에 이에 준하는 행정작용을 말한다.
- ⓒ 행정에 관한 나이는 다른 법령등에 특별한 규정이 있는 경우에도 출생일을 산입하지 않고 만(滿) 나이로 계산하고, 연수(年數)로 표시하되, 1세에 이르지 아니한 경우에는 월수(月數)로 표시할 수 있다.
- ⓒ 행정작용은 그 행정작용이 의도하는 공익이 행정작용으로 인한 국민의 이익 침해보다 크지 않아야 한다.
- ② 행정청은 법률로 정하는 바에 따라 완전히 자동화된 시스템(인공지능 기술을 적용한 시스템을 제외)으로 처분을 할 수 있으나, 처분에 재량이 있는 경우는 그러하지 아니하다.
- ⑩ 처분은 권한이 있는 기관이 취소 또는 철회하거나 기간의 경과 등으로 소멸되기 전까지는 유효한 것으로 통용된다. 다만, 취소된 처분은 처음부터 그 효력이 발생하지 아니한다.
- ⑭ 행정청은 적법한 처분이라도 중대한 공익을 위하여 필요한 경우에는 그 처분의 전부 또는 일부를 장래를 향하여 취소할 수 있다.

① 0개  　　　　② 1개
③ 2개  　　　　④ 3개

## 29

국가배상에 관한 설명으로 가장 적절하지 않은 것은? (다툼이 있는 경우 판례에 의함)

① 경찰관들의 시위진압에 대항하여 시위자들이 던진 화염병에 의하여 발생한 화재로 인하여 손해를 입은 주민이 국가를 상대로 국가배상을 청구한 경우에는 국가의 배상책임이 인정되지 않는다.

② 「국가배상법」은 국가배상책임의 주체로 국가 또는 공공단체를 규정하고 있다.

③ 공무원에게 부과된 직무상 의무의 내용이 전적으로 또는 부수적으로 사회구성원 개인의 구체적 안전과 이익을 보호하기 위하여 설정된 것이라면, 공무원이 그와 같은 직무상 의무를 위반함으로써 개인이 입게 된 손해는 상당인과관계가 인정되는 범위 안에서 국가가 그에 대한 배상책임을 부담하여야 한다.

④ 공무원이 직무수행 중 불법행위로 타인에게 손해를 입힌 경우에 국가 등이 국가배상책임을 부담하는 외에 공무원 개인도 고의 또는 중과실이 있는 경우에는 불법행위로 인한 손해배상책임을 진다고 할 것이지만, 공무원에게 경과실뿐인 경우에는 공무원 개인은 손해배상책임을 부담하지 아니한다.

## 30

다음 중 「행정심판법」상 행정심판에 관한 설명 중 가장 적절하지 않은 것은?

① 행정심판이란 행정청의 위법 또는 부당한 처분, 그 밖에 공권력의 행사·불행사 등으로 인하여 권리나 이익을 침해당한 자가 행정기관에 대하여 그 시정을 구하는 절차를 말한다.

② 행정청의 처분 또는 부작위에 대하여는 다른 법률에 특별한 규정이 있는 경우 외에는 이 법에 따라 행정심판을 청구할 수 있다.

③ 대통령의 처분 또는 부작위에 대하여는 다른 법률에서 행정심판을 청구할 수 있도록 정한 경우 외에는 행정심판을 청구할 수 없다.

④ 원칙적으로 위원회는 처분, 처분의 집행 또는 절차의 속행 때문에 중대한 손해가 생기는 것을 예방할 필요성이 긴급하다고 인정할 때에는 직권으로 또는 당사자의 신청에 의하여 처분의 효력, 처분의 집행 또는 절차의 속행의 전부 또는 일부의 정지(집행정지)를 결정할 수 있다.

## 31

「경찰관 직무집행법」에 대한 설명으로 가장 적절한 것은?

① 경찰관은 범죄행위가 목전에 행하여지려고 하고 있다고 인정될 때에는 이를 예방하기 위하여 관계인에게 필요한 제지를 하고, 그 행위로 인하여 사람의 생명·신체에 위해를 끼치거나 재산에 중대한 손해를 끼칠 우려가 있는 긴급한 경우에는 그 행위를 제지할 수 있다.

② 경찰관이 구체적 상황에 비추어 인적 및 물적 능력의 범위 내에서 적절한 조치라는 판단에 따라 범죄의 진압 및 수사에 관한 직무를 수행한 경우에는 그러한 직무수행이 객관적 정당성을 상실하여 현저하게 불합리한 것으로 인정되지 않는 한 이를 위법하다고 할 수는 없다.

③ 홍행장, 여관, 음식점, 역, 그 밖에 많은 사람이 출입하는 장소의 관리자나 그에 준하는 관계인은 경찰관이 범죄나 사람의 생명·신체·재산에 대한 위해를 예방하기 위하여 해당 장소의 영업시간이나 해당 장소가 일반인에게 공개된 시간에 그 장소에 출입하겠다고 요구하면 정당한 이유 없더라도 그 요구를 거절할 수 있다.

④ 경찰관이 위험방지를 위한 출입할 때에는 그 신분을 표시하는 증표의 제시의무는 없다.

## 32

「경찰관 직무집행법」상 사실확인 및 출석요구에 대한 설명으로 옳은 것은?

① 경찰관은 직무수행에 필요하다고 인정되는 상당한 이유가 있을 때에는 국가기관 또는 공사단체 등에 대하여 직무수행에 관련된 사실을 조회할 수 있다. 다만, 긴급한 경우에는 소속 경찰관으로 하여금 현장에 나가 해당 기관 또는 단체의 장의 협조를 받아 그 사실을 확인하게 할 수 있다.

② 경찰관은 미아를 인수할 보호자 확인, 유실물을 인수할 권리자 확인, 사고로 인한 사상자(死傷者) 확인, 형사책임을 규명하기 위한 사실조사에 필요한 사실 확인을 위하여 필요하면 관계인에게 출석하여야 하는 사유·일시 및 장소를 명확히 적은 출석 요구서를 보내 경찰관서에 출석할 것을 요구할 수 있다.

③ 경찰 출석 요구시 상대방의 동의 없이 임의출석한 당사자에게 특정장소로 이동할 것을 요구할 수 있다.

④ 사실확인 행위는 임의적 사실행위로서 법적 효과를 발생시키는 법률행위가 아니며 즉시강제수단도 아니다.

## 33

다음 중 「경찰관 직무집행법」에 관련된 판례이다. 옳은 것은? (다툼이 있으면 판례에 의함)

① 불법행위에 따른 형사책임은 사회의 법질서를 위반한 행위에 대한 책임을 묻는 것으로서 행위자에 대한 공적인 제재(형벌)를 그 내용으로 함에 비하여, 민사책임은 타인의 법익을 침해한 데 대하여 행위자의 개인적 책임을 묻는 것으로서 피해자에게 발생한 손해의 전보를 그 내용으로 하는 것이고, 손해배상제도는 손해의 공평·타당한 부담을 그 지도원리로 하는 것이므로, 형사상 범죄를 구성하지 아니하는 침해행위라면 민사상 불법행위도 구성하지 아니한다.

② 경찰관 직무집행법 제5조는 경찰관은 인명 또는 신체에 위해를 미치거나 재산에 중대한 손해를 끼칠 우려가 있는 위험한 사태가 있을 때에는 그 각 호의 조치를 취할 수 있다고 규정하여 형식상 경찰관에게 재량에 의한 직무수행권한을 부여한 것으로, 경찰관에게 그러한 권한을 부여한 취지와 목적에 비추어 볼 때 구체적인 사정에 따라 경찰관이 그 권한을 행사하여 필요한 조치를 취하지 아니하는 것은 재량에 불과하여 현저하게 불합리하다고 인정되는 경우라도 그러한 권한의 불행사는 직무상의 의무를 위반한 것으로 보기 어렵다.

③ 장차 특정 지역에서 구 집회 및 시위에 관한 법률에 의하여 금지되어 그 주최 또는 참가행위가 형사처벌의 대상이 되는 위법한 집회·시위가 개최될 것이 예상된다고 하더라도, 이와 시간적·장소적으로 근접하지 않은 다른 지역에서 그 집회·시위에 참가하기 위하여 출발 또는 이동하는 행위를 함부로 제지하는 것은 경찰관 직무집행법 제6조 제1항에 의한 행정상 즉시강제인 경찰관의 제지의 범위를 명백히 넘어서는 것이어서 허용될 수 없으므로, 이러한 제지 행위는 공무집행방해죄의 보호대상이 되는 공무원의 적법한 직무집행에 포함될 수 없다.

④ 타인의 집대문 앞에 은신하고 있다가 경찰관의 명령에 따라 순순히 손을 들고 나오면서 그대로 도주하는 범인을 경찰관이 뒤따라 추격하면서 등부위에 권총을 발사하여 사망케한 경우, 위와 같은 총기사용은 현재의 부당한 침해를 방지하거나 현재의 위난을 피하기 위한 상당성있는 행위라고 볼 수 있는 것으로서 범인의 체포를 위하여 필요한 한도를 넘어 무기를 사용한 것이라고 볼 수 없으며 국가의 손해배상책임을 부정하였다.

## 34

### 「경찰관 직무집행법」에 대한 설명 중 가장 적절한 것은?

① '경찰장구'란 무기, 경찰장비, 최루제와 그 발사장치, 살수차, 감식기구, 해안 감시기구, 통신기기, 차량·선박·항공기 등 경찰이 직무를 수행할 때 필요한 장치와 기구이다.
② 「형법」에 규정된 정당행위와 긴급피난의 경우 위해를 수반하여 무기를 사용할 수 있다.
③ 공무집행에 대한 항거제지, 불법집회·시위로 인한 자신이나 다른 사람의 생명·신체와 재산 및 공공시설 안전에 대한 현저한 위해의 발생 억제를 위해 분사기를 사용할 수 있다.
④ 「경찰관 직무집행법」에 따르면 경찰관은 유실물을 인수할 권리자 확인의 직무를 수행하기 위하여 필요하면 관계인에게 출석하여야 하는 사유·일시 및 장소를 명확히 적은 출석 요구서를 보내 경찰관서에 출석할 것을 요구할 수 있다.

## 35

### 「경비업법」에 관한 설명으로 가장 적절한 것은?

① 경비업 허가의 유효기간은 허가받은 날부터 5년이고, 법인의 주사무소의 소재지를 관할하는 경찰서장의 허가를 받아야 한다.
② 경비업의 업무에는 시설경비, 호위경비, 신변보호, 기계경비, 특수경비가 있다.
③ 신변보호업무란 사람의 생명·신체·재산에 대한 위해의 발생을 방지하고 그 신변을 보호하는 업무를 말한다.
④ 경비업의 종류 중 기계경비업무는 경비대상시설에 설치한 기기에 의하여 감지·송신된 정보를 그 경비대상시설 외의 장소에 설치한 관제시설의 기기로 수신하여 도난·화재 등 위험발생을 방지하는 업무를 뜻한다.

## 36

### 다음 중 「가정폭력범죄의 처벌 등에 관한 특례법」에서 정의한 가정폭력범죄에 해당하는 것들은 모두 몇 개인가?

> ㉠ 강간의 미수범
> ㉡ 상해의 상습범
> ㉢ 모욕죄
> ㉣ 공갈의 미수범
> ㉤ 존속폭행의 상습범
> ㉥ 퇴거불응
> ㉦ 체포의 상습범

① 4개          ② 5개
③ 6개          ④ 7개

## 37

**행사안전경비에서 군중정리의 원칙에 관한 설명 중 가장 적절하지 않은 것은?**

① 밀도의 희박화 – 제한된 면적의 특정한 지역에 사람이 많이 모이면 상호간에 충돌현상이 나타나고 혼잡이 야기되므로, 차분한 목소리로 안내방송을 진행함으로써 사전에 혼잡상황을 대비하여 사고를 방지할 수 있다.

② 이동의 일정화 – 군중은 현재의 자기 위치와 갈 곳을 잘 몰라 불안감과 초조감을 갖게 되므로 일정방향과 속도로 이동을 시켜 주위의 상황을 파악할 수 있는 여건을 조성시킴으로써 심리적 안정감을 갖도록 하는 것이다.

③ 경쟁적 사태의 해소 – 다른 사람보다 먼저 가려는 심리상태를 억제시켜 질서 있게 행동하면 모든 일이 잘 될 수 있다는 것을 납득시키는 것이다. 이 경우 질서를 지키면 오히려 손해를 본다는 심리상태가 형성되지 않도록 주의하여야 한다.

④ 지시의 철저 – 분명하고 자세한 안내방송을 계속함으로써 혼잡한 사태를 회피하고 사고를 방지할 수 있다.

## 38

**개인형 이동장치(PM)에 대한 설명으로 옳지 않은 것은?**

① 개인형 이동장치(PM)란 「도로교통법」상 원동기장치자전거 중 차체중량이 30㎏ 미만이고 시속 25㎞ 이상으로 운행할 경우 원동기가 작동하지 아니한 것 중 행정안전부령으로 정한 것을 말한다.

② 어린이의 보호자는 도로에서 어린이가 개인형 이동장치를 운전하게 하여서는 아니 된다.

③ 개인형 이동장치는 '자전거등'의 범위에 포함되나, '자동차등'의 범위에는 포함되지 않는다.

④ 개인형 이동장치(PM)는 음주운전에 해당하는 경우 범칙금 10만원, 측정거부의 경우 범칙금 13만원이 부과된다.

## 39

「북한이탈주민의 보호 및 정착지원에 관한 법률」에 대한 내용으로 가장 적절하지 않은 것은?

① 통일부장관은 보호대상자가 거주지로 전입한 후 그의 신변안전을 위하여 국방부장관이나 경찰청장에게 협조를 요청할 수 있으며, 협조요청을 받은 국방부장관이나 경찰청장은 이에 협조한다.

② '보호대상자'란 이 법에 따라 보호 및 지원을 받는 북한이탈주민을 말한다.

③ 통일부장관은 보호대상자가 정착지원시설로부터 그의 거주지로 전입한 후 정착하여 스스로 생활하는 데 장애가 되는 사항을 해결하거나 그 밖에 자립·정착에 필요한 보호를 할 수 있다.

④ '북한이탈주민'이란 군사분계선 이북지역에 주소, 직계가족, 배우자, 직장 등을 두고 있는 사람으로서 북한을 벗어난 후 외국 국적을 취득한 사람을 말한다.

## 40

다문화 사회의 접근유형에 대한 설명으로 가장 적절하지 않은 것은?

① 급진적 다문화주의 – 다문화주의는 '차이에 대한 권리'로 해석되며, 소수자의 문화적 권리와 결부되어 이해된다.

② 자유주의 다문화주의 – 차별을 금지하고 사회참여를 위해 기회평등을 보장하며 다수민족과 소수민족간의 차별구조와 불평등 구조를 적극적으로 해체하나, 다문화주의를 정치적 자결권부여로 해석하지 않는다. 이러한 입장은 다문화주의를 소수인종과 문화적 소수자에 대한 기회평등이라는 측면에서 다문화정책을 접근한다.

③ 조합주의적 다문화주의 – 다문화주의를 결과에 있어서의 평등보장이라는 측면에서 접근하는 것으로, 문화적 소수자가 현실적으로 문화적 다수자와의 경쟁에서 불리한 위치에 있다는 것을 전제로 소수집단의 사회참가를 촉진하기 위해 적극적인 법적·재정적 원조를 한다.

④ 다원주의 – 소수집단이 자결(self-determination)의 원칙을 내세워 문화적 공존을 넘어서는 소수 민족 집단만의 공동체 건설을 지향한다. 미국에서의 흑인과 원주민에 의한 격리주의 운동이 대표적이다.

## 01

대륙법계 국가의 경찰개념에 대한 설명 중 옳지 않은 것은?

① 1648년 독일은 베스트팔렌 조약을 계기로 사법이 국가의 특별작용으로 인정되면서 경찰과 사법이 분리되었다.

② 1795년 프랑스 「죄와 형벌법전」 제16조에서 경찰은 공공의 질서를 유지하고 개인의 자유와 재산 및 안전을 유지하기 위한 기관이라고 규정하였고, 제18조에 행정경찰과 사법경찰을 최초로 구분하여 법제화하였다는 섬에 의의가 있다.

③ 1882년 크로이츠베르크(Kreuzberg) 판결을 계기로 경찰의 권한이 공공의 안녕, 질서유지 및 이에 대한 위험방지 분야에 한정된다는 취지의 규정을 둔 「프로이센 일반란트법」이 제정되었다.

④ 1884년 지방자치법전 제97조는 '자치체경찰은 공공의 질서·안전 및 위생을 확보함을 목적으로 한다'고 규정하여, 경찰의 직무를 소극목적에 한정하고 있으나 위생사무 등 협의의 행정경찰적 사무가 포함되어 있다.

## 02

영미법계의 경찰개념에 대한 설명으로 옳은 것은?

① 국가의 통치권을 전제로 권한을 위임받은 조직체로서의 경찰은 시민을 위해 수행하는 기능·역할을 중심으로 형성, 국민의 생명·신체·재산 보호에 중점을 둔다.

② '경찰은 무엇인가'라는 문제보다 '경찰은 무엇을 하는가' 또는 '경찰활동이란 무엇인가'라는 문제를 중심으로 경찰개념이 논의되었다.

③ 권력적 수단을 중시하였으며, 대륙법계와 달리 행정경찰·사법경찰의 구분도 없다.

④ 행정경찰과 사법경찰을 미분리하였기 때문에 범죄수사(사법경찰)는 당연히 경찰의 고유한 임무가 아니다.

## 03

경찰의 임무와 관할에 대한 설명으로 적절하지 않은 것은 모두 몇 개인가?

가. 외교공관과 외교관의 개인주택은 불가침의 대상이다. 따라서 외교사절의 요구나 동의가 없는 한 경찰은 직무수행을 위해 그곳에 들어갈 수 없는 것이 원칙이다. 그러나 외교사절의 승용차·보트, 비행기 등 교통수단은 불가침의 특권이 없다.

나. 인간의 존엄·자유·명예·생명 등과 같은 개인적 법익뿐만 아니라 사유재산적 가치에 대한 위험방지도 경찰의 임무에 해당하나, 무형의 권리에 대한 위험방지는 경찰의 임무에 해당하지 아니한다.

다. 경위나 경찰공무원은 국회 안에 현행범인이 있을 때에는 체포한 후 의장의 지시를 받아야 한다. 다만, 회의장 안에서는 의장의 명령 없이 의원을 체포할 수 없다.

라. 재판장은 법정에서의 질서유지를 위해 필요하다고 인정할 때에는 개정 전후에 상관 없이 관할 경찰서장에게 경찰공무원의 파견을 요구할 수 있으며, 파견된 경찰공무원은 법정 내에서만 질서유지에 관하여 재판장의 지휘를 받는다.

① 0개      ② 1개
③ 2개      ④ 3개

## 04

다음에 제시한 사례와 범죄학자들의 이름이 올바르게 짝지어진 것은?

> 가. A는 학교폭력을 저지르는 B의 무리와 자주 만나며 친하게 지냈다. B로부터 오토바이 절도에 관한 기술도 배워 상습적으로 범행을 저지르게 되었다.
>
> 나. D경찰서는 관내 청소년 비행 문제가 증가하자 청소년들을 대상으로 폭력 영상물의 폐해에 관한 교육을 실시하고, 해당 유형의 영상물에 대한 접촉을 삼가도록 계도했다.

① 가. 레클레스(Reckless)　　나. 허쉬(Hirschi)
② 가. 서덜랜드(Sutherland)　나. 글레이저(Glaser)
③ 가. 에이커스(Akers)　　　나. 서덜랜드(Sutherland)
④ 가. 레클레스(Reckless)　　나. 에이커스(Akers)

## 05

범죄 원인에 관한 학설의 설명으로 가장 적절하지 않은 것은?

① 뒤르켐(Durkheim)은 사회규범이 붕괴되어 규범에 대한 억제력이 상실된 상태를 아노미(Anomie)라고 하고 이러한 무규범상태에서 범죄가 발생한다고 주장하였다.

② 글레이저(Glaser)는 차별적 동일시이론을 통해 범죄의 원인이 개인이 아닌 사회구조의 변화에 있다고 설명하였다.

③ 탄넨바움(Tannenbaum)은 낙인이론을 통해 범죄자라는 낙인이 어떠한 결과를 낳는가에 관심을 가졌다.

④ 코헨(Cohen)은 목표와 수단이 괴리된 하류계층 청소년들이 중산층에 대한 저항으로 비행을 저지르며 목표달성의 어려움을 극복하기 위해 자신들의 하위문화를 만들게 된다고 주장하였다.

## 06

범죄원인론 중 고전학파에 대한 설명으로 가장 적절하지 않은 것은?

① 고전학파는 범죄의 원인보다 형벌 제도의 개혁에 더 많은 관심을 기울였다.

② 고전주의 범죄학은 계몽주의 시대사조 속에서 중세 형사사법 시스템을 비판하며 태동하였고, 근대 형사사법 개혁의 근간이 되는 이론적 토대를 제공하였다.

③ 고전주의 범죄학은 범죄를 설명함에 있어 인간이 자유의지(free-will)에 입각한 합리적 존재라는 기본가정을 바탕으로 한다.

④ 고전주의 범죄학은 처벌이 아닌 개별적 처우를 통한 교화 개선을 가장 효과적인 범죄예방 대책으로 본다.

## 07

지역사회 경찰활동(Community Policing)의 프로그램으로 전략지향적 경찰활동(Strategic-Oriented Policing : SOP)에 대한 설명으로 가장 적절한 것은?

① 범죄(자)에 대한 정보를 수집하고 이와 관련한 문제점들을 해결하기 위한 가장 좋은 방법을 만들어 내는 것이다.

② 범죄자의 활동, 조직범죄집단, 중범죄자 등에 관한 관리, 예방 등에 초점을 두고, 증가하는 범죄를 감소시키기 위해서는 범죄자 정보와 분석기법을 통한 법집행 위주 경찰활동을 해야한다.

③ 경찰의 정책결정에 있어서 각종 과학적 증거 또는 의학적 증거에 기반한 경찰활동을 한다.

④ 경찰자원들을 재분배하고 전통적인 경찰활동 및 절차들을 전략적으로 이용하는데, 특히 지역사회 참여가 경찰임무의 중요한 측면이라 인식한다.

## 08

코헨과 펠드버그는 사회계약설로부터 도출되는 경찰활동의 기준을 제시하였다. 다음 각 사례와 가장 연관이 깊은 경찰 활동의 기준이 바른 것은 모두 몇 개인가?

> ㉠ 신고자가 전과자라 하여 경찰관이 출동하지 않은 경우 -〈냉정하고 객관적인 자세〉
> ㉡ 음주단속을 하던 A경찰서 직원이 김경위를 적발하고도 동료경찰관이라는 이유로 눈감아 준 경우 -〈편들기〉
> ㉢ 경찰관이 뇌물수수나 공짜 접대를 받은 경우 -〈공정한 접근〉
> ㉣ 불법 개조한 오토바이를 단속하던 경찰관이 정지명령에 불응하는 오토바이를 향하여 과도하게 추격한 결과 운전자가 전신주를 들이받고 사망한 경우 -〈생명과 재산의 안전〉
> ㉤ B는 컴퓨터를 잃어버렸고 옆집에 사는 사람이 의심스럽다고 생각하였으나, B자신이 직접 물건을 찾지 않고 경찰서에 신고하여 범인을 체포한 경우 -〈공공의 신뢰〉

① 1개      ② 2개
③ 3개      ④ 4개

## 09

「경찰헌장」의 내용 중 괄호 안에 들어갈 가장 적절한 표현은?

> 우리는 조국 광복과 함께 태어나 나라와 겨레를 위하여 충성을 다하며 오늘의 자유민주사회를 지켜온 대한민국 경찰이다(중략)
> 1. 우리는 모든 사람의 인격을 존중하고 누구에게나 따뜻하게 봉사하는 ( ㉠ ) 경찰이다.
> 1. 우리는 정의의 이름으로 진실을 추구하며 어떠한 불의나 불법과 타협하지 않는 ( ㉡ ) 경찰이다.
> 1. 우리는 국민의 신뢰를 바탕으로 오직 양심에 따라 법을 집행하는 ( ㉢ ) 경찰이다.
> 1. 우리는 건전한 상식 위에 전문지식을 갈고 닦아 맡은 일을 성실하게 수행하는 ( ㉣ ) 경찰이다.
> 1. 우리는 화합과 단결 속에 항상 규율을 지키며 검소하게 생활하는 ( ㉤ ) 경찰이다.

|  | ㉠ | ㉡ | ㉢ | ㉣ | ㉤ |
|---|---|---|---|---|---|
| ① | 친절한 | 의로운 | 공정한 | 근면한 | 깨끗한 |
| ② | 의로운 | 깨끗한 | 친절한 | 공정한 | 근면한 |
| ③ | 친절한 | 깨끗한 | 근면한 | 공정한 | 의로운 |
| ④ | 공정한 | 의로운 | 깨끗한 | 근면한 | 친절한 |

## 10

「부정청탁 및 금품등 수수의 금지에 관한 법률」에서 규정하고 있는 벌칙과 과태료에 대한 설명으로 가장 적절하지 않은 것은?

① 이해당사자가 직접 자신을 위하여 부정청탁 한 경우 500만원 이하의 과태료를 부과한다.

② 부정청탁을 받은 공직자등이 그에 따라 직무를 수행한 경우 2년 이하의 징역 또는 2천만원 이하의 벌금에 처한다.

③ 공직자등이 제3자를 위하여 다른 공직자등(제11조에 따라 준용되는 공무수행사인을 포함한다)에게 수사·재판·심판·결정·조정·중재·화해 또는 이에 준하는 업무를 법령을 위반하여 처리하도록 부정청탁한 경우 3천만원 이하의 과태료를 부과한다.

④ ③의 공직자등에 해당하지 않는 자가 제3자를 위하여 공직자등(제11조에 따라 준용되는 공무수행사인을 포함한다)에게 수사·재판·심판·결정·조정·중재·화해 또는 이에 준하는 업무를 법령을 위반하여 처리하도록 부정청탁한 경우 2천만원 이하의 과태료를 부과한다.

## 11

「경찰청 공무원 행동강령」 제14조의2(감독기관의 부당한 요구 금지)에 대한 설명으로 가장 옳은 것은?

① 감독기관은 피감기관에 법령에 근거가 없거나 예산의 목적·용도에 부합하지 않는 금품 등의 제공 요구가 금지된다.

② 감독기관은 정상적인 관행이라고 해도 피감기관에 예우나 의전의 요구가 금지된다.

③ 부당한 요구를 받은 피감기관 소속 공직자는 이행을 거부해야 하며, 거부했음에도 불구하고 감독기관 소속 공무원으로부터 같은 요구를 다시 받은 때에는 피감기관의 행동강령책임관에게 알려야 한다. 이 경우 행동강령책임관은 그 요구가 ①에 해당하는 경우에는 지체 없이 감독기관에게 보고해야 한다.

④ ③에 따라 감독기관은 그 사실을 해당 감독기관의 장에게 알려야 하며, 그 사실을 통지받은 감독기관의 장은 해당 요구를 한 소속 공무원에 대하여 징계 등 필요한 조치를 해야 한다.

## 12

공직자의 이해충돌에 대한 설명으로 가장 적절하지 않은 것은?

① 우리나라는 2021년 5월 공직자의 이해충돌 방지법을 제정하였다.

② 이해충돌 회피에 있어서는 '어느 누구도 자신이 연루된 사건의 재판관이 되어서는 안 된다'라는 원칙이 적용된다.

③ 「공직자의 이해충돌 방지법」의 위반행위가 발생한 공공기관 또는 그 감독기관, 감사원 또는 수사기관, 국민권익위원회에 신고할 수 있다.

④ 감사원은 이 법(공직자의 이해충돌 방지법)에 따른 공직자의 이해충돌 방지에 관한 제도개선 및 교육·홍보 계획의 수립 및 시행 등 공직자의 이해충돌 방지에 관한 업무를 총괄한다.

## 13

**대한민국 임시정부 경찰에 대한 설명으로 가장 적절한 것은?**

① 경무국은 '대한민국 임시정부장정'에 근거하여 설치되었으며, 장정에서 경무국의 소관사무로 행정경찰에 관한 사항, 고등경찰에 관한 사항, 도서출판 및 저작권에 관한 사항, 일체 위생에 관한 사항 등을 규정하였다.

② 상해시기 경찰조직인 연통제(경무사)는 교민사회에 침투한 일제의 밀정을 색출하고 친일파를 처단하는 역할 및 교민사회의 질서유지, 호구조사, 민단세 징수, 풍기단속 등의 업무를 수행하였다.

③ 상해시기 의경대의 주요임무는 임시정부 청사를 경비하고 임시정부 요인들을 경호하는 것으로서 임시정부 수호의 최일선을 담당하였다.

④ 1943년 대한민국 잠행관제에 근거하여 설치된 중경시기 경위대는 일반 경찰사무, 인구조사, 징병 및 징발, 국내 정보 및 적 정보 수집 등의 업무를 수행하였다.

## 14

**다음 중 일본경찰의 조직에 관한 설명으로 옳지 않은 것은?**

① 경찰의 민주화의 요청으로 1954년 신경찰법 제정은 국가경찰인 경찰청과 관구경찰국, 도도부현경찰인 동경도 경시청과 도부현 경찰본부로 2원적 경찰체계가 확립되었다.

② 대규모 재해 등 긴급사태 발생시에는 내각총리대신과 경찰청장관에 의한 중앙통제를 인정하고 있다.

③ 국가경찰인 경찰청은 내각총리대신의 소할하에 국가공안위원회를 두고, 그 관리 하에 경찰청을 둔다.

④ 도도부현경찰의 경비는 원칙적으로 도도부현이 부담하고 예외적으로 국가가 부담한다.

## 15

**직업공무원제도에 대한 설명으로 가장 적절한 것은?**

① 행정의 안정성, 계속성, 독립성, 중립성 확보가 어렵다.

② 행정통제 및 행정책임 확보가 용이하다.

③ 강력한 신분보장으로 공무원에 대한 민주적 통제가 약화될 수 있으며, 공무원의 무책임성이 발생하여 행정통제·행정책임 확보가 곤란해 질 수 있다.

④ 실적주의는 직업공무원제로 발전되어 가는 기반이 되기 때문에, 실적주의가 바로 직업공무원 제도를 의미한다.

## 16

**다음 학자와 그가 주장하는 이론에 대한 설명으로 적절한 것은 모두 몇 개인가?**

> 가. 허즈버그(Herzberg) – 주어진 일에 대한 성취감, 주변의 인정, 승진 가능성 등은 동기(만족)요인으로, 열악한 근무환경, 낮은 보수 등은 위생요인으로 구분하였으며 두 요인은 상호 독립되어 있다고 보았다.
>
> 나. 아지리스(Argyris) – 성숙·미성숙이론은 인간의 개인적 성격과 성격의 성숙과정을 '미성숙에서 성숙으로'라고 보고, 관리자는 조직 구성원을 최대의 성숙상태로 실현시켜야 한다고 하였다.
>
> 다. 맥그리거(McGregor) – 인간의 욕구는 5단계의 계층으로 이루어지며 하위 욕구부터 상위 욕구로 발달한다고 보았다.
>
> 라. 앨더퍼(Alderfer) – 인간의 욕구를 계층화하여 생존(Existence) 욕구, 존경(Respect) 욕구, 성장(Growth) 욕구의 3단계로 구분하였다.

① 1개                    ② 2개

③ 3개                    ④ 4개

## 17

「국가재정법」에 대한 설명으로 가장 적절한 것은?

① 기획재정부장관은 예산배정요구서에 따라 분기별 예산배정계획을 작성하여 국무회의의 심의를 거친 후 대통령의 승인을 얻어야 한다.

② 경찰청장은 세출예산이 정한 목적 외에 경비를 사용할 수 있다.

③ 각 중앙관서의 장은 예산이 확정된 후 사업운영계획 및 이에 따른 세입세출예산·명시이월비·계속비와 국고채무부담행위를 포함한 예산배정요구서를 기획재정부장관에게 제출하여야 한다.

④ 경찰은 예산을 편성할 때 예산이 인권에 미친 영향을 평가하는 보고서를 작성하여야 한다.

## 18

「보안업무규정」 및 동 시행규칙에 대한 설명으로 가장 적절하지 않은 것은 모두 몇 개인가?

---

㉠ 누설될 경우 대한민국과 외교관계가 단절되고 전쟁을 일으키며, 국가의 방위계획·정보활동 및 국가방위에 반드시 필요한 과학과 기술의 개발을 위태롭게 하는 등의 우려가 있는 비밀은 이를 Ⅱ급비밀로 한다.

㉡ 각급기관의 장은 비밀의 작성·분류·취급·유통 및 이관 등의 모든 과정에서 비밀이 누설되거나 유출되지 아니하도록 보안대책을 수립하여 시행하여야 한다.

㉢ 비밀취급 인가권자는 업무상 조정·감독을 받는 기업체나 단체에 소속된 사람에 대하여 소관 비밀을 계속적으로 취급하게 하여야 할 필요가 있을 때에는 미리 경찰청장과의 협의를 거쳐 해당하는 사람에게 II급 이하의 비밀취급을 인가할 수 있다.

㉣ 비밀의 보관용기 외부에는 비밀의 중요성과 가치에 따라 구분하여 표시하여야 한다.

㉤ 비밀열람기록전의 자료는 비밀과 함께 철하여 보관·활용하고, 비밀의 보호기간이 만료되면 비밀에서 분리한 후 각각 편철하여 5년간 보관해야 한다.

---

① 1개                    ② 2개

③ 3개                    ④ 4개

## 19

「경찰청 감사 규칙」상 감사결과의 처리기준에 관한 설명 중 옳은 것은 모두 몇 개인가?

> ㉠ 현지조치 : 감사결과 경미한 지적사항으로서 현지에서 즉시 시정·개선조치가 필요한 경우
>
> ㉡ 통보 : 감사결과 비위 사실이나 위법 또는 부당하다고 인정되는 사실이 있으나 (징계 ～ 권고)까지의 요구를 하기에 부적합하여 감사대상기관 또는 부서에서 자율적으로 처리할 필요가 있다고 인정되는 경우
>
> ㉢ 시정 요구 : 감사결과 법령상·제도상 또는 행정상 모순이 있거나 그 밖에 개선할 사항이 있다고 인정되는 경우
>
> ㉣ 권고 : 감사결과 문제점이 인정되는 사실이 있어 그 대안을 제시하고 감사대상기관의 장 등으로 하여금 개선방안을 마련하도록 할 필요가 있는 경우

① 0개  ② 1개
③ 2개  ④ 3개

## 20

「경찰 인권보호 규칙」에 대한 설명으로 가장 적절한 것은?

① 경찰 활동 전반에 걸친 민주적 통제를 구현하여 경찰력 오·남용을 예방하고, 경찰 행정의 인권 지향성을 높여 인권을 존중하는 경찰 활동을 정립하기 위해 경찰청장 및 시·도경찰청장의 심의 기구로서 각각 경찰청 인권위원회, 시·도경찰청 인권위원회를 설치하여 운영한다.

② 위원회는 위원장 1명을 포함하여 7명 이상 13명 이하의 위원으로 구성한다. 이때, 특정 성별이 전체위원 수의 10분의 6을 초과하지 아니해야 한다. 위원장은 위원회에서 호선(互選)하며, 위원은 당연직 위원과 위촉 위원으로 구분한다.

③ 경찰청장은 위원회의 위원이 특별한 사유 없이 연속적으로 임시회의에 2회 불참 등 직무를 태만히 한 경우 직권으로 위원을 해촉할 수 있다.

④ 위촉위원 중 「공직선거법」에 따라 실시하는 선거에 의하여 취임한 공무원이거나 그 직에서 퇴직한 날부터 5년이 지나지 아니한 사람은 결격사유에 해당한다.

## 21

「국가경찰과 자치경찰의 조직 및 운영에 관한 법률」상 국가경찰위원회와 시·도자치경찰위원회에 공통적으로 적용되는 규정 중 가장 적절한 것은?

① 위원장 및 1명의 위원은 상임위원으로 하고 나머지 5명의 위원은 비상임으로 한다.

② 경찰의 직에서 퇴직한 날로부터 3년이 지나지 아니한 사람은 위원이 될 수 없다.

③ 위원 2명이 회의를 요구하는 경우 임시회의를 개최할 수 있다.

④ 보궐위원은 전임자의 남은 임기가 1년 미만인 경우 한 차례에 한해서 연임할 수 있다.

## 22

다음 중 근거법령과 경찰공무원 의무이다. 옳은 것은?

| ① | 경찰공무원법 | • 거짓 보고 등의 금지 의무<br>• 지휘권 남용 등의 금지 의무<br>• 선서 의무 |
|---|---|---|
| ② | 국가공무원법<br>(직무상 의무) | • 직무전념 의무<br>• 친절·공정 의무<br>• 집단행위 금지의무 |
| ③ | 경찰공무원<br>복무규정 | • 근무시간 중 음주금지 의무<br>• 품위유지 의무(직무 내외 불문)<br>• 민사분쟁에의 부당개입금 지 의무 |
| ④ | 공직자윤리법 | • 이해충돌 방지 의무<br>• 재산의 등록과 공개 의무<br>• 선물신고 의무 |

## 23

다음 중 「경찰공무원법」상 경찰공무원의 직권면직 사유 중 직권면직 처분을 위해 징계위원회의 동의가 필요한 사유로 옳은 것은 모두 몇 개인가?

> ㉠ 해당 경과에서 직무를 수행하는 데 필요한 자격 증의 효력이 상실되거나 면허가 취소되어 담당 직무를 수행할 수 없게 되었을 때
>
> ㉡ 직무를 수행하는 데에 위험을 일으킬 우려가 있을 정도의 성격적 또는 도덕적 결함이 있는 사람으로서 대통령령으로 정하는 사유에 해당된다고 인정될 때
>
> ㉢ 경찰공무원으로는 부적합할 정도로 직무 수행 능력이나 성실성이 현저하게 결여된 사람으로서 대통령령으로 정하는 사유에 해당된다고 인정될 때
>
> ㉣ 휴직 기간이 끝나거나 휴직 사유가 소멸된 후에도 직무에 복귀하지 아니하거나 직무를 감당할 수 없을 때
>
> ㉤ 직위해제로 인한 대기명령을 받은 자가 그 기간에 능력 또는 근무성적의 향상을 기대하기 어렵다고 인정된 때
>
> ㉥ 직제와 정원의 개폐 또는 예산의 감소 등에 따라 과원(過員)이 되었을 때

① 1개      ② 2개

③ 3개      ④ 4개

## 24

**경찰권의 발동과 한계에 대한 설명으로 가장 적절한 것은? (다툼이 있는 경우 판례에 의함)**

① 「경찰관 직무집행법」제1조 제2항은 경찰권 발동에 있어 비례의 원칙을 명확히 하고 있으며, 이는 경찰관이 직무를 수행할 때 공공의 안녕과 질서유지를 목적으로 하여 개인의 권리나 재산을 침해하는 경우, 그 침해가 필요한 최소한의 범위 내에서 이루어져야 한다는 의미를 갖는다.

② 지방자치단체장이 사업자에게 주택사업계획승인을 하면서 그 주택사업과는 아무런 관련이 없는 토지를 기부채납하도록 하는 부관을 붙인 경우에는, 기부채납한 토지 가액이 그 주택사업계획의 100분의 1 상당의 금액에 불과하고 사업자가 이의를 제기하지 아니하다가 지방자치단체장이 업무착오로 기부채납한 토지에 대하여 보상협조요청서를 보내자 그 때서야 비로소 부관의 하자를 들고 나왔다고 하더라도 그 부관은 당연무효이다.

③ 형법상 공무집행방해죄는 공무원의 직무집행이 적법한 경우에 한하여 성립하며, 이때 적법한 공무집행은 그 행위가 공무원의 추상적 권한이 아니라 구체적 직무집행에 관한 법률상 요건과 방식을 갖춘 경우를 가리키므로, 경찰관이 적법절차를 준수하지 않은 채 실력으로 현행범인을 연행하려 하였다면 적법한 공무집행이라고 할 수 없다.

④ 위법이나 비난의 정도가 미약한 사안을 포함한 모든 경우에 부정 취득하지 않은 운전면허까지 필요적으로 취소하고 이로 인해 2년 동안 해당 운전면허 역시 받을 수 없게 하는 것은, 공익의 중대성을 감안하더라도 지나치게 기본권을 제한하는 것이 아니므로 비례의 원칙에 위배되지 않는다.

## 25

**다음 상황에 대한 설명으로 가장 적절하지 않은 것은?**

> A는 자신이 운영하는 식당에서 특별한 이벤트로 유명 연예인 B를 초청하여 식당 앞에서 팬들과 함께 사진을 찍도록 하였다. 이로 인해 많은 사람들이 몰려들어 도로교통상의 심각한 혼잡이 발생하였다.

① 조건설에 의하면 군중, A, B 모두 경찰책임자가 된다.

② 의도적 간접원인제공자이론(목적적 원인제공자책임설)을 인정한다면 A에게 경찰권을 발동하여 A로 하여금 B를 식당에서 나가도록 하라고 할 수 있다.

③ 직접원인설에 의할 때 경찰책임자는 B이다.

④ 교통혼잡이 그다지 중대하지 않다면 A를 경찰책임자로 보아서는 안 될 것이다.

## 26

**다음의 사례 중 행정행위의 부관이 독립하여 행정소송의 대상이 될 수 있는 것은? (다툼이 있는 경우 판례에 의함)**

① 도로보수공사 완성을 조건으로 한 자동차운송사업의 면허

② 2월 이내 공사에 착수하지 않으면 효력을 상실한다는 건축허가

③ 카지노업허가시 총매출액 중 일정비율을 관광진흥개발기금으로 납부할 의무부과

④ 10부제 운행을 부관으로 하여 택시영업허가를 한 경우

## 27

행정법의 일반원칙에 관한 설명 중 가장 적절하지 않은 것은? (다툼이 있는 경우 판례에 의함)

① 폐기물처리업에 대하여 사전에 관할 관청으로부터 적정통보를 받고 막대한 비용을 들여 허가요건을 갖춘 다음 허가신청을 하였음에도 관할 관청으로부터 '다수 청소업자의 난립으로 안정적이고 효율적인 청소업무의 수행에 지장이 있다'는 이유로 불허가처분을 받은 경우, 그 처분은 신뢰보호원칙 위반으로 인한 위법한 처분에 해당된다.

② 지방자치단체장이 사업자에게 주택사업계획승인을 하면서 그 주택사업과는 아무런 관련이 없는 토지를 기부채납하도록 하는 부관을 주택사업계획승인에 붙인 경우, 그 부관은 부당결부금지원칙에 위반되어 위법하다.

③ 자기구속의 원칙은 행정기본법에 명문으로 규정하고 있다.

④ 행정규칙에 따른 종래의 관행이 위법한 경우에는 행정청은 자기구속을 당하지 않는다.

## 28

다음 〈보기〉의 내용 중 행정청이 행하는 구체적 사실에 관한 법 집행으로서 공권력의 행사 또는 그 거부와 그 밖에 이에 준하는 행정작용에 해당하는 것은 모두 몇 개인가? (다툼이 있는 경우 판례에 의함)

| |
|---|
| ㉠ 교통경찰관의 수신호 |
| ㉡ 도로점용허가 |
| ㉢ 교통신호등에 의한 신호 |
| ㉣ 주민등록번호 변경신청 거부 |
| ㉤ 경찰청장의 횡단보도 설치 기본계획 수립 |

① 1개          ② 2개
③ 3개          ④ 4개

## 29

「행정조사기본법」상 기본원칙에 대한 설명으로 적절하지 않은 것은?

① 행정조사는 조사목적을 달성하는데 필요한 최소한의 범위 안에서 실시하여야 하며, 다른 목적 등을 위하여 조사권을 남용하여서는 아니 된다.

② 행정조사는 법령등의 위반에 대한 처벌보다는 법령등을 준수하도록 유도하는 데 중점을 두어야 한다.

③ 서로 다른 기관이 공동으로 조사하는 것은 원칙적으로 허용된다.

④ 행정기관은 행정조사를 통하여 알게 된 정보를 다른 법률에 따라 내부에서 이용하거나 다른 기관에 제공하는 경우를 제외하고는 원래의 조사목적 이외의 용도로 이용하거나 타인에게 제공하여서는 아니 된다.

## 30

「행정절차법」상 '의견청취절차'에 대한 설명으로 옳은 것은?

① 행정청은 청문을 하려면 청문이 시작되는 날부터 14일 전까지 처분의 제목 등 일정한 사항을 당사자등에게 통지하여야 한다.

② 행정청이 당사자에게 의무를 과하거나 권익을 제한하는 처분을 할 경우 다른 법률에 특별한 규정이 없으면 청문을 거쳐야 한다.

③ 행정청은 공청회를 개최하려는 경우에는 공청회 개최 14일 전까지 다음 각 호의 사항을 당사자등에게 통지하고 관보, 공보, 인터넷 홈페이지 또는 일간신문 등에 공고하는 등의 방법으로 널리 알려야 한다. 다만, 공청회 개최를 알린 후 예정대로 개최하지 못하여 새로 일시 및 장소 등을 정한 경우에는 공청회 개최 7일 전까지 알려야 한다.

④ 행정청이 당사자에게 의무를 부과하거나 권익을 제한하는 처분을 할 때 청문을 실시하거나 공청회를 개최하는 경우 외에는 당사자등에게 의견제출의 기회를 줄 수 있다.

## 31

「행정심판법」상 행정심판에 대한 내용으로 가장 옳지 않은 것은?

① 위원회는 심판청구의 대상이 되는 처분 또는 부작위 외의 사항에 대하여는 재결하지 못한다.

② 임시처분은 집행정지로 목적을 달성할 수 있는 경우에는 허용되지 않는다.

③ 위원회는 심판청구가 이유가 없다고 인정하면 그 심판청구를 기각(棄却)한다.

④ 행정심판의 재결에 불복하는 경우 그 재결 및 같은 처분 또는 부작위에 대하여 다시 행정심판을 청구할 수 있다.

## 32

「경찰관 직무집행법」 및 「위해성 경찰장비의 사용기준 등에 관한 규정」상 경찰장비에 대한 설명으로 적절한 것은?

① 경찰관은 현행범이나 사형·무기 또는 장기 3년 이상의 징역이나 금고에 해당하는 죄를 범한 범인의 체포 또는 도주 방지의 직무를 수행하기 위하여 필요하다고 인정되는 상당한 이유가 있을 때에는 그 사태를 합리적으로 판단하여 필요한 한도에서 경찰장구를 사용할 수 있다.

② 위해성 경찰장비는 필요한 최소한도에서 사용하여야 하며, 위해성 경찰장비의 종류 및 그 사용기준, 안전교육·안전검사의 기준 등은 행정안전부령으로 정한다.

③ 경찰청장은 위해성 경찰장비를 새로 도입하려는 경우에는 대통령령으로 정하는 바에 따라 안전교육을 실시하여 그 안전교육의 결과보고서를 국회 소관 상임위원회에 제출하여야 한다. 이 경우 안전교육에는 외부 전문가를 참여시킬 수 있다.

④ 경찰청장은 위해성 경찰장비를 새로 도입하려는 경우에는 안전성 검사를 실시하여 새로 도입하려는 장비가 사람의 생명이나 신체에 미치는 영향을 평가할 수 있다.

## 33

「경찰관 직무집행법」 및 「경찰관 직무집행법 시행령」상 손실보상에 대한 다음 설명 중 옳지 않은 것은 모두 몇 개인가?

> ㉠ 국가는 경찰관의 적법한 직무집행으로 인하여 손실발생의 원인에 대하여 책임이 있는 자가 자신의 책임에 상응하는 정도를 초과하는 재산상의 손실을 입은 경우 손실을 입은 자에 대하여 정당한 보상을 하여야 한다.
>
> ㉡ 손실보상의 기준, 보상금액, 지급절차 및 방법, 손실보상심의위원회의 구성 및 운영, 그 밖에 필요한 사항은 행정안전부령으로 한다.
>
> ㉢ 소속 경찰공무원의 직무집행으로 인하여 발생한 손실보상청구 사건을 심의하기 위하여 경찰청, 시·도경찰청 및 경찰서에 손실보상심의위원회(이하 "위원회"라 한다)를 설치한다.
>
> ㉣ 위원회는 위원장 1명을 포함한 5명 이상 7명 이하의 위원으로 구성한다. 이 경우 위원의 과반수 이상은 경찰공무원이 아닌 사람으로 하여야 한다.
>
> ㉤ 위원회의 위원은 소속 경찰공무원과 ⅰ) 판사·검사 또는 변호사로 5년 이상 재직한 사람, ⅱ) 고등교육법 제2조에 따른 학교에서 법학 또는 행정학을 가르치는 정교수 이상으로 5년 이상 재직한 사람, ⅲ) 경찰업무와 손실보상에 관하여 학식과 경험이 풍부한 사람 중에서 경찰청장 등이 위촉하거나 임명한다.
>
> ㉥ 위원회의 회의는 재적위원 과반수의 출석으로 개의하고, 출석위원 과반수의 찬성으로 의결한다.

① 1개      ② 2개
③ 3개      ④ 4개

## 34

「경찰관 직무집행법」상 소송지원 및 직무수행으로 인한 형의 감면에 대한 설명으로 옳은 것은?

① 경찰청장은 경찰관이 제2조 각 호에 따른 직무의 수행으로 인하여 민·형사상 책임과 관련된 소송을 수행할 경우 변호인 선임 등 소송 수행에 필요한 지원을 하여야 한다.

② 직무수행으로 인한 형의 감면은 형의 감면 대상인 범죄가 행하여지려고 하거나 행하여지고 있어 타인의 생명·신체에 대한 위해 발생의 우려가 명백하고 긴급한 상황이어야 한다.

③ 경찰관이 그 위해를 예방하거나 진압하기 위한 행위 또는 범인의 검거 과정에서 경찰관을 향한 직접적인 유형력 행사에 대응하는 행위를 하여 그로 인하여 경찰관 자신에게 피해가 발생한 경우이어야 하며 그 경찰관의 직무수행이 불가피한 것이고 필요한 최소한의 범위에서 이루어졌으며 해당 경찰관에게 고의 또는 중대한 과실이 없는 때에는 그 정상을 참작하여 형을 감경하거나 면제할 수 있다.

④ 「경찰관 직무집행법」 제11조의5의 형의 감면 대상범죄로는 살인의 죄, 상해와 폭행의 죄, 강간과 추행의 죄, 절도와 강도의 죄 및 이에 대하여 다른 법률에 따라 가중처벌하는 범죄, 가정폭력범죄, 아동학대범죄 등이다.

## 35

「유실물법」 내용 중에서 밑줄 친 부분이 옳지 않은 것은 모두 몇 개인가?

제4조(보상금) 물건을 반환받는 자는 ㉠ 물건가액의 100분의 5 이상 100분의 20 이하의 범위에서 보상금을 습득자에게 지급할 수 있다.

제9조(습득자의 권리 상실) 습득물이나 그 밖에 이 법의 규정을 준용하는 물건을 횡령함으로써 처벌을 받은 자 및 습득일부터 ㉡ 10일 이내에 제1조 제1항 또는 제11조 제1항의 절차를 밟지 아니한 자는 제3조의 비용과 제4조의 보상금을 받을 권리 및 습득물의 소유권을 취득할 권리를 상실한다.

제10조(선박, 차량, 건축물 등에서의 습득) ① 관리자가 있는 선박, 차량, 건축물, 그 밖에 일반인의 통행을 금지한 구내에서 타인의 물건을 습득한 자는 그 물건을 관리자에게 인계하여야 한다.
② 제1항의 경우에는 선박, 차량, 건축물 등의 점유자를 습득자로 한다. 자기가 관리하는 장소에서 타인의 물건을 습득한 경우에도 또한 같다.
③ 이 조의 경우에 ㉢ 보상금은 제2항의 점유자와 실제로 물건을 습득한 자가 반씩 나누어야 한다.

제14조(수취하지 아니한 물건의 소유권 상실) 이 법 및 「민법」 제253조, 제254조에 따라 물건의 소유권을 취득한 자가 그 취득한 날부터 ㉣ 3개월 이내에 물건을 경찰서 또는 자치경찰단으로부터 받아가지 아니할 때에는 그 소유권을 상실한다.

① 1개      ② 2개
③ 3개      ④ 4개

## 36

「성폭력범죄의 처벌 등에 관한 특례법」에 대한 설명으로 가장 적절한 것은?

① 경찰청장은 각 경찰서장으로 하여금 성폭력범죄 전담 사법경찰관을 지정하도록 하여 특별한 사정이 없으면 이들로 하여금 피해자를 조사하게 할 수 있다.
② 모든 성폭력 범죄피해자를 조사하는 경우에 진술내용과 조사과정을 영상녹화장치로 녹화(녹음이 포함된 것을 말함)하고, 그 영상녹화물을 보존하여야 한다.
③ 신상정보 등록의 원인이 된 성범죄로 형의 선고를 유예받은 사람이 선고유예를 받은 날부터 2년이 경과하여 「형법」 제60조에 따라 면소된 것으로 간주되면 신상정보 등록을 면제한다.
④ 등록정보의 공개는 법무부장관이 집행하고, 여성가족부장관은 등록정보의 공개에 필요한 정보를 법무부장관에게 송부하여야 한다.

## 37

「도로교통법」에 규정된 '어린이통학버스'에 대한 설명 중 가장 옳지 않은 것은?

① '어린이통학버스'가 도로에 정차하여 어린이가 타고 내리는 중임을 표시하는 장치를 가동 중인 때에는 '어린이통학버스'가 정차한 차로와 그 차로의 바로 옆 차로를 통행하는 차의 운전자는 '어린이통학버스'에 이르기 전에 일시 정지하여 안전을 확인한 후 서행해야 한다.

② 위 '①'의 경우 중앙선이 설치되지 아니한 도로와 편도 1차로인 도로에서는 반대방향에서 진행하는 차의 운전자는 '어린이통학버스'에 이르기 전에 서행하면서 안전에 유의하여 진행하여야 한다.

③ 모든 차의 운전자는 어린이 또는 영유아를 태우고 있다는 표시를 하고 도로를 통행하는 '어린이통학버스'를 앞지르지 못한다.

④ 어린이라 함은 13세 미만의 사람을 말한다.

## 38

집회현장에서의 확성기 등가 소음도기준(「집회 및 시위에 관한 법률 시행령」)으로 빈 칸의 숫자를 순서대로 바르게 나열한 것은?

| | 야간<br>(해진 후~24:00) | 심야<br>(00:00~07:00) |
|---|---|---|
| 주거지역,<br>학교, 종합병원 | ( 가 )이하 | ( 나 )이하 |
| 공공도서관 | ( 다 )이하 | ( 라 )이하 |

　　가　　나　　다　　라
① 60 － 55 － 60 － 60
② 65 － 55 － 65 － 60
③ 75 － 60 － 85 － 80
④ 85 － 65 － 75 － 70

## 39

「국가보안법」상 예비·음모 처벌규정이 있는 것을 모두 고른 것은?

| ㉠ 회합통신죄 | ㉡ 목적수행죄 |
|---|---|
| ㉢ 금품수수죄 | ㉣ 잠입·탈출죄 |
| ㉤ 특수직무유기죄 | ㉥ 이적단체 구성 |

① ㉠㉢㉤　　　　　　　② ㉢㉣㉥
③ ㉡㉣㉥　　　　　　　④ ㉡㉢㉤

## 40

「출입국관리법」상 외국인의 강제퇴거에 대한 설명 중 옳지 않은 것은?

① 강제퇴거란 체류국 정부가 체류 중인 외국인에게 체류국 영역 밖으로 퇴거를 명하는 행정행위이다.

② 강제퇴거명령서는 출입국관리공무원이 집행한다. 지방출입국·외국인관서의 장은 사법경찰관리에게 강제퇴거명령서의 집행을 의뢰할 수 있다.

③ 지방출입국·외국인관서의 장은 강제퇴거명령을 받은 사람을 여권 미소지 또는 교통편 미확보 등의 사유로 즉시 대한민국 밖으로 송환할 수 없으면 송환할 수 있을 때까지 그를 보호시설에 보호할 수 있다.

④ 지방출입국·외국인관서의 장은 강제퇴거명령을 받은 사람을 보호할 때 그 기간이 1개월을 넘는 경우에는 1개월마다 미리 법부무장관의 승인을 받아야 한다.

킹재규경찰학

# 총알 총정리 모의고사

해설

# 모의고사 1회 해설

| 1 | 2 | 3 | 4 | 5 | 6 | 7 | 8 | 9 | 10 |
|---|---|---|---|---|---|---|---|---|----|
| ③ | ③ | ② | ① | ③ | ① | ③ | ② | ② | ① |
| 11 | 12 | 13 | 14 | 15 | 16 | 17 | 18 | 19 | 20 |
| ④ | ② | ③ | ② | ① | ① | ① | ③ | ④ | ③ |
| 21 | 22 | 23 | 24 | 25 | 26 | 27 | 28 | 29 | 30 |
| ② | ② | ① | ③ | ② | ③ | ③ | ③ | ④ | ② |
| 31 | 32 | 33 | 34 | 35 | 36 | 37 | 38 | 39 | 40 |
| ④ | ② | ② | ④ | ④ | ③ | ④ | ① | ③ | ② |

## 01

① (X) 15세기 말 프랑스의 경찰개념이 독일에 계수되어 양호한 질서를 포함한 국가행정 전반을 포괄하는 의미로 사용되었다.

② (X) 16세기 독일의 제국경찰법(1530년)에서 교회행정을 제외(포함 X)한 모든 국가활동을 경찰이라 했다.

③ (O)

④ (X) 프로이센 경찰행정법(1931년)은 경찰관청은 일반 또는 개인에 대한 공공의 안녕과 질서를 위협하는 위험을 방지하기 위하여 현행법의 범위 내에서 의무에 합당한 재량에 따라 필요한 조치를 취하지 않으면 안 된다고 규정하였다.

## 02

③ (X) 봉사경찰은 비권력적 작용이므로 권력적 작용을 중심으로 하는 실질적 의미의 경찰작용으로 볼 수 없고, 형식적 의미의 경찰에 속한다.

## 03

② (X) 공공질서와 관련하여 경찰이 개입할 것인가의 여부는 경찰의 결정에 맡겨져 있더라도 헌법상 과잉금지원칙(비례의 원칙)이 준수되어야 한다. 그러므로 경찰의 판단에 따라 과잉금지원칙이 예외적으로 적용되는 것은 아니다.

## 04

① (X) 브라이어와 필리아빈(Briar & Piliavin)의 동조성전념이론에 대한 설명이다.

## 05

③ 피해를 받아 마땅하거나 자신의 행위가 정의로운 응징으로 보는 "피해자의 부정(Denial of Victim)"에 대한 설명이다.

## 06

①이 옳은 연결이다.

## 07

③ (X) 대응단계(response)에서는 경찰의 자원과 역량만을 사용하여 문제를 해결하는 것이 아니라, 지역사회 내 다른 기관들과 협력을 통한 대응방안을 추구하여야 한다.

## 08

② (X) 범법자는 적이고, 경찰은 정의의 사자라는 흑백논리에 따른 이분법적 오류에 빠질 경우 인권침해 등의 우려가 있다.

## 09

㉠은 구조원인가설, ㉡은 전체사회가설에 대한 설명이다.

## 10

① (X) 공직자등이 부정청탁을 받았을 때에는 부정청탁을 한 자에게 부정청탁임을 알리고 이를 거절하는 의사를 명확히 표시하여야 하며(하지 않아도 되며 X), 이러한 조치를 하였음에도 불구하고 동일한 부정청탁을 다시 받은 경우에는 이를 소속기관장에게 서면(전자서면을 포함)으로 신고하여야 한다(부정청탁 및 금품등 수수의 금지에 관한 법률 제7조 제1항, 제2항).

② (O) 동법 제13조의2 제1항

③ (O) 동법 제10조 제2항

④ (O) 동법 제19조 제1항

## 11

① (X) 대통령 소속 기관과 국무총리 소속 기관을 **포함** 한다.
② (X) **사립학교 교직원과 민간 언론사 임직원**은 청탁금 지법 적용대상이나, 이해충돌방지법의 적용대상은 아 니다(공직자의 이해충돌 방지법 제2조 제2호 다목).
③ (X) 고위공직자란 **치안감 이상(경무관 X)**

## 12

② (X) **창의성**은 어떤 문제에 대해 기존과 다른 시각으 로 새로운 아이디어를 생각해 내는 특성을 의미하고, **전문성**은 자신이 맡은 일을 잘 수행하기 위해 필요한 지식과 경험, 역량을 말한다.

## 13

㉠ 경찰윤리헌장 제정 : 1966년
㉡ 경찰서비스헌장 제정 : 1998년
㉢ 경찰병원 설치 : 1949년
㉣ 경찰공무원법 제정 : 1969년
㉤ 제주특별자치도 자치경찰단 설치 : 2006년

## 14

② (X) 경찰의 조직구조·순찰운용·통신의 효율성을 통 한 경찰업무의 혁신과 전문직화를 실시한 것은 윌슨 이고, **위커샴위원회**는 1929년 미국대통령 후버가 형 사사법제도를 연구하기 위하여 설치한 것으로 경찰기 관에 대한 **정치적 간섭 배제, 근무조건 개선, 경찰 교 육훈련체계의 개선** 등이 논의되었다.

## 15

① (X) **조정과 통합의** 원리에 대한 설명이다.

## 16

① (X) **직위분류제(계급제 X)**는 유능한 일반행정가의 확 보가 곤란하지만 특정 분야의 경찰전문가 양성에 적 합한 방식이다.

## 17

① (O) 국가재정법 제42조
② (X) 각 중앙관서의 장은 예산의 목적범위 안에서 재 원의 효율적 활용을 위하여 대통령령으로 정하는 바 에 따라 **기획재정부장관의(국무회의의 심의를 거친 후 대통령 X)** 승인을 얻어 각 세항 또는 목의 금액 을 전용할 수 있다. 이 경우 사업 간의 유사성이 있 는지, 재해대책 재원 등으로 사용할 시급한 필요가 있는지, 기관운영을 위한 필수적 경비의 충당을 위한 것인지 여부 등을 종합적으로 고려하여야 한다(동법 제46조 제1항).
③ (X) 경찰청장은 예산이 정한 각 기관 간 또는 각 장· 관·항 간에 **상호 이용할 수 없다**(동법 제47조 제1항).
④ (X) 예산이 확정되었더라도 해당 예산이 배정되지 않 은 상태에서는 지출원인행위를 할 **수 없다.**

## 18

㉡㉣㉤ (O) 동규칙 제120조 제1항 제1호
㉠㉢은 즉시 대여한 무기·탄약을 회수해야 할 사유에 해당한다.

## 19

① (O) 언론중재 및 피해구제 등에 관한 법률 제15조 제1항
② (O) 동법 제15조 제2항
③ (O) 동법 제15조 제3항
④ (X) 언론사등은 청구된 정정보도의 내용이 국가·지 방자치단체 또는 공공단체의 **공개회의**와 법원의 **공개 재판절차**의 사실보도에 관한 것인 경우 정정보도 청 구를 거부할 수 있다(동법 제15조 제4항 제5호).

## 20

㉠ (O) 경찰 인권보호 규칙 제3조

㉡ (X) 경찰청장은 국민의 인권보호와 증진을 위하여 경찰 인권정책 기본계획을 5년(3년 X)마다 수립해야 한다(동규칙 제18조 제1항).

㉢ (X) 경찰청장은 경찰관등(경찰공무원으로 신규 임용될 사람을 포함)이 근무하는 동안 지속적·체계적으로 교육을 받을 수 있도록 3년(5년 X) 단위로 경찰 인권교육의 기본방향과 추진목표 등을 포함한 인권교육종합계획을 수립하여 시행해야 한다(동규칙 제18조의2 제1항 제1호).

㉣ (O) 동규칙 제25조 제3호

㉤ (X) 인권보호담당관은 반기 1회 이상 인권영향평가의 이행 여부를 점검하고, 이를 경찰청 인권위원회(국가경찰위원회 X)에 제출하여야 한다(동규칙 제24조).

## 21

① (O) 헌법재판소의 위헌결정은 법원이나 기타 국가기관(국가경찰) 및 지방자치단체(자치경찰)를 기속(羈束)하므로 법원성이 인정된다.

② (X) 행정관청의 행정처분 등이 그 근거법령에 따라 적법하게 행하여진 경우라도 조리에 위반할 경우에는 위법한 행위가 된다.

③ (O) 행정기본법 제9조(평등의 원칙), 동법 제10조(비례의 원칙), 동법 제11조(권한남용금지의 원칙), 동법 제12조(신뢰보호의 원칙)에 규정되어 있다.

④ (O) 행정기본법은 사법상의 원칙인 '신의성실의 원칙'을 행정법상 행정청의 '성실의무의 원칙'으로 수정하여 명시적으로 규정하고 있으므로 「민법」뿐만 아니라 경찰행정법을 포함한 모든 법의 일반원칙이며 법원으로 인정된다.

## 22

① (O) 국가경찰과 자치경찰의 조직 및 운영에 관한 법률 제16조 제1항

② (X) 국가수사본부장은 「형사소송법」에 따른 경찰의 수사에 관하여 각 시·도경찰청장과 경찰서장 및 수사부서 소속 공무원을 지휘·감독한다(동법 제16조 제2항).

③ (O) 동법 제16조 제5항

④ (O) 동법 제16조 제3항, 제4항

## 23

가. (X) 경찰청장의 추천(제청 X)을 받아 행정안전부장관의 제청으로 국무총리를 거쳐 대통령이 임용한다.

나. (X) 경찰청장(시·도경찰청장 X)

다. (X) 위임할 수 있다(위임한다 X)

라. (O)

## 24

① (O) 소청심사위원회는 원징계처분보다 무거운 징계하는 부과하는 결정을 하지 못한다(불이익변경금지의 원칙)(국가공무원법 제14조 제8항).

② (O) 동법 제14조 제7항

③ (X) 소청심사위원회에서 해임처분을 취소하고자 할 경우에는 재적 위원 3분의 2 이상의 출석과 출석위원 3분의 2 이상의 합의가 있어야 한다(동법 제14조 제2항).

④ (O) 동법 제76조 제1항

## 25

③ (X) 상당성의 원칙은 협의의 비례의 원칙이라고도 한다. 최소침해의 원칙은 필요성의 원칙이라 한다.

## 26

② (X) 재단법인의 정관변경 허가는 인가에 해당한다.

## 27

① (O) 행정기본법 제6조 제1항

② (O) 동법 제6조 제2항 제1호

③ (X) 법령등에서 국민의 권익을 제한하는 경우, 권익이 제한되는 기간의 계산에 있어 기간의 말일이 토요일 또는 공휴일인 경우에는 기간은 그 날(익일 X)로 만료한다(동법 제6조 제2항 제2호).

④ (O) 동법 제7조 제2호

## 28

① (X) 특별한 규정이 없는 한. 관계법상의 금지가 해제될 뿐, 타법상의 제한까지 해제되는 것은 아니다.

② (X) 특별한 규정이 없는 한, 허가는 법령이 부과한 **부작위의무(작위의무, 급부의무 X)**를 해제하는 것이다.

③ (O) 허가여부의 결정기준은 **처분 시(신청 시 X)**의 법령과 허가기준에 의하여 처리되어야 하고, 허가신청 당시의 기준에 따라야 하는 것은 아니다(대법원 1989. 7.25. 88누11926).

④ (X) 일반적으로 영업허가를 받지 아니한 상태에서 행한 사법상 법률행위는 유효(위법 X)하다.

## 29

① (O) 행정절차법 제48조 제1항

② (O) 동법 제48조 제2항

③ (O) 동법 제50조

④ (X) 행정지도가 말로 이루어지는 경우에 상대방이 행정지도의 취지 및 내용과 신분의 사항을 적은 서면의 교부를 요구하면 그 행정지도를 하는 자는 직무 수행에 특별한 지장이 없으면 이를 교부하여야 한다(동법 제49조 제1항, 제2항).

## 30

① (X) 이행강제금은 행정상 강제집행의 수단으로 장래를 향한 의무이행을 확보하기 위한 것인데 반해 형사처벌은 과거의 위반에 대한 제재를 주된 목적으로 한다. 따라서 양자병과 될 수 있으며, 헌법상 **이중처벌 금지의 원칙**에 위반되지 않는다.

② (O) 경찰상 강제집행이란 경찰하명에 따른 경찰의무의 불이행이 있는 경우에 상대방의 신체 또는 재산이나 주거 등에 실력을 행사하여 경찰상 필요한 상태를 실현하는 작용으로 **직접적(대집행, 직접강제, 강제징수)** 또는 간접적(집행벌=이행강제금 부과) 실효성 확보수단이다.

③ (X) 즉시강제는 기본권 침해의 소지가 큰 권력작용이므로, 엄격한 법령등의 근거가 있어야 하며, 법령등의 수권이 있는 경우에도 당해 법령등의 내용에 적합하도록 하여야 한다.

④ (X) 경찰상의 강제집행을 하기 위해서는 경찰의무를 부과하는 경찰하명의 근거가 되는 법률 이외에 경찰상의 강제집행을 위한 별도의 법적 근거가 있어야 한다.

## 31

① (X) ~~인권존중·권력남용금지·신의성실과 같이 공무원으로서 마땅히 지켜야 할 준칙이나 규범을 지키지 않고 위반한 경우를 포함하여 널리 객관적인 정당성이 없는 행위를 한 경우를 **포함한다**(대법원 2022. 7. 14. 선고 2017다290538).

② (X) 상호보증은 외국의 법령, 판례 및 관례 등에 의하여 발생요건을 비교하여 인정되면 충분하고 **반드시 당사국과의 조약이 체결되어 있을 필요는 없으며,** 당해 외국에서 구체적으로 우리나라 국민에게 국가배상청구를 인정한 사례가 없더라도 실제로 인정될 것이라고 기대할 수 있는 상태이면 충분하다(대법원 2015. 6. 11., 선고, 2013다208388).

③ (X) 국민의 생명·신체·재산 등에 관하여 절박하고 중대한 위험상태가 발생하였거나 발생할 우려가 있어서 국민의 생명·신체·재산 등을 보호하는 것을 본래적 사명으로 하는 국가가 초법규적, 일차적으로 그 위험 배제에 나서지 않으면 국민의 생명·신체·재산 등을 보호할 수 없는 경우에는 **형식적 의미의 법령에 근거가 없더라도** 국가나 관련 공무원에 대하여 그러한 위험을 배제할 작위의무를 인정할 수 있다(대법원 2022. 7. 14., 선고, 2017다290538).

④ (O) 대법원 1997. 7. 25. 선고 94다2480

## 32

① (O) 행정심판법 제46조 제1항, 제48조 제2항

② (X) 위원회는 심판청구가 이유가 있다고 인정하는 경우에도 이를 인용(認容)하는 것이 공공복리에 크게 위배된다고 인정하면 그 심판청구를 기각하는 재결(사정재결)을 할 수 있다(동법 제44조 제1항).

③ (O) 동법 제47조 제2항

④ (O) 동법 제43조 제1항

## 33

가. (X) 경찰관은 동행한 사람의 가족이나 친지 등에게 동행한 경찰관의 신분, 동행 장소, 동행 목적과 이유를 알리거나 **본인으로(다른 사람으로 X)** 하여금 즉시 연락할 수 있는 기회를 주어야 하며, 변호인의 도움을 받을 권리가 있음을 알려야 한다(경찰관 직무집행법 제3조 제5항).

나. (X) 경찰관이 불심검문 대상자 해당 여부를 판단할 때에는 불심검문 당시의 구체적 상황은 물론 사전에 얻은 정보나 전문적 지식 등에 기초하여 불심검문 대상자인지를 객관적·합리적인 기준에 따라 판단하여야 하나, 반드시 불심검문 대상자에게 **형사소송법상 체포나 구속에 이를 정도의 혐의가 있을 것**을 요한다고 할 수는 없다(대법원 2014.12.11. 2014도7976).

다. (X) 경찰관은 불심검문시 정지시킨 장소에서 질문을 하는 것이 그 사람에게 불리하거나 교통에 방해가 된다고 인정될 때에는 질문을 하기 위하여 가까운 **(경찰청 X)**경찰서·지구대·파출소 또는 출장소(지방해양경찰관서를 **포함(미포함 X)**)로 동행할 것을 요구할 수 있다. 이 경우 동행을 요구받은 사람은 그 요구를 거절할 수 있다(동법 제3조 제2항).

라. (X) 경찰관은 불심검문 대상자에게 질문을 할 때에 그 사람이 흉기를 가지고 있는지를 **조사할 수 있다 (조사하여야 한다 X)**(동법 제3조 제3항).

마. (O) 주민등록법 제26조

## 34

④ (X) **중위험 물리력**에 대한 설명이다. **고위험 물리력**이란 '치명적 공격' 상태의 대상자로 인해 경찰관 또는 제3자의 생명·신체에 급박하고 중대한 위해가 초래될 가능성이 있는 경우 최후의 수단으로 사용할 수 있는 물리력 수준으로서, 대상자의 사망 또는 심각한 부상을 초래할 수 있는 물리력을 말하며, 치명적 공격이란 대상자가 경찰관 또는 제3자에 대해 사망 또는 심각한 부상을 초래할 수 있는 행위를 하는 상태를 말한다.

## 35

① (O) 아동·청소년의 성보호에 관한 법률 제25조의2 제1항

② (O) 동법 제25조의3 제1항

③ (O) 동법 제25조의4 제1항

④ (X) 사법경찰관리가 제25조의2부터 제25조의4까지에 따라 수집한 증거 및 자료 등은 다음 각 호의 어느 하나에 해당하는 경우 외에는 사용할 수 없다(동법 제25조의5).

1. 신분비공개수사 또는 신분위장수사의 목적이 된 디지털 성범죄나 이와 관련되는 범죄를 수사·소추하거나 그 **범죄를 예방**하기 위하여 사용하는 경우

2. 신분비공개수사 또는 신분위장수사의 목적이 된 디지털 성범죄나 이와 관련되는 범죄로 인한 **징계절차**에 사용하는 경우

3. 증거 및 자료 수집의 대상자가 제기하는 **손해배상청구소송**에서 사용하는 경우

4. 그 밖에 다른 법률의 규정에 의하여 사용하는 경우

## 36

가. (O) **응급조치**에 해당한다(스토킹범죄의 처벌 등에 관한 법률 제3조 제4호).

나. (O) **응급조치**에 해당한다(동법 제3조 제2호).

다. (X) 잠정조치에 해당한다(동법 제9조 제2호).

라. (X) 잠정조치에 해당한다(동법 제9조 제3의2호).

마. (O) **응급조치**에 해당한다(동법 제3조 제1호).

## 37

① (X) '재난'이란 국민의 생명·신체·재산과 국가에 피해를 주거나 줄 수 있는 것으로서 **자연재난과 사회재난(인적재난 X)**을 말한다(재난 및 안전관리 기본법 제3조 제1호).

② (X) 해당 지문은 "안전관리"에 대한 설명이다(동법 제3조 제4호). **"재난관리"**란 재난의 예방·대비·대응 및 복구를 위하여 하는 모든 활동을 말한다(동법 제3조 제3호).

③ (X) **행정안전부장관(경찰청장 X)**은 국가 및 지방자치단체가 행하는 재난 및 안전관리 업무를 총괄·조정한다(동법 제6조).

④ (O) 동법 제36조 제1항

## 38

① (X) 피고인의 음주와 음주운전을 목격한 참고인이 있는 상황에서 경찰관이 음주 및 음주운전 종료로부터 약 5시간 후 집에서 자고 있는 피고인을 연행하여 음주측정을 요구한 데에 대하여 피고인이 불응한 경우, 「도로교통법」상 음주측정불응죄가 성립한다(대법원 2001.8.24. 2000도6026 판결).

② (O) 대법원 2004. 4. 23. 선고, 2004도1109 판결

③ (O) 대법원 2006.11. 9. 2004도8404 판결

④ (O) 대법원 2000. 4. 21. 선고, 99도5210 판결

## 39

① (X) 옥외집회나 시위를 주최하려는 자는 신고서를 옥외집회나 시위를 시작하기 720시간 전부터 48시간 전에 관할 경찰서장에게 제출하여야 한다. 다만, 옥외집회 또는 시위 장소가 두 곳 이상의 경찰서의 관할에 속하는 경우에는 관할 시·도경찰청장에게 제출하여야 하고, 두 곳 이상의 시·도경찰청 관할에 속하는 경우에는 주최지를 관할하는 시·도경찰청장에게 제출하여야 한다(동법 제6조 제1항).

② (X) 관할 경찰서장 또는 시·도경찰청장은 신고서를 접수하면 신고자에게 접수 일시를 적은 접수증을 즉시 내주어야 하며, 신고서의 기재 사항에 미비한 점을 발견하면 접수증을 교부한 때부터 12시간 이내에 주최자에게 24시간을 기한으로 그 기재 사항을 보완할 것을 통고할 수 있다(동법 제6조, 제7조).

③ (O) 동법 제8조

④ (X) 집회 또는 시위의 주최자는 제8조에 따른 금지 통고를 받은 날부터 10일 이내에 해당 경찰관서의 바로 위의 상급경찰관서의 장에게 이의를 신청할 수 있다(동법 제9조).

## 40

②의 연결이 옳다(출입국관리법 시행령 [별표1의2]).

---

| 1 | 2 | 3 | 4 | 5 | 6 | 7 | 8 | 9 | 10 |
|---|---|---|---|---|---|---|---|---|---|
| ① | ③ | ③ | ④ | ④ | ④ | ④ | ① | ① | ④ |
| 11 | 12 | 13 | 14 | 15 | 16 | 17 | 18 | 19 | 20 |
| ② | ④ | ③ | ② | ④ | ① | ④ | ③ | ③ | ② |
| 21 | 22 | 23 | 24 | 25 | 26 | 27 | 28 | 29 | 30 |
| ④ | ④ | ④ | ② | ④ | ② | ④ | ③ | ① | ② |
| 31 | 32 | 33 | 34 | 35 | 36 | 37 | 38 | 39 | 40 |
| ④ | ④ | ③ | ③ | ② | ① | ③ | ③ | ④ | ④ |

## 01

① (X) ~~각국의 실정법상 경찰개념과 반드시 일치한다고는 할 수 없다. 즉, 일치할 수도 있고 일치하지 않을 수도 있다는 의미이다.

## 02

가. (X) 국가경찰은 자치경찰과 비교하여 비권력적 수단보다는 권력적 수단을 통해 국민의 생명과 신체·재산을 보호하고자 한다.

나. (O) 국가경찰은 자치경찰과 비교하여 타 행정부문과의 긴밀한 협조·조정이 원활하다.

다. (O)

라. (X) 자치경찰은 국가경찰과 비교하여 지역실정을 반영한 경찰조직의 운영·관리가 용이하다.

마. (X) 자치경찰은 국가경찰과 비교하여 인권보장과 민주성이 보장되어 주민들의 지지를 받기 쉽다.

## 03

보기의 상황은 외관적 위험에 해당한다.

① (X) 위험혐의에 대한 설명이다.

② (X) 오상위험 (추정적(성)위험)에 대한 설명이다.

③ (O) 외관적 위험에 대한 설명이다.

④ (X) 이는 경찰상 위험에 해당하는 적법한 경찰개입이므로 경찰관에게 민·형사상 책임을 물을 수 없지만, 국가의 손실보상책임이 발생할 수 있다.

## 04

④ (X) 뒤르껭(Durkheim)의 긴장(아노미)이론에 대한 설명이다.

## 05

㉠-ⓓ, ㉡-ⓑ, ㉢-ⓐ, ㉣-ⓒ이 옳은 연결이다.

## 06

④ (X) 범죄패턴이론은 범죄에는 일정한 **장소적(시간적 X)** 패턴이 있다.

## 07

① (X) 1차적 예방은 **일반대중**, 2차적 예방은 **우범자나 우범집단**, 3차적 예방은 **범죄자**이다.
② (X) 범죄발생 원인에 영향을 미치는 경제 및 사회 조건에 개입하는 전략은 **1차적 범죄예방**이다.
③ (X) 범죄자를 대상으로 하는 **3차적 범죄예방모형**에 해당한다.

## 08

① (O)
② (X) **시장중심적 정의(market-centered)**에 대한 설명이다. 공익중심적 정의는 공직자가 법적으로 규정되어 있지 않은 금전적인 또는 다른 형태의 보수에 의하여 그 보수를 제공한 사람들에게 이로운 행위를 함으로써 공중의 이익에 손해를 끼칠 때 부패가 발생한다.
③ (X) **회색부패**에 대한 설명이다.
④ (X) **흑색부패**에 대한 설명이다.

## 09

① ㉠ 전체사회가설, ㉡ 사회 형성재 이론, ㉢ Busy bodiness, ㉣ Moral hazard에 대한 설명이다.

## 10

① (X) 공무원은 「범죄수사규칙」 제30조에 따른 경찰관서 내 수사 지휘에 대한 이의제기와 관련하여 행동강령책임관에게 상담을 **요청할 수 있다(하여야 한다 X)** (경찰청 공무원 행동강령 제4조의2 제1항).
② (X) 공무원은 직무관련자와는 비용 부담 여부와 관계없이 골프를 같이 하여서는 아니 된다. 다만, 다음 각 호(1. 정책의 수립·시행을 위한 의견교환 또는 업무 협의 등 공적인 목적을 위하여 필요한 경우, 2. 직무관련자인 친족과 골프를 하는 경우, 3. 동창회 등 친목단체에 직무관련자가 있어 부득이 골프를 하는 경우, 4. 그 밖에 위 각 호와 유사한 사유로 부득이하다고 인정되는 경우)와 같은 부득이한 사정에 따라 골프를 같이 하는 경우에는 소속관서 행동강령책임관에게 사전에 신고하여야 하며 사전에 신고하기 어려운 특별한 사유가 있는 경우에는 사후에 즉시 신고하여야 한다(동강령 제16조의3).
③ (X) 제1항이나 제2항에 따라 상담 요청을 받은 행동강령책임관은 지시 내용을 확인하여 지시를 취소하거나 변경할 필요가 있다고 인정되면 소속 기관의 장에게 **보고하여야 한다**. 다만, 지시 내용을 확인하는 과정에서 부당한 지시를 한 **상급자가 스스로 그 지시를 취소하거나 변경하였을 때에는** 소속 기관의 장에게 보고하지 **아니할 수 있다**(동강령 제4조 제3항).
④ (O) 동강령 제16조의3 제1항 제3호

## 11

㉠ (O) 이해충돌 방지법(제27조 제1항).
㉡ (X) 5년 이하의 징역 또는 5천만원 이하의 벌금(이해충돌 방지법 제27조 제2항).
㉢ (O) 이해충돌 방지법(제28조 제1항 제1호).
㉣ (O) 이해충돌 방지법(제28조 제2항 제3호).
㉤ (O) 이해충돌 방지법(제28조 제3항).

## 12

① (O)
② (O) 경찰청 적극행정 면책제도 운영규정 제2조
③ (O) 적극행정 운영규정 제2조 제2호
④ (X) ~~ 고의나 **중대한 과실**이 없는 경우에는 ~~

## 13

가. (X) 경무청관제직장에 의해 당시의 좌우포도청을 합하여 경무청을 신설하고(장으로 **경무사(경무관 X)**를 둠), 한성부 내 일체의 경찰사무를 관장하게 하였다.

나. (O)

다. (O)

라. (X) 한성부의 5부 내에 경찰지서를 설치하고 서장을 '경무관'으로 보하였다.

마. (X) 1896년 한성과 부산 간의 군용전신선의 보호를 명목으로 일본의 헌병대가 주둔하게 되었는데, 헌병은 사법경찰**뿐만** 아니라 **군사경찰·행정경찰**을 겸하였다.

## 14

② (X) 경찰의 효율성은 범죄와 무질서의 감소나 부재로 판단되는 것**(예방)**이지 범죄나 무질서를 진압하는 가시적인 모습으로 인정받는 것은 아니다.

## 15

보기는 **엽관주의**에 관한 내용이다.

①②③은 엽관주의의 단점에 대한 설명이다.

④ (X) **실적주의**의 단점에 대한 설명이다.

## 16

① 연결이 옳다.

## 17

① (X) 각 중앙관서의 장은 제29조의 규정에 따른 예산안편성지침에 따라 그 소관에 속하는 다음 연도의 세입세출예산·계속비·명시이월비 및 국고채무부담행위 요구서(이하 "예산요구서"라 한다)를 작성하여 매년 **5월 31일(3월 31일 X)**까지 기획재정부장관에게 제출하여야 한다(국가재정법 제31조 제1항).

② (X) 각 중앙관서의 장(경찰청장)은 매년 1월 31일까지 해당 회계연도부터 5회계 연도 이상의 기간 동안의 신규사업 및 **기획재정부장관(행정안전부장관 X)**이 정하는 주요 계속사업에 대한 중기사업계획서를 기획재정부장관에게 제출하여야 한다(국가재정법 제28조).

③ (X) 기획재정부장관은 **국무회의(국회 X)**의 심의를 거쳐 대통령의 승인을 얻은 다음 연도의 예산안편성지침을 매년 3월 31일까지 각 중앙관서의 장에게 통보하여야 한다(동법 제29조 제1항).

④ (O) 동법 제43조

## 18

㉠ (O) 보안업무규정 제4조 제1호

㉡ (O) 동규정 제12조 제1항

㉢ (O) 동규정 제12조 제2항

㉣ (X) 비밀을 휴대하고 출장 중인 사람은 비밀을 안전하게 보호하기 위하여 국내 경찰기관 또는 재외공관에 보관을 위탁할 수 있으며, **위탁받은 기관은 그 비밀을 보관하여야 한다**(동규정 제19조).

㉤ (X) 비밀은 보관하고 있는 시설 밖으로 반출해서는 아니 된다. 다만, 공무상 반출이 필요할 때에는 소속 기관의 장(중앙행정기관의 장 X)의 승인을 받아야 한다(동규정 제27조).

## 19

① (X) 18세 이상의 국민은 경찰을 비롯한 공공기관의 사무처리가 법령위반 또는 부패행위로 인하여 공익을 현저히 해하는 경우 300인 이상의 연서로 감사원에 감사를 청구할 수 있다(부패방지 및 국민권익위원회의 설치와 운영에 관한 법률 제72조, 동법 시행령 제84조).

② (X) 상급기관의 하급기관에 대한 감사권은 **사후통제**에 해당한다.

④ (X) 국가경찰위원회는 **외부통제**에 해당한다.

## 20

② (O) 기각사유이다(경찰 인권보호 규칙 제37조 제3호).

① (X) 조사 중지사유이다(경찰 인권보호 규칙 제35조 제1항 제1호).

③④ (X) 각하사유이다(동규칙 제29조 제1항 제1호, 제7호).

## 21

① (X) 국가와 **지방자치단체(공공단체 X)**는 국민의 생명·신체 및 재산을 보호하고 공공의 안녕과 질서유지에 필요한 시책을 수립·시행하여야 한다(국가경찰과 자치경찰의 조직 및 운영에 관한 법률 제2조).

② (X) 경찰은 그 직무를 수행할 때 **헌법과 법률(법령 X)**에 따라 국민의 자유와 권리 및 모든 개인이 가지는 불가침의 기본적 인권을 보호하고, 국민 전체에 대한 봉사자로서 공정·중립을 지켜야 하며, 부여된 권한을 남용하여서는 아니 된다(동법 제5조).

③ (X) 경찰공무원은 상관의 지휘·감독을 받아 직무를 수행하고, 그 직무수행에 관하여 서로 **협력하여야 한다(할 수 있다 X)**(동법 제6조 제1항).

④ (O) 동법 제6조 제2항, 제3항

## 22

㉠ (X) 시·도자치경찰위원회 위원(비상임 위원 X)은 특정 성(性)이 10분의 6을 초과하지 **아니하도록 노력하여야 한다(아니해야 한다 X)**(국가경찰과 자치경찰의 조직 및 운영에 관한 법률 제19조 제2항).

㉡ (X) 시·도자치경찰위원회 위원장은 위원 중에서 시·도지사가 임명하고, 상임위원은 시·도자치경찰위원회의 의결을 거쳐 위원 중에서 **위원장(시·도경찰청장 X)**의 제청으로 시·도지사가 임명한다(동법 제20조 제3항).

㉢ (X) 공무원이 아닌 위원에 대해서는 「**지방공무원법**」(「국가공무원법」 X) 제52조 및 제57조를 준용한다(동법 제20조 제5항).

㉣ (X) 시·도자치경찰위원회 위원장과 위원의 임기는 3년으로 하며, **연임할 수 없다(한 차례 연임 X)**(동법 제23조 제1항).

㉤ (O) 동법 제26조 제1항

㉥ (X) 위원회의 의결이 법령에 위반되거나 공익을 현저히 해친다고 판단되면 행정안전부장관은 미리 경찰청장의 의견을 들어 국가경찰위원회를 거쳐 시·도지사에게 제3항의 재의를 요구하게 할 수 있고, 경찰청장은 국가경찰위원회와 행정안전부장관을 거쳐 시·도지사에게 재의를 요구하게 할 수 있다(동법 제25조 제4항).

## 23

보기의 제도는 **시보임용**에 대한 설명이다.

① (O) 경찰공무원법 제13조 제1항

② (X) 휴직기간, 직위해제기간 및 징계에 의한 **정직처분** 또는 **감봉(견책 X)**처분을 받은 기간은 시보임용기간에 산입하지 아니한다(동법 제13조 제2항).

③ (O) 동법 제13조 제4항 제1호

④ (O) 경찰공무원 임용령 제20조 제2항 제3호

## 24

① (O) 경찰공무원 승진임용 규정 제3조
② (X) 음주운전(음주측정에 응하지 않은 경우를 포함)으로 강등(18개월)에 해당하는 징계처분을 받은 경찰공무원은 징계 처분의 집행이 끝난 날부터 24개월(18+6)이 지나지 아니하면 심사승진 임용될 수 없다(동규정 제6조 제1항 제2호).
③ (O) 동규정 제24조 제3항
④ (O) 동규정 제7조 제1항, 제8조 제1항

## 25

㉠㉡ (O) : 법률유보의 원칙과 관련하여 국민의 자유와 권리를 제한하고, 국민에게 의무를 부과하는 권력적 영역(명령,강제)에서는 근거규범이 요구되고, 비권력적 수단이나 순수한 서비스활동에서는 근거 없이도 가능하기 때문에 ㉠㉡은 비권력적 수단이나 순수한 서비스 활동에 해당하여 법률의 근거를 요하지 않는다.
㉢ (X) 법률의 근거 요함 : 법률의 근거 요함 : 「도로교통법」 제79조
㉣ (X) 법률의 근거 요함 : 「국가공무원법」 제65조
㉤ (X) 법률의 근거 요함 : 「집회 및 시위에 관한 법률」 제20조
㉥ (X) 법률의 근거 요함 : 「도로교통법」 제35조

## 26

① (X) 행정기본법 제9조(평등의 원칙)
② (X) 동법 제10조(비례의 원칙)
③ (X) 동법 제12조 제2항(신뢰보호의 원칙)
④ (O) 동법 제13조(부당결부금지의 원칙)

## 27

가. (O)
나. (X) 대간첩 지역이나 국가중요시설에 대한 접근제한명령이나 통행제한명령은 부작위하명의 성질을 갖는다.
다. (X) 「경찰관 직무집행법」 제5조 제1항 제3호의 관계인에게 '필요한 조치를 하게 하는 것'은 상대방이 필요한 조치를 하도록 명하는 행위라면 이는 작위의무를 명하는 행위로서 하명의 성질을 갖는다.
라. (X) 도로교통법 위반에 의한 과태료납부의무는 급부의무로서 하명에 해당한다.

## 28

① (X) "가명처리(익명처리 X)"란 개인정보의 일부를 삭제하거나 일부 또는 전부를 대체하는 등의 방법으로 추가 정보가 없이는 특정 개인을 알아볼 수 없도록 처리하는 것을 말한다(동법 제2조 제1의2호).
② (X) 고정형 영상정보처리기기라 한다(동법 제2조 제7호). "이동형 영상정보처리기기"란 사람이 신체에 착용 또는 휴대하거나 이동 가능한 물체에 부착 또는 거치(据置)하여 사람 또는 사물의 영상 등을 촬영하거나 이를 유·무선망을 통하여 전송하는 장치로서 대통령령으로 정하는 장치를 말한다(동법 제2조 제7의2).
③ (O) 동법 제3조 제1항
④ (X) 영상정보처리기기운영자는 영상정보처리기기의 설치 목적과 다른 목적으로 영상정보처리기기를 임의로 조작하거나 다른 곳을 비춰서는 아니 되며, 녹음기능은 사용할 수 없다(동법 제25조 제5항).

## 29

① (X) 과징금과 가산세는 행정상 강제에 포함되지 아니하는 독립적인 행정상 금전적 제제처분이다.

## 30

① (O) 행정절차법 제40조의2 제1항
② (X) 행정청은 다른 행정청과의 협의 등의 절차를 거쳐야 하는 처분에 대하여 확약을 하려는 경우에는 확약을 하기 전(한 후 X)에 그 절차를 거쳐야 한다(동법 제40조의2 제3항).
③ (O) 동법 제40조의2 제4항 제1호
④ (O) 동법 제40조의2 제2항

## 31

④ 기관소송에 대한 설명이다(행정소송법 제3조 제4호).

## 32

① (O) 대법원 2000다26807 판결 : 한정 소극

② (O) 대법원 1998. 8. 25. 선고 98다16890

③ (O) 대법원 1991. 5. 28. 선고 91다10084

④ (X) 50cc 소형 오토바이 1대를 절취하여 운전 중인 15~16세의 절도 혐의자 3인이 경찰관의 검문에 불응하며 도주하자, 경찰관이 체포 목적으로 오토바이의 바퀴를 조준하여 실탄을 발사하였으나 오토바이에 타고 있던 1인이 총상을 입게 된 경우, 제반 사정에 비추어 **경찰관의 총기 사용이 사회통념상 허용범위를 벗어나 위법하다**(대법원 2004. 5. 13. 선고 2003다57956 판결).

## 33

① (X) 경찰관은 범죄·재난·공공갈등 등 공공안녕에 대한 위험의 예방과 대응을 위한 정보의 수집·작성·배포와 이에 수반되는 사실의 **확인을 할 수 있다(하여야 한다 X)**(경찰관 직무집행법 제8조의2 제1항).

② (X) 위 ①에 따른 정보의 구체적인 범위와 처리 기준, 정보의 수집·작성·배포에 수반되는 사실의 확인 절차와 한계는 **대통령령(행정안전부령 X)으로** 정한다(동법 제8조의2 제2항).

③ (O) 경찰관의 정보수집 및 처리에 관한 규정 제4조 제1항

④ (X) 「경찰관의 정보수집 및 처리 등에 관한 규정」에 따라 수집·작성·배포할 수 있는 정보의 구체적인 범위는 **범죄의 예방과 대응에 필요한 정보(범죄수사에 필요한 정보 X),** 국가중요시설의 안전 및 주요 인사의 보호에 필요한 정보 등이 있다(동규정 제3조 제1호).

## 34

① (O) 경찰관 직무집행법 제10조의2

② (O) 동법 제10조의4

③ (X) **최루탄도 제10조의3(분사기 등의 사용)에서 함께 사용요건이 명시되어 있다.**

④ (O) 동법 제10조의5

## 35

① (X) ~~근무기간은 **2년 이상으로 한다**(112치안종합상황실 운영 및 신고처리 규칙).

② (O) 동규칙 제10조 제2항

③ (X) 112요원은 허위·오인으로 인한 신고 또는 경찰 소관이 아닌 내용의 사건으로 확인된 경우 112신고처리를 종결할 수 있다. 다만, 타 부서의 계속적 조치가 필요한 경우 해당부서에 사건을 **인계한 이후 종결해야 한다**(동규칙 제17조 제1호).

④ (X) 112신고 접수 및 무선지령내용 녹음자료는 24시간 녹음하고 **3개월(2개월 X)간** 보존한다(동규칙 제24조 제1항 제2호).

## 36

① (O) ㉠ – ⓒ 메스카린, ㉡ – ⓓ 카리소프로돌(S정), ㉢ – ⓑ 엑스터시, ㉣ – ⓓ 프로포폴

## 37

① (X) **외국인테러전투원에** 대한 설명이다(국민보호와 공공안전을 위한 테러방지법 제2조 제4호).

② (X) '테러단체'란 **국제연합(UN)이 지정한** 테러단체를 말한다(동법 제2조 제2호).

③ (O) 동법 제14조 제2항

④ (X) 테러로 인하여 **신체 또는 재산(명예 X)의** 피해를 입은 국민은 관계기관에 즉시 신고하여야 한다(동법 제15조 제1항).

## 38

① (X) 보행자의 통행에 방해될 때에는 **서행하거나 일시 정지하여야 한다**(동법 제13조의2 제3항).

② (X) 자전거등의 운전자는 자전거도로가 설치되지 아니한 곳에서는 도로 우측 가장자리에 붙어서 통행하여야 한다(동법 제13조의2 제2항).

③ (O) 동법 제13조의2 제4항

④ (X) 자전거의 운전자가 횡단보도를 이용하여 도로를 횡단할 때에는 **자전거에서 내려서 자전거를 끌거나 들고 보행하여야 한다**(동법 제13조의2 제6항).

## 39

ⓒ (X) 수집활동에 따른 분류 – 인간정보, 기술정보(기본 정보 X)

ⓜ (X) 사용목적에 따른 분류 – 정책정보, 보안정보(방첩 정보 X)

## 40

①②③ (O) 범죄인 인도법 제9조

④ (X) 절대적 인도거절 사유이다(동법 제7조 제4호).

총알 총정리 | 킹재규 경찰학

# 모의고사 3회 해설

| 1 | 2 | 3 | 4 | 5 | 6 | 7 | 8 | 9 | 10 |
|---|---|---|---|---|---|---|---|---|---|
| ④ | ③ | ③ | ① | ② | ④ | ④ | ② | ③ | ② |
| 11 | 12 | 13 | 14 | 15 | 16 | 17 | 18 | 19 | 20 |
| ③ | ③ | ③ | ② | ③ | ④ | ② | ④ | ② | ② |
| 21 | 22 | 23 | 24 | 25 | 26 | 27 | 28 | 29 | 30 |
| ② | ③ | ③ | ③ | ④ | ① | ③ | ④ | ① | ④ |
| 31 | 32 | 33 | 34 | 35 | 36 | 37 | 38 | 39 | 40 |
| ③ | ② | ④ | ② | ① | ③ | ④ | ① | ③ | ④ |

## 01

① (X) 실질적 의미의 경찰은 사회공공의 안녕과 질서유지와 같은 소극적 목적(적극적 목적 X)을 위한 작용이다.

② (X) 실질적 의미의 경찰은 일반통치권(특별통치권 X)에 근거하여 국민에게 명령·강제하는 권력적 작용으로 독일의 행정법학에서 정립된 학문상 개념이다.

③ (X) 정보경찰활동과 사법경찰활동은 실질적 의미의 경찰보다는 형식적 의미의 경찰과 관련이 깊다.

## 02

① (X) 우리나라에서는 행정경찰과 사법경찰을 각각 상이한 기관에서 관장하지 않고 보통경찰기관이 양자를 아울러 관장하고 있다.

② (X) 산업경찰, 위생경찰, 관세경찰, 건축경찰, 공물경찰 등은 협의의 행정경찰에 해당하고 교통경찰, 해양경찰, 풍속경찰, 생활안전경찰 등은 보안경찰에 해당한다.

④ (X) 국가경찰은 국민개인의 권익보호 외에 국가적 이익의 보호와 국가적 질서유지 측면이 강조되고 자치경찰은 개인의 권익보호와 사회공공의 안녕·질서의 유지에 치중한다.

## 03

㉠ (O)

㉡ (O) 국가경찰과 자치경찰의 조직 및 운영에 관한 법률 제3조 제2호·제3호

㉢ (O)

㉣ (X) 경찰의 개입은 구체적 위험뿐만 아니라 추상적 위험이 있을 경우에도 가능하다.

㉤ (X) 위험의 존재에 대해 잘못된 추정에서 기인한 경찰개입은 민사책임(국가배상) 문제와 형사책임 문제를 발생시킬 수 있다.

㉥ (X) 오늘날 거의 모든 생활영역에 대한 법적 전면규범화 증가추세에 따라 공공질서 개념의 사용가능 분야는 점점 축소되고 있다.

## 04

② (X) 「국가경찰과 자치경찰의 조직 및 운영에 관한 법률」 제5조에서는 경찰은 그 직무를 수행함에 있어서 헌법과 법률에 따라 국민의 자유와 권리 및 모든 개인이 가지는 불가침의 기본적 인권을 보호한다로 규정하고 있다.

③ (X) 국가경찰위원회제도, 「부패방지 및 국민권익위원회의 설치와 운영에 관한 법률」상 국민감사청구제도는 대외적, 경찰책임은 대내·외적 민주화 방안이다.

④ (X) 경찰의 활동은 사전에 상대방에게 의무를 과함이 없이 행사되는 즉시강제(강제집행 X)와 같은 경우가 많기 때문에 법치주의 원리가 강하게 요구된다.

## 05

② (X) 사회유대이론에 대한 설명이다.

## 06

(가)는 Head Start Program의 설명으로 ㉢ 발달적 범죄예방전략 유형에 해당한다.

(나)는 ㉠ 상황적 범죄예방전략 유형에 해당한다.

(다)는 ㉣ 법집행을 통한 범죄억제전략 유형에 해당한다.

## 07

보기는 자연적 감시에 대한 설명이다.

① (X) 영역성의 강화에 대한 설명이다.

② (X) 활동성의 활성화에 대한 설명이다.

③ (X) 자연적 접근통제에 대한 설명이다.

## 08

다. (X) 공공의 신뢰 확보에 위배되는 사례라 할 수 있다.

## 09

① (X) 동료나 상사의 부정에 대하여 감찰이나 외부의 언론매체를 통하여 공표하는 행위를 내부고발 행위라고 말하며, Deep Throat 이라고도 한다.

② (X) 내부고발자는 특별한 경우를 제외하고 공표를 하기 전에 자신의 이견(異見)을 표시하기 위한 모든 내부적 채널을 다 사용해야 한다.

④ (X) 내부고발자는 어느 정도 성공가능성이 있어야 하며, 적절한 도덕적 동기에 의해 이루어져야 한다.

## 10

① (O) 부정청탁 및 금품등 수수의 금지에 관한 법률 제8조 제1항

② (X) 외부강의 시간당 상한액은 직급 구분 없이 40만원이며, 1시간을 초과하여 강의 등을 하는 경우에도 사례금 총액은 강의시간에 관계없이 1시간 상한액의 100분의 150에 해당하는 금액(60만원)을 초과하지 못한다(동법 시행령 [별표2]).

③ (O) 동법 제10조 제2항

④ (O) 동법 시행령 제27조

## 11

① (X) 공무원은 자신의 직무권한을 행사하거나 지위·직책 등에서 유래되는 사실상 영향력을 행사하여 직무관련자 또는 직무관련공무원으로부터 사적 노무를 제공받거나 요구 또는 약속해서는 아니 된다. 다만, 다른 법령 또는 사회상규에 따라 허용되는 경우에는 그러하지 아니하다(경찰청 공무원 행동강령 제13조의2).

② (X) 공무원은 정치인이나 정당 등으로부터 부당한 직무수행을 강요받거나 청탁을 받은 경우에는 소속 기관의 장에게 보고하거나 행동강령책임관과 상담하여야 한다(상담할 수 있다 X)(동강령 제8조 제1항).

③ (O) 동강령 제8조의2 제1호(경찰유관단체원의 부정행위에 대한 처리)

④ (X) 경찰청장(소속기관장, 시·도경찰청장, 경찰서장 등을 포함한다)은 소속 공무원에 대하여 이 규칙의 준수를 위한 교육계획을 수립·시행하여야 하며, 매년 1회 이상 교육을 하여야 한다(동강령 제22조 제1항).

## 12

③ (X) 자체 감사를 받는 사람이 적극행정면책을 받기 위해서는 다음 각 호의 요건을 **모두 갖추어야 한다.** (경찰청 적극행정 면책제도 운영규정 제5조 제1항)
   1. 감사를 받는 사람의 업무처리가 불합리한 규제의 개선, 공익사업의 추진 등 공공의 이익을 위한 것일 것
   2. 감사를 받는 사람이 대상 업무를 적극적으로 처리한 결과일 것
   3. 감사를 받는 사람의 행위에 고의나 중대한 과실이 없을 것

## 13

① (O)
② (O) 정부수립(1948년) 이후 1991년 이전 경찰의 특징을 살펴보면, 전투경찰업무(1968년)가 경찰의 업무 범위에 추가되었고 소방업무(1975년)가 경찰의 업무 범위에서 배제되는 등 경찰활동의 영역에 변화가 있었다.
③ (X) 1919년 3·1운동을 계기로 헌병경찰제도에서 보통경찰제도로의 전환은 이루어졌으나, 오히려 3·1운동을 기화로 **일본에서 제정된 치안유지법(1925)**과 우리나라에서 **제정된 정치범처벌법(1919)**을 적용하는 등 탄압의 지배체제가 강화되었다.
④ (O) 구 경찰법(1991년)이 국가경찰과 자치경찰의 조직 및 운영에 관한 법률(2020년)로 개정 되었다.

## 14

가. (O)
나. (O) 현대 미국경찰의 아버지라 불리우는 오거스트 볼머(August Vollmer)는 경찰관을 선임할 때 엄격한 기준을 도입(지능·정신병·신경학 검사)할 것을 주장하였다.
다. (X) 윌슨(O. W. Wilson)은 경찰의 조직구조, **순찰 운용(자동차 순찰(도보순찰 X), 1인 순찰제도)**, 통신의 효율성 제고를 통한 경찰업무의 혁신과 전문직화를 주장하였다.
라. (X) 루즈벨트(F. D. Roosevelt) 대통령의 지시로 1908년에 법무부 수사국(Bureau of Investigation)으로 발족하였으며 1935년 연방 수사국 (FBI)으로 개칭되었다.

## 15

① (X) 조직목적수행을 위한 구성원의 임무를 책임과 난이도에 따라 상위로 갈수록 권한과 책임이 무거운 임무를 수행하도록 편성하는 것은 **계층제의 원리**이다.
② (X) 통솔범위는 신설부서보다는 **오래된 부서**, 지리적으로 분산된 부서보다는 **근접한 부서**, 복잡한 업무보다는 단순한 업무의 경우에 넓어진다.
④ (X) 청사의 규모는 통솔범위의 원리와 관련이 **적다.**

## 16

① (X) 탄약고 내에는 **전기시설을 하여서는 아니 되며,** 조명은 건전지 등으로 하고 방화시설을 완비하여야 한다. 단, 방폭설비를 갖춘 경우 전기시설을 설치할 수 있다(경찰장비관리규칙 제115조 제7항).
② (X) 집중무기·탄약고의 열쇠보관은 **일과시간에는 무기 관리부서의 장이, 일과시간 후에는 당직 업무(청사방호) 책임자가 한다**(동규칙 제117조 제2항 제1호).
③ (X) 경찰기관의 장은 무기를 휴대한 자가 술자리 또는 연회장소에 출입할 경우에는 대여한 무기·탄약을 무기고에 **보관하도록 해야 한다**(동규칙 제120조 제4항 제1호).
④ (O) 동규칙 제123조 제3항

## 17

① (X) 암호자재를 사용하는 기관의 장은 사용기간이 끝난 암호자재를 지체 없이 그 **제작기관의 장(국가정보원장 X)**에게 반납하여야 한다(보안업무규정 제7조 제2항).
② (O) 동규정 시행규칙 제54조 제1항
③ (X) 비밀취급 인가권자는 업무상 조정·감독을 받는 기업체나 단체에 소속된 사람에 대하여 소관 비밀을 계속적으로 취급하게 하여야 할 필요가 있을 때에는 미리 **국가정보원장(경찰청장 X)**과의 협의를 거쳐 해당하는 사람에게 Ⅱ급 이하의 비밀취급을 인가할 수 있다(동규정 시행규칙 제13조 제1항).
④ (X) 보관용기에 넣을 수 없는 비밀은 **제한구역(제한지역 X) 또는 통제구역에 보관**하는 등 그 내용이 노출되지 아니하도록 특별한 보호대책을 마련하여야 한다(동규정 시행규칙 제33조 제4항).

## 18

① (O) 행정업무의 운영 및 혁신에 관한 규정 제4조 제1호
② (O) 동규정 제4조 제4호
③ (O) 동규정 제4조 제3호
④ (X) 민원문서에 대한 설명이다(동규정 제4조 제5호).

## 19

① (X) 정정보도 청구에는 언론사등의 고의·과실이나 위법성을 필요로 하지 아니한다(동법 제14조 제2항).
② (O) 동법 제14조 제3항
③ (X) 「민사소송법」상 당사자능력이 없는 기관 또는 단체라도 하나의 생활단위를 구성하고 보도 내용과 직접적인(간접적인 X) 이해관계가 있을 때에는 그 대표자가 정정보도를 청구할 수 있다(동법 제14조 제4항).
④ (X) 사실적 주장에 관한 언론보도 등의 내용에 관한 정정보도를 청구하는 피해자(언론사 X)는 그 언론보도 등이 진실하지 아니하다는데 대한 증명책임을 부담한다(대법원 2011. 9. 2. 2009다52649).

## 20

① (X) 정책결정자는 고도의 합리성을 기반으로 최선의 대안을 결정한다는 모델은 합리모델(Rational model)이다.
② (O)
③ (X) 합리모델의 비현실성과 점증모델의 보수성을 극복하기 위한 모델로 기존의 정책을 바탕으로 이루어지는 점증주의 성향을 비판하면서, 새로운 정책을 내릴 때마다 정책방향도 다시 검토할 것을 주장한 정책결정 모델은 최적모델(Optimal model)이다.
④ (X) 정책결정시 정치적 합리성을 기반으로 기존 정책의 문제점을 부분적으로 수정하거나 약간의 향상을 가져오는 결정을 한다는 모델은 점증모델(Incremental model)이다.

## 21

① (X) 법규명령은 국회의 의결을 거치지 않고 행정기관에 의하여 제정된 성문법규를 말한다.
② (O) 헌법 제53조 제7항, 법령 등 공포에 관한 법률 제13조
③ (X) 지방자치단체의 장은 법령 또는 조례의 범위에서 그 권한에 속하는 사무에 관하여 규칙(조리 X)을 제정할 수 있다.
④ (X) 불문법원으로서 일반적으로 정의에 합치되는 보편적 원리로서 인정되고 있는 모든 원칙을 조리라 한다.

## 22

㉣ (X) 국가경찰사무 외에 다른 국가기관으로부터의 업무협조 요청에 관한 사항(제1항 제4호)
㉤ (X) 비상사태 등 전국적 치안유지를 위한 경찰청장의 지휘·명령(감독 X)에 관한 사항
㉥ (X) 그 밖에 행정안전부장관 및 경찰청장이 중요하다고 인정하여 국가경찰위원회의 회의에 부친 사항(제1항 제9호)

## 23

① (O) 행정권한의 위임 및 위탁에 관한 규정 제3조 제1항
② (O) 대판 2016두55629
③ (X) 수임 및 수탁사무의 처리에 관하여 위임 및 위탁기관은 수임 및 수탁기관에 대하여 사전승인을 받거나 협의를 할 것을 요구할 수 없다(동규정 제7조). 위임 및 위탁기관은 위임 및 위탁사무 처리의 적정성을 확보하기 위하여 필요한 경우에는 수임 및 수탁기관의 수임 및 수탁사무 처리 상황을 수시로 감사할 수 있다(동규정 제9조).
④ (O) 대판 94누6475

## 24

① (X) 경찰청장은 법 제7조 제3항 전단에 따라 특별시장·광역시장·특별자치시장·도지사 또는 특별자치도지사(이하 "시·도지사"라 한다)에게 해당 특별시·광역시·특별자치시·도 또는 특별자치도(이하 "시·도"라 한다)의 자치경찰사무를 담당하는 경찰공무원[「국가경찰과 자치경찰의 조직 및 운영에 관한 법률」 제18조 제1항에 따른 시·도자치경찰위원회(이하 "시·도자치경찰위원회"라 한다), 시·도경찰청 및 경찰서(지구대 및 파출소는 제외)에서 근무하는 경찰공무원을 말한다] 중 경정의 전보·파견·휴직·직위해제 및 복직에 관한 권한과 경감 이하의 임용권(신규채용 및 면직에 관한 권한은 제외한다)을 위임하며, 임용권을 위임받은 시·도지사는 법 제7조 제3항 후단에 따라 경감 또는 경위로의 승진 임용에 관한 권한을 **제외한** 임용권을 시·도자치경찰위원회에 다시 위임한다(경찰공무원임용령 제4조 제1항, 제4항).

② (X) ①에 따라 임용권을 위임받은 시·도자치경찰위원회는 시·도지사와 **시·도경찰청장**의 의견을 들어 그 권한의 일부를 시·도경찰청장에게 다시 위임할 수 있다(동규정 제4조 제4항).

③ (O) 동규정 제4조 제6항

④ (X) 경찰청장은 법 제7조제3항 전단에 따라 국가수사본부장에게 국가수사본부 안에서의 경정 이하에 대한 **전보권**을 위임한다(동규정 제4조 제2항).

## 25

④ (X) 경찰책임자에 대한 경찰의 경찰권발동으로 경찰책임자에게 재산적 손해가 발생한 경우, 그 **경찰책임자에게 손실보상청구권이 인정되지 않는다.** 다만, 손실발생의 원인에 대하여 책임이 있는 자가 자신의 책임에 상응하는 정도를 초과하는 생명·신체 또는 재산상의 손실을 입은 경우에는 손실을 보상하여야 한다(경찰관직무집행법 제11조의2 제1항 2호).

## 26

① (O) 행정기본법 제13조

② (X) 행정기본법 제13조에 명시적으로 규정되어있다.

③ (X) 제1종 대형면허의 취소에는 당연히 제1종 보통면허소지자가 운전할 수 있는 차량의 운전까지 금지하는 취지가 포함된 것이어서 이들 차량의 운전면허는 서로 관련된 것이라고 할 것이므로, 제1종 대형면허로 운전할 수 있는 차량을 운전면허정지기간 중에 운전한 경우에는 이와 관련된 제1종 보통면허까지 **취소할 수 있다**(대판 2004두12452).

④ (X) 제1종 대형, 제1종 보통, 제1종 특수(대형 견인·구난) 운전면허를 취소한 부분에 재량권을 일탈·남용한 위법이 있다고 본 원심판단에 **재량권 일탈·남용에 관한 법리 등을 오해한 위법이 있다**(대법원 2017두67476). 즉, 재량권을 일탈·남용이 아니다.

## 27

① (O) 통고처분은 비록 행정청에 의해 이루어지지만(형식적 의미의 행정), 그 본질은 위법행위에 대한 제재로서 형벌적 성격(실질적 의미의 사법)을 가진다.

② (O) 행정대집행법 제1조

③ (X) ~~건축주 등에 대하여 부과되는 **간접강제(직접강제 X)**의 일종으로서 그 이행강제금 납부의무는 상속인 기타의 사람에게 승계될 수 없는 일신전속적인 성질의 것이므로 이미 사망한 사람에게 이행강제금을 부과하는 내용의 처분이나 결정은 당연 무효이다(2006마470).

④ (O)

## 28

① (X) 질서위반행위의 성립과 과태료 처분은 **행위 시의 법률에 따른다**(질서위반행위규제법 제3조 제1항).

② (X) 질서위반행위 후 법률이 변경되어 그 행위가 질서위반행위에 해당하지 아니하게 되거나 과태료가 변경되기 전의 법률보다 가볍게 된 때에는 법률에 특별한 규정이 없는 한 **변경된 법률을 적용한다**(동법 제3조 제2항).

③ (X) 이 법은 대한민국 영역 밖에 있는 대한민국의 선박 또는 항공기 안에서 질서위반행위를 한 외국인에게 **적용한다**(적용하지 아니한다 X)(동법 제4조 제3항).

④ (O) 동법 제4조 제2항

## 29

① (X) ~~결과적으로 위법하게 되어 그 법령의 부당집행이라는 결과를 가져오게 되었다고 하더라도 「국가배상법」상 공무원의 과실을 인정할 수는 없다(대법원 2020. 5. 14. 선고 2019다277126).
② (O) 대법원 2011. 9. 8. 선고 2011다34521
③ (O) 대법원 2010. 9. 9., 선고, 2008다77795
④ (O) 대법원 2016. 4. 15., 선고, 2013다20427

## 30

① (X) 위원회는 심판청구가 이유가 있다고 인정하는 경우에도 이를 인용(認容)하는 것이 공공복리에 크게 위배된다고 인정하면 그 심판청구를 기각하는 재결(사정재결)을 할 수 있다(행정심판법 제44조 제1항, 제3항).
② (X) 위원회는 심판청구가 이유가 없다고 인정하면 그 심판청구를 기각(棄却)한다(행정심판법 제43조 제2항).
③ (X) 위원회는 지체 없이 당사자에게 재결서의 정본(등본 X)을 송달하여야 하면, 재결은 청구인에게 송달(발송 X)되었을 때에 그 효력이 생긴다(동법 제48조 제1항 제2항).
④ (O) 대법원 2015. 11. 27., 선고, 2013다6759, 판결

## 31

① (X) ~~행정상 즉시강제로서 적법한 공무집행에 해당한다(대판 2018도2993).
② (X) ~~ 고의 또는 중대한 과실이 없는 때에는 형을 감경하거나 면제할 수 있다(한다 X)(경찰관 직무집행법 제11조의5 제2호).
③ (O) 대판 2016도19417
④ (X) ~~ 이는 경찰행정 영역에서의 헌법상 과잉금지원칙(과소보호금지원칙 X)을 표현한 것이다(동법 제1조 제2항).

## 32

① (O) 경찰관 직무집행법 제5조 제1항
② (X) 경찰관서의 장은 대간첩 작전의 수행이나 소요 사태의 진압(예방 X)을 위하여 필요하다고 인정되는 상당한 이유가 있을 때에는 대간첩 작전지역이나 경찰관서·무기고 등 국가중요시설에 대한 접근 또는 통행을 제한하거나 금지할 수 있다(동법 제5조 제2항).
③ (O) 동법 제5조 제1항 제1호, 제2호, 제3호, 제2항
④ (O) 동법 제5조 제1항 제1호, 제2호

## 33

① (O) 경찰 물리력 행사의 기준과 방법에 관한 규칙 1.1.
② (O) 동규칙 1.4.2.
③ (O) 동규칙 1.4.4.
④ (X) 경찰봉, 방패, 신체적 물리력으로 대상자의 신체 중요 부위 또는 급소 부위 가격하는 행위인 고위험물리력은 치명적 공격상태의 대상자로 인해 경찰관 또는 제3자의 생명·신체에 급박하고 중대한 위해가 초래될 가능성이 있는 경우 최후의 수단으로 사용할 수 있는 물리력 수준이다(동규칙 2.2.5.).

## 34

㉠ (X) 소속 경찰공무원의 직무집행으로 인하여 발생한 손실보상청구 사건을 심의하기 위하여 경찰청, 해양경찰청, 시·도경찰청 및 지방해양경찰청에 손실보상심의위원회를 설치한다(경찰관 직무집행법 시행령 제11조 제1항).
㉡ (X) 손실보상심의위원회는 위원장 1명을 포함한 5명 이상 7명 이하의 위원으로 구성하며, 위원장이 부득이한 사유로 직무를 수행할 수 없는 때에는 위원장이 미리 지명한 위원(연장자 순 X)이 그 직무를 대행한다(동법 시행령 제11조 제2항, 제12조 제3항).
㉢ (O) 동법 시행령 제12조 제1항, 제2항
㉣ (O) 동법 시행령 제13조 제2항
㉤ (X) 위원회의 위원은 소속 경찰공무원과 판사·검사 또는 변호사로 5년 이상 근무한 사람, 고등교육법 제2조에 따른 학교에서 법학 또는 행정학을 가르치는 부교수 이상(정교수 이상 X)으로 5년 이상 재직한 사람, 경찰업무와 손실보상에 관하여 학식과 경험이 풍부한 사람 중에서 경찰청장 등이 위촉하거나 임명한다(동법 시행령 제11조 제3항).

## 35

① (O) 동규칙 제4조 제1항
② (X) 순찰팀은 범죄예방 순찰, 각종 사건사고에 대한 초동조치 등 현장 치안활동을 담당하며, 팀장은 경감 또는 경위로 보한다(동규칙 제8조 제1항).
③ (X) 경찰서장(지역경찰관서장 X)은 지역경찰관서의 운영에 관하여 총괄 지휘·감독한다(동규칙 제9조 제1호).
④ (X) 상황근무에 대한 설명이다.

## 36

① (X) "범죄피해자"란 타인의 범죄행위로 피해를 당한 사람과 그 배우자(사실상의 **혼인관계를 포함한다**), 직계친족 및 형제자매를 말한다(범죄피해자 보호법 제3조 제1항 제1호).

② (X) "범죄피해자 보호·지원"이란 범죄피해자의 손실 복구, 정당한 권리 행사 및 복지 증진에 기여(복지 증진을 제외 X)하는 행위를 말한다. 다만, 수사 변호 또는 재판에 부당한 영향을 미치는 행위는 포함되지 아니한다(동법 제3조 제1항 제2호).

③ (O) 동법 제21조

④ (X) 이 법은 외국인이 구조피해자이거나 유족인 경우에는 해당 국가의 상호보증이 **있는(없는 X)** 경우에만 적용한다(동법 제23조).

## 37

④ (X) '부대활동의 성패는 지휘관에 의하여 좌우된다는 것'은 부대단위활동의 원칙과 관련이 깊다.

## 38

㉠ (X) "도로"란 「도로법」에 따른 도로, 「유료도로법」에 따른 유료도로, 「농어촌도로정비법」에 따른 농어촌 도로, 그 밖에 현실적으로 불특정 다수의 사람 또는 **차마(車馬)**가 통행할 수 있도록 공개된 장소로서 안전하고 원활한 교통을 확보할 필요가 있는 장소를 말한다(도로교통법 제2조 제1호).

㉡ (O) 동법 제2조 제13의2호

㉢ (X) "자전거횡단도"란 자전거 및 개인형 이동장치가 일반도로를 횡단할 수 있도록 안전표지로 표시한 도로의 부분을 말한다(동법 제2조 제9호).

㉣ (X) "길가장자리구역"이란 보도와 차도가 **구분되지 아니한(구분된 X)** 도로에서 보행자의 안전을 확보하기 위하여 안전표지 등으로 경계를 표시한 도로의 가장자리 부분을 말한다(동법 제2조 제11호).

㉤ (X) "차선"이란 **차로와 차로(차도와 차도 X)**를 구분하기 위하여 그 경계지점을 안전표지로 표시한 선을 말한다(동법 제2조 제7호).

## 39

③ (O) 「집회 및 시위에 관한 법률 시행령」상 집회시위의 해산절차는 종결선언의 요청 → 자진 해산의 요청 → 해산명령 → 직접해산

## 40

① (X) 경찰관은 외국인인 피의자 및 그 밖의 관계자가 한국어에 능통하지 않는 경우에는 통역인으로 하여금 통역하게 하여 한국어로 피의자신문조서나 진술조서를 작성하여야 하며 특히 필요한 때에는 **외국어(한국어 X)**의 진술서를 작성하게 하거나 외국어의 진술서를 제출하게 하여야 한다(범죄수사규칙 제217조 제1항).

② (X) 경찰관은 피의자가 외교 특권을 가진 사람인지 여부가 의심스러운 경우에는 신속히 국가수사본부장에게 보고하여 그 지시를 **받아야 한다**(동규칙 제209조 제3항).

③ (X) 경찰관은 중대한 범죄를 범한 사람이 도주하여 대한민국의 영해에 있는 외국군함으로 들어갔을 때에는 신속히 국가수사본부장에게 보고하여 그 지시를 받아야 한다. 다만, 급속을 요할 때에는 해당 군함의 함장에게 범죄자의 임의의 인도를 요구할 수 있다(동규칙 제211조 제2항).

④ (O) 동규칙 제212조

# 모의고사 4회 해설

| 1 | 2 | 3 | 4 | 5 | 6 | 7 | 8 | 9 | 10 |
|---|---|---|---|---|---|---|---|---|---|
| ② | ③ | ② | ② | ② | ④ | ① | ② | ③ | ③ |
| 11 | 12 | 13 | 14 | 15 | 16 | 17 | 18 | 19 | 20 |
| ① | ③ | ④ | ④ | ③ | ③ | ③ | ③ | ④ | ③ |
| 21 | 22 | 23 | 24 | 25 | 26 | 27 | 28 | 29 | 30 |
| ② | ② | ② | ② | ③ | ④ | ④ | ③ | ① | ② |
| 31 | 32 | 33 | 34 | 35 | 36 | 37 | 38 | 39 | 40 |
| ② | ① | ④ | ② | ④ | ① | ③ | ④ | ④ | ④ |

## 01

① (X) 요한 쉬테판 퓌터(Johann Stephan Pütter)가 자신의 저서인 「독일공법제도」에서 주장한 "경찰의 직무는 임박한 위험을 방지하는 것이다. 복리증진은 경찰의 본래 직무가 아니다."라는 내용은 경찰국가시대를 거치면서 확장된 경찰의 개념을 제한하기 위한 노력의 일환으로 볼 수 있다.

③ (X) 크로이츠베르크 판결(1882)은 승전기념비의 전망을 확보할 목적으로 주변 건축물의 고도를 제한하기 위해 베를린 경찰청장이 제정한 법규명령은 경찰권은 소극적인 위해방지를 위한 조치만을 할 수 있고, 적극적으로 공공복리를 할 권한이 없다는 이유로 경찰청장이 제정한 명령은 무효라고 하며, 경찰관청이 일반수권 규정에 근거하여 법규명령을 발할 수 있는 분야는 위험방지 분야에 한정된다고 판시된 판결이다.

④ (X) 1931년 제정된 「프로이센 경찰행정법」 제14조 제1항은 크로이츠베르크 판결(1882)에 의해 발전된 실질적 의미(형식적 의미 X)의 경찰개념을 성문화시켰다.

## 02

㉠ (X) Blanco 판결에 해당하며 소극목적 위험방지에 한정한 법과 거리가 멀다.

㉡ (O) 1884 프랑스 지방자치법전으로 소극목적 위험방지에 한정한 법에 해당한다.

㉢ (X) Escobedo 판결에 해당하며 소극목적 위험방지에 한정한 법과 거리가 멀다.

㉣ (X) 띠톱판결로 경찰개입청구권에 관한 판례이다.

㉤ (O) 1794년 프로이센 일반란트법으로 소극목적 위험방지에 한정한 법에 해당한다.

## 03

② (X) 추상적 위험에 대한 설명이다. 추정적 위험은 오상위험과 같은 의미로, 이성적이고 객관적으로 판단할 때 위험의 외관 또는 혐의가 정당화되지 않음에도 경찰이 위험의 존재를 잘못 추정한 경우를 말한다.

## 04

① (X) 국회의장은 국회의 경호를 위하여 필요한 때에는 국회운영위원회 동의를 얻어 일정한 기간을 정하여 정부에 대하여 필요한 경찰공무원의 파견을 요구할 수 있다.

③ (X) 국회 안에 현행범인이 있을 때에는 경찰공무원은 이를 체포한 후 의장의 지시를 받아야 한다.

④ (X) 화재나 감염병 발생처럼 긴급을 요하는 경우에는 외교사절의 동의 없이도 공관에 들어갈 수 있으며, 이는 국제관례상 인정된 것이다.

## 05

② (가) − ㉡ 민주주의, (나) − ㉠ 인권존중주의, (다) − ㉣ 정치적 중립주의, (라) − ㉢ 법치주의, (마) − ㉤ 경영주의

## 06

④ (X) 사기, 횡령, 뇌물, 사이버 범죄 등과 같이 지능범죄는 일반적으로 화이트칼라범죄(white-collar crimes)로 분류된다.

## 07

① (O)
② (X) **자연적 접근 통제**에 대한 설명이다. 울타리 및 표지판의 설치는 **영역성의 강화**에 대한 예시이다.
③ (X) 체육시설의 접근성 및 이용의 증대는 **활동의 활성화**에 해당한다.
④ (X) **자연적 감시**에 대한 설명이다.

## 08

② 설문 사례의 경우는 전문직업화(August Vollmer)의 문제점 중 "나무는 보고 숲은 보지 못하듯 전문가가 자신의 국지적 분야만 보고 전체적인 맥락을 보지 못하는 소외와 관련된 내용이다.

## 09

가. (X) 니더호퍼(Niederhoffer)는 기존의 신념체제가 붕괴된 후 **대체신념의 부재(새로운 신념체제 X)**로 아노미 현상이 발생하고 냉소주의가 나타날 수 있다고 하였다.
나. (O)
다. (X) 인간관 중 Y이론은 인간이 책임감 있고 정직하여 **민주적인 관리**를 해야 한다는 이론이고, X이론은 인간을 게으르고 부정직한 것으로 보아 **권위적**으로 관리해야 한다는 이론으로, **Y이론**에 의한 관리가 냉소주의를 극복하는 방안이 된다.
라. (O)

## 10

① (O) 부정청탁 및 금품등 수수의 금지에 관한 법률 제8조 제3항 제5호
② (O) 동법 제8조 제3항 제7호
③ (X) 사적 거래(증여는 **제외**)로 인한 채무의 이행 등 정당한 권원(權原)에 의하여 제공되는 금품등이다(동법 제8조 제3항 제3호).
④ (O) 동법 제8조 제3항 제6호

## 11

① (X) 공직자는 직무관련자(직무관련자의 대리인을 포함)가 사적이해관계자임을 안 경우 안 날부터 **14일(30일 X)** 이내에 소속기관장에게 그 사실을 서면(전자문서를 포함)으로 신고하고 회피를 신청하여야 한다(공직자의 이해충돌 방지법 제5조 제1항).
② (O) 동법 제14조 제3항
③ (O) 동법 제10조 제3호
④ (O) 동법 제13조

## 12

① (X) "적극행정"이란 공무원이 불합리한 규제를 개선하는 등 공공의 이익을 위해 창의성과 전문성을 바탕으로 적극적으로 업무를 처리하는 행위를 말한다(적극행정 운영규정 제2조).
② (X) 누구든지 공무원의 소극행정을 소속 중앙행정기관의 장이나 **국민권익위원회(국가인권위원회 X)**가 운영하는 소극행정 신고센터에 신고할 수 있다(적극행정 운영규정 제18조의3 제1항).
③ (O) 동규정 제4조
④ (X) 면책요건에도 불구하고 업무처리과정에서 기본적으로 지켜야 할 의무를 다하지 않았거나 다음 각 호에 해당하는 경우에는 면책대상에서 제외한다(동규정 제6조).

## 13

④ (X) 1969년 1월 7일 「경찰공무원법」이 처음으로 제정되어 그동안 「국가공무원법」에서 의거하던 경찰공무원을 특별법으로 규율하게 되었다.

## 14

④ (X) 많은 연방경찰기관들이 난립되어 임무가 중복되는 등 비능률적·비경제적 비판을 받는다.

## 15

④ (X) 분업화는 정형화된 업무를 반복시켜 일에 대한 흥미를 잃게 하고, 분업화의 정도가 높아질수록 조정과 통합이 어려워져 할거주의가 초래될 수 있다.

## 16

㉠ 매슬로우(Maslow)의 욕구단계 이론에 대한 설명이다.

㉡ 맥그리거(McGregor)의 Y이론에 대한 설명이다.

㉢ 허즈버그(Herzberg)의 동기위생 이원론에 대한 설명이다.

㉣ 데이비드 맥클랜드(David McClelland)의 성취동기이론에 대한 설명이다.

## 17

① (X) 경찰기관의 장은 무기를 휴대한 자 중에서 사의를 표명한 자에게 대여한 무기·탄약을 즉시(무기 소지 적격 심의위원회의 심의를 거쳐 X) 회수해야 한다(할 수 있다 X)(경찰장비관리규칙 제120조 제1항 제2호).

② (X) 경찰기관의 장은 무기를 휴대한 자 중에서 경찰 공무원 직무적성 검사 결과 고위험군에 해당되는 자에게 대여한 무기·탄약을 심의위원회의 심의를 거쳐 회수할 수 있다(해야 한다 X)(동규칙 제120조 제2항 제3호).

③ (O) 동규칙 제120조 제1항 제1호

④ (X) 다만, 심의위원회를 개최할 시간적 여유가 없거나 사고 방지 등을 위해 신속한 회수가 필요하다고 인정되는 경우에는 대여한 무기·탄약을 즉시 회수할 수 있으며(해야 하며 X), 회수한 날부터 7일 이내에 심의위원회를 개최하여 회수의 타당성을 심의하고 계속 회수 여부를 결정한다(동규칙 제120조 제2항 제2호).

## 18

① (X) 공문서는 **결재권자**가 해당 문서에 서명(전자이미지서명, 전자문자서명 및 행정전자서명을 포함한다)의 방식으로 결재함으로써 성립한다(행정업무의 운영 및 혁신에 관한 규정 제6조 제1항).

② (X) 공문서는 수신자에게 도달(전자문서의 경우는 수신자가 관리하거나 지정한 전자적 시스템 등에 입력되는 것을 말한다)됨으로써 효력을 발생한다. 다만, 공고문서의 경우 그 문서에서 효력발생 시기를 구체적으로 밝히고 있지 않으면 그 고시 또는 공고 등이 있은 날부터 5일이 경과한 때에 효력이 발생한다(동규정 제6조 제2항, 제3항).

③ (O) 동규정 제7조 제1항

④ (X) 문서에는 음성정보나 영상정보 등이 수록되거나 연계된 바코드 등을 표기할 수 있다(없다 X)(동규정 제7조 제3항).

## 19

① (O) 동규칙 제32조

② (O) 동규칙 제33조 제1항

③ (O) 동규칙 제35조 제1항

④ (X) 감찰결과는 원칙적으로 **공개하지 아니한다**(동규칙 제39조).

## 20

① (O) 경찰 인권보호 규칙 제32조 제1항

② (O) 동규칙 제32조 제2항

③ (X) 조사담당자는 제출받은 물건에 사건번호와 표제, 제출자 성명, 물건 번호, 보관자 성명 등을 적은 표지를 붙인 후 봉투에 넣거나 포장하여 안전하게 **보관하여야 한다**(동규칙 제32조 제3항).

④ (O) 동규칙 제32조 제4항 제1호

## 21

㉠ (O) 국가경찰과 자치경찰의 조직 및 운영에 관한 법률 제7조 제1항, 제11조 제1항

㉡ (O) 동법 제7조 제2항, 제3항

㉢ (X) 위원의 임기는 3년으로 하며, **연임(중임 X)**할 수 없다. 이 경우 보궐위원의 임기는 전임자 임기의 남은 기간으로 한다(동법 제9조 제1항).

㉣ (X) 위원장이 사고가 있을 때에는 **상임위원, 연장자순 (위원장이 미리 지명한 위원 X)**으로 위원장의 직무를 대리한다(국가경찰위원회 규정 제2조 제3항).

㉤ (X) 이 영(국가경찰위원회 규정)에 규정된 사항외에 위원회의 운영을 위하여 필요한 사항은 위원회의 의결을 거쳐 **위원장(행정안전부장관 X)**이 정한다(동규정 제11조).

## 22

① (X) "임용"이란 신규채용·승진·전보·파견·휴직·직위해제·정직·강등·복직·면직·해임 및 파면(강임 X)을 말한다(경찰공무원법 제2조 제1호).

② (O) 경찰공무원 임용령 제8조

③ (X) 경찰공무원이 재직 중 전사하거나 순직한 경우로서 특별승진 임용하는 경우에는 **사망일의 전날(사망한 날 X)**을 임용일자로 본다(동임용령 제6조 제1호 가목)

④ (X) 임용권자가 임용결격사유의 발생 사실을 알지 못하고 직위해제되어 있던 중 임용결격사유가 발생하여 당연퇴직된 자에게 복직처분을 하였다고 하더라도 이 때문에 그 자가 공무원의 신분을 회복하는 것은 아니다 (대법원 1997. 7. 8. 선고 96누4275 판결).

## 23

① (X) ~~총경(자치총경을 포함한다) 이상~(동법 제3조 제1항, 동법 시행령 제3조 제5항 제6호)

② (X) **사실상의 혼인관계에 있는 사람을 포함한다**(공직자윤리법 제4조 제1항 제2호).

③ (X) 보석류는 **품목당(소유자별 X)** 500만원 이상이 등록대상재산에 해당한다(동법 제4조, 제6조). 소유자별 합계액 1천만원 이상의 현금(수표를 포함), 예금은 등록재산에 해당한다.

④ (O) 동법 제17조 제1항, 동법 시행령 제33조 제1항 제1호

## 24

② (X) 의결정족수인 재적위원 과반수 출석과 출석위원 과반수 찬성이므로 5명의 과반수에 해당하는 3명인 감봉 3월로 의결(위원장을 포함한 재적위원 과반수의 출석과 출석위원 과반수의 찬성)을 한다.

## 25

① (O)

② (O) 대법원 1998. 8. 25. 선고 98다16890

③ (X) 이 법에 규정된 경찰관의 의무를 위반하거나 직권을 남용하여 다른 사람에게 해를 끼친 사람은 1년 이하의 징역이나 금고 또는 300만원 이하의 벌금에 처한다(경찰관 직무집행법 제12조).

④ (O) 경찰공무원 복무규정 제10조(민사분쟁에의 부당개입금지).

## 26

• 당사자의 **(신청)**에 따른 처분은 법령등에 특별한 규정이 있거나 **(처분)** 당시의 법령등을 적용하기 곤란한 특별한 사정이 있는 경우를 제외하고는 **(처분)** 당시의 법령등에 따른다(행정기본법 제14조 제2항).

• 법령등을 위반한 행위의 성립과 이에 대한 제재처분은 법령등에 특별한 규정이 있는 경우를 제외하고는 **(법령등을 위반한 행위)** 당시의 법령등에 따른다. 다만, 법령등을 위반한 행위 후 법령등의 변경에 의하여 그 행위가 법령등을 위반한 행위에 해당하지 아니하거나 제재처분 기준이 가벼워진 경우로서 해당 법령등에 특별한 규정이 없는 경우에는 **(변경된)** 법령등을 적용한다(동법 제14조 제3항).

## 27

① (O) 행정절차법 제8조 제1항 제5호

② (O) 동법 제8조 제2항 제2호

③ (O) 동법 제8조 제5항

④ (X) 행정응원에 드는 비용은 응원을 요청한 행정청이 부담하며, 그 부담금액 및 부담방법은 응원을 요청한 행정청과 응원을 하는 행정청이 협의하여 결정한다 (동법 제8조 제6항).

## 28

① (O) 대판 2020두31323
② (O) 대판 2014두46850
③ (X) 조사대상자의 자발적인 협조를 얻어 실시하는 행정조사의 경우 행정조사의 개시와 동시에 출석요구서등을 조사대상자에게 제시하거나 행정조사의 목적 등을 조사대상자에게 **구두로 통지할 수 있다**(행정조사기본법 제17조 제1항 제3호).
④ (O) 동법 제24조

## 29

① (X) 진행 중인 재판에 관련된 정보와 범죄의 예방, 수사, 공소의 제기 및 유지, 형의 집행, 교정, 보안처분에 관한 사항으로서 공개될 경우 그 직무수행을 현저히 곤란하게 하거나 형사피고인의 공정한 재판을 받을 권리를 침해한다고 인정할 만한 상당한 이유가 있는 정보는 **공개하지 아니할 수 있다**(공공기관의 정보공개에 관한 법률 제9조 제1항 제4호).
② (O) 동법 제9조 제2항
③ (O) 동법 제11조 제1항·제2항
④ (O) 동법 제11조 제3항, 제21조 제1항

## 30

① (O) 동법 제2조 제5호
② (O) 동법 제7조의2 제1항
③ (O) 동법 제4조 제4호
④ (X) 개인정보처리자는 개인정보를 익명 또는 가명으로 처리하여도 개인정보 수집목적을 달성할 수 있는 경우 **익명처리가 가능한 경우에는 익명에 의하여, 익명처리로 목적을 달성할 수 없는 경우에는 가명에 의하여** 처리될 수 있도록 하여야 한다(동법 제3조 제7항).

## 31

① (X) 정보통신망을 이용한 송달은 송달받을 자가 동의하는 경우에만 한다. 이 경우 **송달받을 자는 송달받을 전자우편주소 등을 지정하여야 한다**(행정절차법 제14조 제3항).
② (O) 동법 제15조 제2항
③ (X) 송달은 다른 법령등에 특별한 규정이 있는 경우를 제외하고는 해당 문서가 **송달받을 자에게 도달됨으로써** 그 효력이 발생한다(동법 제15조 제1항).
④ (X) 천재지변이나 그 밖에 당사자등에게 책임이 없는 사유로 기간 및 기한을 지킬 수 없는 경우에는 그 사유가 **끝나는 날까지** 기간의 진행이 정지된다(동법 제16조 제1항).

## 32

① (O) 행정심판법 제3조 제2항
② (X) 의무이행심판은 당사자의 신청에 대한 행정청의 위법 또는 부당한 거부처분이나 부작위에 대하여 일정한 처분을 하도록 하는 행정심판이다(동법 제5조 제1호).
③ (X) 심판청구는 **서면(말 X)**으로 하여야 한다(동법 제28조 제1항).
④ (X) 행정소송뿐만 아니라 행정심판에도 불이익변경금지의 원칙이 적용된다(동법 제47조).

## 33

① (O) 대판 2016도19417
② (O) 주거지에서 음악 소리를 크게 내거나 큰 소리로 떠들어 이웃을 시끄럽게 하는 행위는 경범죄처벌법 제3조 제1항 제21호에서 경범죄로 정한 '인근소란 등'에 해당한다. 경찰관은 경찰관 직무집행법에 따라 경범죄에 해당하는 행위를 예방·진압·수사하고, 필요한 경우 제지할 수 있다(대판 2016도19417).
③ (O) 대판 2016도19417
④ (X) 경찰관 직무집행법 제6조 제1항 중 **경찰관의 제지에 관한 부분은 범죄의 예방을 위한 즉시강제에 관한 근거 조항이다**(대판 2008.11.13. 2007도9794).

## 34

ⓒⓓ 2개의 항목이 중위험 물리력 종류에 해당한다.

ⓐ (X) 목을 압박하여 제압하거나 관절을 꺾는 방법은 저위험 물리력의 종류이다.

ⓑ (O) 손바닥, 주먹, 발 등 신체부위를 이용한 가격은 중위험 물리력의 종류이다.

ⓒ (X) 경찰봉으로 중요 신체 부위를 찌르거나 가격은 고위험 물리력의 종류이며, 중위험 물리력은 경찰봉으로 중요부위가 아닌 신체 부위를 찌르거나 가격을 말한다.

ⓓ (O) 경찰봉으로 중요부위가 아닌 신체 부위를 찌르거나 가격은 중위험 물리력의 종류이다.

ⓔ (X) 권총 등 총기류 사용은 고위험 물리력의 종류이다.

## 35

① (X) 프로파일링시스템에 등록되어 있는 발견된 18세 미만 아동 및 가출인의 자료는 수배 해제 후로부터 5년간 보관하며, 발견된 지적·자폐성·정신장애인 등 및 치매환자의 자료는 수배 해제 후로부터 10년간 보관한다(실종아동등 및 가출인 업무처리규칙 제7조 제3항).

② (X) 통보 후 1개월까지는 15일에 1회, 1개월이 경과한 후(3개월이 경과한 후 X)부터는 분기별 1회 보호자에게 추적 진행사항을 통보한다(실종아동등 및 가출인 업무처리규칙 제11조 제5항).

③ (X) 경찰청 생활안전국장(경찰청장 X)은 정보시스템으로 실종아동등 프로파일링시스템 및 실종아동찾기센터 홈페이지를 운영한다.

④ (O) 실종아동등의 보호 및 지원에 관한 법률 제7조, 제17조

## 36

① (O) 아동학대범죄의 처벌 등에 관한 특례법 제12조 제1항

② (X) 경찰관서의 유치장 또는 구치소에의 유치는 판사가 아동학대범죄의 원활한 조사·심리 또는 피해아동등의 보호를 위하여 필요하다고 인정하는 경우에는 결정으로 아동학대행위자에게 하는 임시조치에 해당한다(동법 제12조 제1항).

③ (X) '피해아동등을 아동학대 관련 보호시설로 인도조치'를 하는 때에는 피해아동등의 이익을 최우선으로 고려하여야 하며, 피해아동등을 보호하여야 할 필요가 있는 등 특별한 사정이 있는 경우를 제외하고는 피해아동등의 의사를 존중(동의 X)하여야 한다(동법 제12조 제1항).

④ (X) 긴급치료가 필요한 피해아동을 의료기관으로 인도를 하는 응급조치는 72시간(48시간 X)을 넘을 수 없다. 다만, 본문의 기간에 공휴일이나 토요일이 포함되는 경우로서 피해아동등의 보호를 위하여 필요하다고 인정되는 경우에는 48시간(24시간 X)의 범위에서 그 기간을 연장할 수 있다(동법 제12조 제3항).

> 다음 응급조치 내용 중 제2호~제4호(아동학대행위자를 피해아동등으로부터 격리, 피해아동등을 아동학대 관련 보호시설로 인도, 긴급치료가 필요한 피해아동을 의료기관으로 인도)의 응급조치는 72시간을 넘을 수 없다. 다만, 본문의 기간에 공휴일이나 토요일이 포함되는 경우로서 피해아동등의 보호를 위하여 필요하다고 인정되는 경우에는 48시간의 범위에서 그 기간을 연장할 수 있다. 주의할 것은 제1호(아동학대범죄 행위의 제지)는 포함되지 않는다.

## 37

① (X) ~~「경찰관 직무집행법」에 따른 경찰관의 직무를 수행한다(동법 제3조).

② (X) 강등은 제외(동법 제5조의2 제2항).

③ (O) 동법 제10조의2

④ (X) 국가나 지방자치단체에서 근무하는 청원경찰은 국가공무원법이나 지방공무원법상 공무원은 아니지만 다른 청원경찰과는 달리 임용권자가 행정기관의 장이고, 국가나 지방자치단체에게서 보수를 받으며, 산업재해보상보험법이나 근로기준법이 아닌 공무원연금법에 따른 재해보상과 퇴직급여를 지급받고, 직무상 불법행위에 대하여도 민법이 아닌 국가배상법이 적용되는 등 특징이 있으며, 그 외 임용자격, 직무, 복무의무 내용 등을 종합하여 볼 때, 그 근무관계를 **사법상 고용계약관계로 보기는 어렵다**(부산고등법원 2011.11.2.선고, 2011누1870).

## 38

① (O) 동법 제29조 제2항

② (O) 동법 제29조 제1항

③ (O) 동법 제158조의2

④ (X) "국내외 요인에 대한 경호업무 수행에 공무로 사용되는 자동차"의 경우 **자동차등의 속도 제한, 앞지르기의 금지, 끼어들기의 금지에 따를 의무가 적용되지 않는다**(특례가 인정).

## 39

① (O) 집회등 채증활동규칙 제2조 제1호

② (O) 동규칙 제7조

③ (O) 동규칙 제9조 제1항, 제2항

④ (X) 주관부서의 장은 채증자료를 열람·판독할 때에는 현장 근무자 등을 참여시킬 수 있다(동규칙 제16조 제2항).

## 40

청색수배서(Blue Notice)에 관한 설명이다.

---

총알 총정리 | 킹재규 경찰학

# 모의고사 5회 해설

| 1 | 2 | 3 | 4 | 5 | 6 | 7 | 8 | 9 | 10 |
|---|---|---|---|---|---|---|---|---|---|
| ③ | ② | ④ | ③ | ③ | ③ | ③ | ④ | ① | ④ |
| 11 | 12 | 13 | 14 | 15 | 16 | 17 | 18 | 19 | 20 |
| ③ | ④ | ② | ① | ④ | ① | ④ | ④ | ① | ② |
| 21 | 22 | 23 | 24 | 25 | 26 | 27 | 28 | 29 | 30 |
| ④ | ④ | ③ | ② | ② | ① | ③ | ③ | ① | ③ |
| 31 | 32 | 33 | 34 | 35 | 36 | 37 | 38 | 39 | 40 |
| ① | ④ | ③ | ④ | ④ | ② | ① | ③ | ② | ① |

## 01

가. 다. 라. (O)

나. (X) 형식적 의미의 경찰 일부가 실질적 의미의 경찰이고, 실질적 의미의 경찰 일부가 형식적 의미의 경찰에 해당할 뿐이지 양자는 어느 하나가 다른 하나를 포함(포괄)하는 관계가 아니다.

마. (X) 의원경찰, 법정경찰인 특별경찰기관은 어디에도 해당되지 않는다.

## 02

① (X) 외관적 위험·위험혐의·오상위험은 위험에 대한 인식과 사실이 **불일치**하거나 **불확실**한 경우이다.

③ (X) 위험의 혐의만 존재하는 경우에 위험의 존재가 명백해질 때까지 예비적 조치로서 **위험의 존재 여부를 조사할 수 있다.**

④ (X) 오상위험(추정적 위험 또는 상상위험)은 위험의 존재 여부에 대한 아무런 사실적 근거가 존재하지 않음에도 착각하여 위험이 존재한다고 인정한 경우이다. 이는 위법한 경찰개입이므로 국가는 손해배상책임을 부담할 수 있다.

## 03

④ (X) 양자 모두 권력의 기초는 모두 일반통치권에 근거한다.

## 04

③ 3차적 예방에 대한 설명이다.
① 2차적 예방, ②④ 1차적 예방에 대한 설명이다.

## 05

③이 옳은 연결이다.

## 06

㉠㉡㉢은 **지역사회 경찰활동**에 대한 설명이다.

## 07

③ (X) 구역책임 자율순찰이라 한다.

## 08

④ (X) 자연권의 일부 양도설은 로크이다.

## 09

① (X) '썩은사과 가설'에 대한 내용이다.

## 10

① (O) 부정청탁 및 금품등 수수의 금지에 관한 법률 시행령 별표 1
② (O) 동법 시행령 제17조 제2항
③ (O) 동법 시행령 별표 1
④ (X) 공직자등이 제3자를 위하여 다른 공직자등(제11조에 따라 준용되는 공무수행사인을 포함한다)에게 수사·재판·심판·결정·조정·중재·화해 또는 이에 준하는 업무를 법령을 위반하여 처리하도록 부정청탁한 경우 **3천만원 이하의 과태료**를 부과한다(동법 제23조 제1항).

## 11

① (X) 가상자산이란 경제적 가치를 지닌 것으로서 전자적으로 거래 또는 이전될 수 있는 전자적 증표(그에 관한 일체의 권리를 포함한다)를 말한다(특정금융정보법 §2).
② (X) 공무원은 수사·단속의 대상이 되는 업소 중 **경찰청장**(행동강령책임관 X)이 지정하는 유형의 업소 관계자와 부적절한 사적 접촉을 하여서는 아니 되며, 공적 또는 사적으로 접촉한 경우 **경찰청장**이 정하는 방법에 따라 신고하여야 한다(동강령 제5조의2 제1항).
③ (O) 동강령 제12조의2 제2항1호, 제3항
④ (X) 공무원은 월 3회를 초과하여 대가를 받고 외부강의등을 하려는 경우에는 미리 소속 기관의 장의 **승인**(보고 X)을 받아야 한다(동강령 제15조 제5항).

## 12

① (O) 공직자 이해충돌 방지법 제10조 제1호, 제2호
② (O) 동법 제14조 제1항.
③ (O) 동법 제11조 제1항 제1호, 제2호, 제3호, 제4호
④ (X) 다만, 해당 물품의 생산자가 1명뿐인 경우 등 대통령령으로 정하는 불가피한 사유가 있는 경우에는 그러하지 아니하다(동법 제12조 제1항 제1호, 제2호, 제3호, 제4호, 제5호, 제6호).

## 13

② ㉠ 문형순 경감, ㉡ 안맥결 총경, ㉢ 이준규 총경, ㉣ 나석주 의사에 대한 서술이다.

## 14

① (X) 위원은 위원장 1인을 **포함**한 6인의 위원으로 구성한다.

## 15

④ (X) 직업공무원제도는 행정의 안정성과 독립성 확보에 용이하지만, 외부환경 변화에 신속하게 대응하지 못한다는 단점이 있다.

## 16

① ⑩-㉠-㉣-㉢-㉡ 옳은 순서이다.

㉠ 예산안의 편성 과정 중 예산요구서 제출에 관한 설명이다(동법 제31조).

㉡ 예산의 결산과정 중 국가결산보고서의 작성 및 제출에 관한 설명이다(동법 제59조).

㉢ 예산의 결산과정 중 국가결산보고서의 작성 및 제출에 관한 설명이다(동법 제58조).

㉣ 예산의 집행과정 중 예산배정 요구서의 제출에 관한 설명이다(동법 제42조).

⑩ 예산안의 편성 과정 중 예산안편성지침의 국회보고에 관한 설명이다(동법 제30조).

## 17

④ 보호지역 중 보안상 매우 중요한 구역으로서 비인가자의 출입이 금지되는 구역은 **통제구역**에 대한 설명이다.

## 18

④ (X) 비밀주의와 대변인실의 이용은 **소극적 홍보전략**이다.

## 19

사전통제 : 가, 마 / 사후통제 : 나, 다, 라

내부통제 : ㉢, ㉣ / 외부통제 : ㉠, ㉡, ⑩

## 20

가. (O) 국가인권위원회법 제19조 제5호

나. (O) 경찰 인권보호 규칙 제20조 제1항, 제2항

다. (X) 경찰관등에 대한 인권교육은 교육대상에 따라 신규 임용예정 경찰관등은 각 교육기관 교육기간 중 5시간 이상 실시해야 한다(동규칙 제20조의3 제1호).

라. (O) 동규칙 제21조 제3호

## 21

① (O) 헌법 제53조 제1항

② (O) 동법 제53조 제7항

③ (O) 법령 등 공포에 관한 법률 제13조

④ (X) 국민의 권리 제한 또는 의무 부과와 직접 관련되는 법률, 대통령령, 총리령 및 부령은 긴급히 시행하여야 할 특별한 사유가 있는 경우를 제외하고는 공포일로부터 적어도 30일(20일 X)이 경과한 날부터 시행되도록 하여야 한다(동법 제13조의2).

## 22

㉠ (X) 시·도자치경찰위원회 위원은 시·도의회가 추천하는 2명, 국가경찰위원회가 추천하는 1명, 해당 시·도 교육감이 추천하는 1명, 시·도자치경찰위원회 위원 추천위원회가 추천하는 2명, 시·도지사가 지명하는 1명을 시·도지사가 임명한다(국가경찰과 자치경찰의 조직 및 운영에 관한 법률 제20조 제1항).

㉡ (O) 동법 제19조 제1항

㉢ (X) 위원장은 위원 중에서 시·도지사가 임명하고, 상임위원은 시·도자치경찰위원회의 의결을 거쳐 위원 중에서 위원장의 제청으로 시·도지사가 임명한다(제20조 제3항).

㉣ (X) 위원 중 1명은 인권문제에 관하여 전문적인 지식이 있는 사람이 임명될 수 있도록 노력하여야 한다(제19조 제3항). 위원 중 2명은 법관의 자격을 요하는 것은 국가경찰위원회 위원이다.

⑩ (X) 보궐위원의 임기는 전임자 임기의 남은 기간으로 하되, 전임자의 남은 임기가 1년 미만인 경우 그 보궐위원은 한 차례만 연임할 수 있다(동법 제23조 제2항).

㉤ (O) 동법 제20조 제7항

## 23

① (O) 국가경찰과 자치경찰의 조직 및 운영에 관한 법률 제30조 제1항

② (O) 동법 제30조 제2항

③ (X) 경찰서장 소속으로 지구대 또는 파출소를 두고, 그 설치기준은 치안수요·교통·지리 등 관할구역의 특성을 고려하여 **행정안전부령**(대통령령 X)으로 정한다(동법 제30조 제3항).

④ (O) 동법 제30조 제4항

## PART 5

**24**

① (O) 경찰공무원 징계령 제9조 제2항
② (X) 징계위원회의 회의는 위원장과 징계위원회가 설치된 경찰기관의 장이 회의마다 지정하는 4명 이상 6명 이하의 위원으로 성별을 고려하여 구성하되, 민간위원의 수는 위원장을 포함한 위원 수의 2분의 1 이상이어야 한다(동징계령 제7조 제1항). 징계사유가 「성폭력범죄의 처벌 등에 관한 특례법」에 따른 성폭력범죄, 「양성평등기본법」에 따른 성희롱에 해당하는 징계 사건이 속한 징계위원회의 회의를 구성하는 경우에는 피해자와 같은 성별의 위원이 위원장을 제외한 위원 수의 3분의 1 이상(2분의 1 이상 X) 포함되어야 한다(동징계령 제7조 제2항).

**25**

② (X) 경찰책임자가 아닌 제3자에 대한 경찰권 발동은 반드시 법령에 근거하여 행해져야 하며, 이 경우 제3자의 승낙이 있을 것을 요건으로 하지 않는다.
④ (O) 경찰긴급권에 의하여 예외적으로 경찰책임이 없는 자(비책임자)에게 경찰권을 발동한 경우, 그로 인하여 제3자에게 손실을 입히는 경우에는 **보상하여야 하며(할 수 있다 X)**, 결과제거청구와 같은 구제수단이 마련되어야 한다.

**26**

보기는 비례의 원칙에 대한 설명이다.

**27**

② (O) 대법원 2017. 3. 15. 2014두 41190
③ (X) **법정부관**(도로교통법상 연습운전면허 유효기간을 1년으로 규정)의 경우 처분의 효과 제한이 직접 법규에 의해서 부여되는 부관으로서 이는 행정행위의 부관과는 구별되는 개념으로 원칙적으로 **부관의 개념에 속하지 않는다.**

**28**

① (X) 행정청의 과태료 부과에 불복하는 당사자는 과태료 부과 통지를 받은 날부터 60일 이내에 **해당 행정청**에 서면으로 이의 제기할 수 있다(질서위반행위규제법 제20조 제1항).
② (X) **심신장애로 인하여 판단능력이 미약한 자의 질서위반행위는 과태료를 감경한다**(동법 제10조 제2항).
③ (O) 동법 시행령 제7조의2 제1항
④ (X) 행정청이 질서위반행위에 대하여 과태료를 부과하고자 하는 때에는 미리 당사자에게 **10일 이상의 기간을 정하여 의견을 제출할 기회를 주어야 한다(동법 제16조).

**29**

① (X) 법원은 당사자의 신청이 있는 때에는 결정으로써 재결을 행한 행정청에 대하여 행정심판에 관한 기록의 제출을 명할 수 있다(행정소송법 제25조).
② (O) 동법 제28조 제3항
③ (O) 동법 제29조 제1항
④ (O) 동법 제31조 제1항

**30**

① (X) 동행을 요구하는 경우에는 동행 장소를 밝혀야 한다(동법 제3조 제4항). 변호인의 도움을 받을 권리가 있음을 알려야 하는 경우는 거동불심자(피질문자)에 대한 **동행요구 이후(임의동행을 한때)**이다(동법 제3조 제5항).
② (X) 경찰관의 질문을 위한 동행요구가 형사소송법의 규율을 받는 수사로 이어지는 경우, 그 동행요구는 피의자의 자발적인 의사에 의하여 수사관서 등에 동행이 이루어졌음이 객관적인 사정에 의하여 명백하게 **입증된 경우에만** 그 적법성이 인정된다(대법원 2006.7.6. 2005도6810).
③ (O) 대법원 2014. 2. 7. 2011도13999
④ (X) 경찰관 직무집행법 제3조 제6항이 '임의동행한 경우 당해인을 6시간을 초과하여 경찰관서에 머물게 할 수 없다'고 규정하고 있다고 하여 그 규정이 임의동행한 자를 6시간 동안 경찰관서에 구금하는 것을 허용하는 것은 아니다(대법원 1997. 8.22. 97도1240).

## 31

① (X) 위험방지를 위한 출입의 성질은 대가택적 즉시 강제이다.

② (O) 경찰관 직무집행법 제7조 제1항

③ (O) 음식점 주인은 경찰관이 범죄나 사람의 생명·신체·재산에 대한 위해를 예방하기 위하여 해당 장소의 '영업시간이나 해당 장소가 일반인에게 공개된 시간에' 그 장소에 출입하겠다고 요구하면 정당한 이유 없이 그 요구를 거절할 수 없다(동법 제7조 제2항). 따라서 새벽 3시 영업이 끝난 식당에서 주인만 머무르는 경우, 새벽 3시 영업이 끝난 식당에서 주인만 머무르는 경우, 경찰공무원은 범죄의 예방을 위해 출입을 요구할 경우 상대방은 이를 거절할 수 있다.

④ (O) 동법 제7조 제4항

## 32

㉠ (X) 경찰청장은 위해성 경찰장비를 새로 도입하려는 경우에는 대통령령으로 정하는 바에 따라 안전성 검사를 실시하여 그 안전성 검사의 결과보고서를 **국회 소관 상임위원회**(행정안전부장관 X)에 제출하여야 한다 (경찰관 직무집행법 제10조 제5항).

㉡ (X) 경찰관은 14세 미만의 자 또는 임산부(65세 고령자 X)에 대하여 전자충격기 또는 전자방패를 사용하여서는 아니된다(위해성 경찰장비의 사용기준 등에 관한 규정 제8조 제1항).

㉢ (O) 대판 2016다26662

㉣ (O) 동법 제10조의4

## 33

보기는 대상자의 폭력적 공격에 해당하는 행위이며 경찰관은 중위험 물리력 단계로 대응한다.

① (X) 경찰 물리력 행사의 기준과 방법에 관한 규칙 2.2.2. 접촉통제

② (X) 동규칙 2.2.5. 고위험 물리력

③ (O) 동규칙 2.2.4. 중위험 물리력

④ (X) 동규칙 2.2.3. 저위험 물리력

## 34

① (X) 경찰청장, 시·도경찰청장 또는 경찰서장은 보상금심사위원회의 심사·의결에 따라 보상금을 지급하고, 거짓 또는 부정한 방법으로 보상금을 받은 사람에 대하여는 해당 보상금을 **환수한다**(동법 제11조의3 제5항).

② (X) 보상금심사위원회는 위원장 1명을 포함한 **5명 이내**의 위원으로 구성한다(동법 제11조의3 제3항).

③ (X) 경찰청장, 시·도경찰청장 또는 경찰서장은 범인 또는 범인의 소재를 신고하여 검거하게 한 사람에게 보상금을 지급할 수 있다(동법 제11조의3 제1항).

④ (O) 동법 제11조의3 제6항

## 35

① (O) 대법원 2011도3934

② (O) 대법원 2016. 2.18. 2015도15664

③ (O) 대법원 2013도502

④ (X) 영리를 목적으로 청소년으로 하여금 신체적인 접촉 또는 은밀한 부분의 노출 등 성적 접대행위를 하게 하거나 이러한 행위를 알선·매개하는 행위는 「청소년보호법」 제30조 제1호에 규정된 청소년 유해행위에 대한 설명이다.

## 36

① (O) 검사와 사법경찰관의 상호협력과 일반적 수사준칙에 관한 규정 제63조 제1항 제2호

② (X) 보완수사를 요구받은 사법경찰관은 「검사와 사법경찰관의 상호협력과 일반적 수사준칙에 관한 규정」 제60조 제1항 단서에 따라 송부받지 못한 관계 서류와 증거물이 보완수사를 위해 필요하다고 판단하면 해당 서류와 증거물을 대출하거나 그 전부 또는 일부를 등사(검사에게 송부요청 X)할 수 있다(동규정 제60조 제2항).

③ (O) 동규정 제16조의2 제2항

④ (O) 동규정 제60조 제1항

**37**

① (X) "가용경력"이라 함은 총원에서 휴가·출장·교육·파견 등을 **제외**하고 실제 동원될 수 있는 모든 인원을 말한다(경찰 비상업무 규칙 제2조 제7호).

② (O) 동규칙 제2조 제4호

③ (O) 동규칙 제3조 제2항

④ (O) 동규칙 제3조 제3항

**38**

㉠ (X) 고속도로에서의 앞지르기 방법(끼어들기 방법 X)을 위반하여 운전한 경우는 「교통사고처리 특례법」제3조(처벌의 특례) 제2항 제4호에 규정된 예외 항목에 해당한다.

㉢ (X) 안전거리를 확보는 '처벌특례 항목'에 해당하지 않는다(교통사고처리 특례법 제3조 제2항 단서).

**39**

① (X) "옥외집회"란 천장이 **없거나** 사방이 폐쇄되지 아니한 장소에서 여는 집회를 말한다(집회 및 시위에 관한 법률 제2조).

② (O) 동법 제2조

③ (X) "시위"란 여러 사람이 공동의 목적을 가지고 도로, 광장, 공원 등 **일반인**이 자유로이 통행할 수 있는 장소를 행진하거나 위력(威力) 또는 기세(氣勢)를 보여, 불특정한 여러 사람의 의견에 영향을 주거나 제압(制壓)을 가하는 행위를 말한다(동법 제2조).

④ (X) "주최자(主催者)"란 자기 이름으로 자기 책임 아래 집회나 시위를 여는 사람이나 단체를 말한다. 주**최자**는 **주관자(主管者)**를 따로 두어 집회 또는 시위의 실행을 맡아 관리하도록 위임할 수 있다. 이 경우 **주관자**는 그 위임의 범위 안에서 **주최자**로 본다(동법 제2조).

**40**

① (X) 대한민국에서 수사가 진행 중이거나 재판에 계속된 범죄에 대하여 외국의 공조요청이 있는 경우에는 그 수사 또는 재판 절차가 끝날 때까지 **공조를 연기할 수 있다**(국제형사사법 공조법 제7조). 이는 공조**연기 사유**이다.

②③④ 모두 임의적 공조거절 사유에 해당한다(동법 제6조).

| 1 | 2 | 3 | 4 | 5 | 6 | 7 | 8 | 9 | 10 |
|---|---|---|---|---|---|---|---|---|---|
| ① | ② | ② | ② | ④ | ② | ① | ④ | ③ | ③ |
| 11 | 12 | 13 | 14 | 15 | 16 | 17 | 18 | 19 | 20 |
| ④ | ① | ② | ④ | ③ | ① | ② | ② | ① | ④ |
| 21 | 22 | 23 | 24 | 25 | 26 | 27 | 28 | 29 | 30 |
| ③ | ④ | ② | ③ | ④ | ④ | ① | ② | ③ | ③ |
| 31 | 32 | 33 | 34 | 35 | 36 | 37 | 38 | 39 | 40 |
| ③ | ③ | ④ | ④ | ④ | ② | ③ | ① | ③ | ③ |

**01**

① (X) 실질적 의미의 경찰은 실무상 개념이 아니라 이론상·학문상 정립된 개념이며, 독일 행정법학에서 유래하였다.

**02**

① (X) 경찰개입은 구체적 위험 내지 적어도 추상적 위험이 있을 때 가능하다.

③ (X) '외관적 위험'은 경찰이 의무에 합당한 사려 깊은 상황판단을 했음에도 불구하고 위험을 잘못 인정한 경우로 적법한 경찰개입이므로 경찰관에게 민·형사상 책임을 물을 수 없지만, 국가의 손실보상책임이 **발생할 수 있다.**

④ (X) '위험혐의'는 경찰이 의무에 합당한 사려 깊은 판단을 할 때 실제로 위험의 가능성은 예측되나 불확실한 경우를 말하며, 위험의 존재여부가 명백해질 때까지 예비적으로 행하는 위험조사 차원의 개입은 정당화된다(정당화될 수 없다 X).

**03**

② (X) 대륙법계 경찰개념은 예방(사전적)보다 진압(사후적)에 초점을 둔다.

**04**

코헨(Cohen)의 하위문화이론에 대한 설명이다.

**05**

㉠㉡ (O) 치료 및 갱생이론에 대한 비판에 해당한다.

㉢㉣ (O) 상황적 범죄예방이론에 대한 비판에 해당한다.

㉤ (X) 억제이론에 대한 비판에 해당한다.

㉥ (X) 사회발전이론에 대한 비판에 해당한다.

**06**

② 환경설계를 통한 범죄예방(CPTED)는 방어공간(Defensible Space)과 관련하여 **영역성, 감시, 이미지, 안전지대(환경)의 4가지 관점을** 제시하였다.

(가) 지역의 외관이 다른 지역과 고립되어 있지 않고, 보호되고 있으며, 주민의 적극적 행동의지를 보여주는 것은 ㉢ **이미지**에 대한 설명이다.

(나) 지역에 대한 소유의식은 일상적이지 않은 일이 있을 때 주민으로 하여금 행동을 취하도록 자극하는 것은 ㉠ **영역성**에 대한 설명이다.

(다) 특별한 장치의 도움 없이 실내와 실외의 활동을 관찰할 수 있는 능력은 ㉡ **자연적 감시**에 대한 설명이다.

(라) 철저히 감시되는 지역에 거주지를 건설하는 것이 범죄를 예방할 것이라는 것 ㉣ **안전지대(환경)**에 대한 설명이다.

**07**

① (X) **전략지향적 경찰활동(SOP)**에 대한 설명이다. **문제지향적 경찰활동(POP)**의 목표는 특정한 문제들을 해결하기 위해서 경찰과 지역사회가 함께 노력하고 적절한 대응방안을 개발함으로써, 문제해결에 대한 특별한 관심을 이끌어 내는 것이다.

**08**

① (O) 부패방지 및 국민권익위원회의 설치와 운영에 관한 법률 제2조 제4호 가목

② (O) 동법 제3조 제2항

④ (X) 작은 호의를 제공받은 경찰관이 도덕적 부채를 느껴 이를 보충하기 위해 결과적으로 **부정한(선한 X)** 후속행위를 하는 상황은 미끄러운 경사(slippery slope) 가설의 맥락에서 이해할 수 있다.

**09**

③ (X) 경찰윤리헌장(1966년) - 새경찰신조(1980년) - 경찰헌장(1991년) - 경찰서비스헌장(1998년) 순서로 제정되었다.

**10**

③ 연결이 옳다.

**11**

① (X) 공무원은 상급자가 자기 또는 타인의 부당한 이익을 위하여 공정한 직무수행을 현저하게 해치는 지시를 하였을 때에는 별지 제1호 서식 또는 전자우편 등의 방법으로 그 사유를 상급자에게 소명하고 지시에 따르지 아니하거나, 행동강령책임관과 **상담할 수 있다(하여야 한다 X)**(경찰청 공무원 행동강령 제4조 제1항).

② (X) ①에 따라 지시를 이행하지 아니하였는데도 같은 지시가 반복될 때에는 즉시 행동강령책임관과 **상담하여야 한다(할 수 있다 X)**(동강령 제4조 제2항).

③ (X) ①이나 ②에 따라 상담 요청을 받은 행동강령책임관은 지시 내용을 확인하여 지시를 취소하거나 변경할 필요가 있다고 인정되면 소속 기관의 장에게 보고 **하여야 한다.** 다만, 지시 내용을 확인하는 과정에서 부당한 지시를 한 상급자가 스스로 그 지시를 취소하거나 변경하였을 때에는 소속 기관의 장에게 **보고하지 아니할 수 있다**(동강령 제4조 제3항).

④ (O) 동강령 제4조 제4항

## 12

① (O) 부동산을 **직접적(간접적 X)**으로 취급하는 대통령령으로 정하는 공공기관의 공직자는 공직자 자신, 배우자, 공직자와 생계를 같이하는 직계존속·비속이 소속 공공기관의 업무와 관련된 부동산을 보유하고 있거나 매수하는 경우 소속기관장에게 그 사실을 서면**(구두 또는 말 X)**으로 신고하여야 한다(공직자의 이해충돌방지법 제6조 제1항)

② (X) 「부정청탁 및 금품등 수수의 금지에 관한 법률」 상 '공직자등'이 부정청탁을 받았을 때에는 부정청탁을 한 자에게 부정청탁임을 알리고 이를 거절하는 의사를 명확히 표시하여야 하며, 이러한 조치를 하였음에도 불구하고 동일한 부정청탁을 다시 받은 경우에는 이를 소속기관장에게 **서면(구두 X)(전자서면을 포함)**으로 신고하여야 한다(부정청탁 및 금품등 수수의 금지에 관한 법률 제7조 제1항, 제2항).

③ (X) 공직자등은 제1항에 따른 금액을 초과하는 사례금을 받은 경우에는 대통령령으로 정하는 바에 따라 소속기관장에게 신고하고, **제공자에게(소속기관장 X)** 그 초과금액을 지체 없이 반환하여야 한다(동법 제10조 제5항).

④ (X) 「부정청탁 및 금품등 수수의 금지에 관한 법률」 상 「국가공무원법」 또는 「지방공무원법」에 따른 공무원과 그 밖에 다른 법률에 따라 그 자격·임용·교육훈련·복무·보수·신분보장 등에 있어서 공무원으로 인정된 사람은 **'공직자등' 개념에 포함된다**(동법 제2조 제2호 가목).

## 13

② (X) 동법 제정 당시에는 **경감계급 이상(치안감까지)**에 **계급정년제가 도입**되었다. 1983년 시행된 경찰공무원법에서는 경위 계급의 계급정년을 신설하였는데, 1998년 법률 개정으로 현재와 같이 경정계급이상(치안감까지)에 계급정년을 인정하기에 이르렀다.

## 14

④ (X) 독일 검찰은 **공소제기권과 수사권을 모두** 가지고 있으나, 자체적인 집행기관을 보유하고 있지 않아 "팔 없는 머리"로 불리기도 한다.

## 15

③ (X) 공무원이 법령에 저촉되지 않는 한 일체의 신분상의 불이익을 받지 않는 인사행정은 실적주의이다.

## 16

① (X) 직위분류제는 **직무중심 분류(사람중심 분류 X)**로서 인사배치에 신축성을 기할 수 없다는 단점이 있다.

## 17

① (X) 관서운영경비출납공무원은 매 회계연도의 관서운영경비의 사용잔액을 다음 회계연도 **1월 20일까지(12월 20일까지 X)** 해당 지출관에게 반납하여야 한다(국고금 관리법 시행령 제37조 제1항).

② (O) 동법 제24조

③ (X) 업무추진비도 해당한다(동법 시행령 제31조 제1호, 동법 시행규칙 제52조 제1항).

④ (X) 공과금으로 지급할 수 있는 경비의 최고금액은 건당 500만원 이하의 제한을 받지 않는 항목이다(동법 시행규칙 제52조 제1항 참고).

## 18

① (O) 경찰장비관리규칙 제112조 제1호

② (X) **집중무기고**에 대한 설명이다. 간이무기고는 근무자가 24시간 상주하는 지구대, 파출소, 상황실 및 112타격대 등 경찰기관의 장이 필요하다고 인정하는 상당한 이유가 있는 장소에 설치할 수 있다(동규칙 제115조 제6항).

③ (O) 동규칙 제115조 제7항

④ (O) 동규칙 제118조 제4항

## 19

① (X) 언론중재위원회에 위원장 1명과 2명 이내의 부위원장 및 2명 이내의 감사를 두며, 각각 언론중재위원 중에서 **호선(互選)(임명 X)**한다(언론중재 및 피해구제 등에 관한 법률 제7조 제4항)

② (O) 동법 제14조 제1항

③ (O) 동법 제14조 제3항

④ (O) 동법 제7조 제2항

**20**

① (X) 행정소송의 열기주의는 행정소송이 가능한 사항만 몇 가지 열거하는 방식이고, 개괄주의는 포괄적으로 행정소송의 가능성을 인정하는 방식이다. 대륙법계 국가에서는 초기 행정소송 등의 **열기주의에서 개괄주의로 전환**함으로써 행정에 대한 법원의 통제를 확대하고 있다.

② (X) 경찰의 통제방법과 관련하여 **영미법계 국가에서**는 경찰조직의 민주성을 확보하기 위하여 **경찰위원회**, 경찰책임자의 선거, 자치경찰제도의 시행 등 제도적 장치 마련을 통해 시민이 직접 또는 그 대표기관을 통한 참여와 감시를 가능하게 하는 시스템을 구축하고 있지만, 대륙법계 국가에서는 행정소송, 국가배상제도 등 사법심사를 통해 법원이 행정부의 행위를 심사함으로써 통제하는 시스템을 구축하고 있다.

③ (X) 국가경찰위원회는 경찰의 주요정책 등에 관하여 **심의·의결(자문 X)하는** 권한을 가지고 있으나, 행정안전부장관의 재의요구권이 있어 실질적으로는 심의회 수준에 머물고 있는 등 명실상부한 민주적 통제장치로 보기는 어렵다.

**21**

다. (X) 지방자치단체는 조례를 위반한 행위에 대하여 조례로써 1천만원 이하의 **과태료(벌금 X)를** 정할 수 있다(지방자치법 제34조 제1항).

라. (O) 대법원 2017. 12. 5. 선고 2016추5162

**22**

① (O) 국가경찰과 자치경찰의 조직 및 운영에 관한 법률 제28조 제2항

② (O) 동법 제29조 제2항

③ (O) 동법 제16조 제2항

④ (X) 국가수사본부장은 직무를 집행하면서 헌법이나 법률을 위배하였을 때에는 국회는 **탄핵소추를** 의결할 수 있다(동법 제16조 제5항).

**23**

ⓛㄹㅅ이 국가공무원법과 경찰공무원법상 공통적으로 적용되는 임용결격사유에 해당한다.

㉠ (X) 피한정후견인은 경공법상 결격사유이나 국공법상은 임용결격사유가 아니다.

ⓒ (X) 국가공무원법 : 금고 이상, 경찰공무원법 : 자격정지 이상

ⓜ (X) 징계에 의하여 파면 또는 해임처분을 받은 사람은 경찰공무원법상 결격사유, 국가공무원법상은 파면처분을 받은 때부터 5년이 지나지 아니한 자, 해임처분을 받은 때부터 3년이 지나지 아니한 자

ⓗ (X) 대한민국 국적을 가지지 아니한 사람은 경공법상은 결격사유이나 국공법상은 임용결격사유가 아니다.

**24**

③ (X) 제73조의3 제1항에 따라 직위를 부여하지 아니한 경우에 그 사유가 소멸되면 임용권자는 **지체없이(7일 이내 X)에** 직위를 부여하여야 한다(부여할 수 있다 X).

**25**

① (X) 법치행정의 원칙에 관한 전통적 견해는 '**법률의 법규창조력**', '법률의 우위', '법률의 유보'를 내용으로 한다.

② (X) 행정은 합헌적으로 제정된 법률에 위반되어선 안된다는 원칙이 **법률의 우위의 원칙인데~~**

③ (X) 법규명령에는 위임명령과 집행명령이 있으며, 국민의 권리·의무에 관계되는 법규는 국회에서 제정하는 것이 원칙이나 **예외적으로 법률의 위임에 의하여 또는 법률의 집행에 필요한 범위 내에서** 행정권이 법규의 성질을 가지는 명령을 제정할 수 있다.

④ (O) 헌법재판소 2018. 5. 31. 2015헌마476 전원재판부 결정.

**26**

④ (X) **위법한 경찰하명으로 인하여** 권리·이익이 침해된 자는 행정쟁송 또는 손해배상을 청구할 수 있다.

**27**

① ㉠ 20 ㉡ 20 ㉢ 30 ㉣ 7 ㉤ 7 ㉥ 20 으로 숫자의 합은 104이다(공공기관의 정보공개에 관한 법률 제18조 제1항·제3항, 제19조 제1항).

**28**

② (X) ~~이미 부과한 이행강제금은 **징수하여야 한다**
(행정기본법 제31조 제5항).

④ (O) 2001헌바80

**29**

㉠㉡이 경찰관 직무집행법상 즉시강제에 해당한다.
㉢ (X) 강제집행(강제징수)에 해당한다.
㉣ (X) 강제집행(대집행)에 해당한다.
㉤ (X) 경찰벌에 해당한다.

**30**

처분, 신고, 확약, 위반사실 등의 공표, 행정계획, 행정상 입법예고, 행정예고 및 행정지도의 절차에 관하여 다른 법률에 특별한 규정이 있는 경우를 제외하고는 이 법에서 정하는 바에 따른다(행정절차법 제3조 제1항).
㉠ (X) 공법상 계약은 행정기본법에 규정되어 있다.
㉤ (X) 행정조사는 행정조사기본법에 규정되어 있다.

**31**

① (O) 대판 96누14708
② (O) 대법원 1990. 3. 23. 선고 89누4789
③ (X) 국립 교육대학 학생에 대한 **퇴학처분**은 학장이 교육목적실현과 학교의 내부질서유지를 위해 학칙 위반자인 재학생에 대한 구체적 법집행으로서 **행정처분**에 해당한다(대법원 1991. 11. 22. 선고 91누2144).
④ (O) 대법원 1995. 2. 28.자 94두36

**32**

① (X) 경찰관은 수상한 행동이나 그 밖의 주위 사정을 합리적으로 판단해 볼 때 미아, 병자, 부상자 등으로서 적당한 보호자가 없으며 응급구호가 필요하다고 인정되는 사람(다만, 본인이 구호를 거절하는 경우는 제외)에 해당하는 것이 명백하고 응급구호가 필요하다고 믿을 만한 상당한 이유가 있는 사람을 발견하였을 때에는 보건의료기관이나 공공구호기관에 긴급구호를 요청하거나 경찰관서에 보호하는 등 적절한 조치를 할 수 있다(경찰관 직무집행법 제4조 제1항).

② (X) 경찰관은 제1항의 조치를 하였을 때에는 **지체 없이**(24시간 이내 X) 구호대상자의 가족, 친지 또는 그 밖의 연고자에게 그 사실을 알려야 하며, 연고자가 발견되지 아니할 때에는 구호대상자를 적당한 공공보건의료기관이나 공공구호기관에 즉시 인계하여야 한다(동법 제4조 제4항).

③ (O) 동법 제4조 제3항, 제7항

④ (X) 긴급구호요청을 받은 응급의료종사자가 정당한 이유 없이 긴급구호요청을 거절할 경우, 「**응급의료에 관한 법률**」(「경찰관 직무집행법」 X) 제60조 제3항에 따라 3년 이하의 징역 또는 3천만원 이하의 벌금에 처한다.

**33**

① (O) 대판 2013도643
② (O) 대판 2007도9794
③ (O) 대판 2016도19417
④ (X) 긴급한 사정이 있는 경우라면 경찰관직무집행법 제6조 제1항의 "제지"에 해당한다. 만약 긴급한 사정이 있는 경우가 아닌데도 방패를 든 전투경찰대원들이 위 조합원들을 둘러싸고 이동하지 못하게 가둔 행위(고착관리)는 구 경찰관 직무집행법 제6조 제1항에 근거한 제지 조치라고 볼 수 없고, 이는 형사소송법상 체포에 해당한다(대판 2013도2168).

## 34

① (X) 무기사용 요건에 대한 설명이다. 경찰관은 현행범이나 사형·무기 또는 장기 3년 이상의 징역이나 금고에 해당하는 죄를 범한 범인의 체포 또는 도주의 방지, 자신이나 다른 사람의 생명·신체의 방어 및 보호, 공무집행에 대한 항거의 제지를 위하여 필요한 상당한 이유가 있는 경우 경찰장구를 사용할 수 있다(경찰관 직무집행법 제10조의2 제1항).

② (X) 경찰관은 불법집회·시위 또는 소요사태로 인하여 발생할 수 있는 타인 또는 경찰관의 생명·신체의 위해와 재산·공공시설의 위험을 억제하기 위하여 부득이한 경우에는 현장책임자의 판단(시·도경찰청장의 명령 X)에 의하여 필요한 최소한의 범위에서 가스차를 사용할 수 있다(위해성 경찰장비의 사용기준 등에 관한 규정 제13조 제1항).

③ (X) 제10조 제2항에 따른 살수차, 제10조의3에 따른 분사기, 최루탄(전자충격기 및 전자방패 X) 또는 제10조의4에 따른 무기를 사용하는 경우 그 책임자는 사용 일시·장소·대상, 현장책임자, 종류, 수량 등을 기록하여 보관하여야 한다(경찰관 직무집행법 제11조).

④ (O) 위해성 경찰장비의 사용기준 등에 관한 규정 제5조

## 35

① (O) 경범죄 처벌법 제8조 제1항

② (O) 동법 제8조 제2항

③ (O) 동법 제8조 제3항

④ (X) 즉결심판이 청구된 피고인이 통고받은 범칙금에 그 금액의 100분의 50을 더한 금액을 납부하고 그 증명서류를 즉결심판 선고 전까지 제출하였을 때에는 경찰서장(경찰청장 X), 해양경찰서장(해양경찰청장 X) 및 제주특별자치도지사는 그 피고인에 대한 즉결심판 청구를 취소하여야 한다(할 수 있다 X)(동법 제9조 제2항).

## 36

① (X) 호송관서의 장은 호송관이 5인 이상이 되는 호송일 때에는 경위 이상(경감 이상 X) 계급의 1인을 지휘감독관으로 지정해야 한다(피의자 유치 및 호송규칙 제48조 제3항).

② (X) 진찰한 결과 24시간 이내에 치유될 수 있다고 진단되었을 때에는 치료후 호송관서의 호송관이 호송을 계속하게 하여야 한다(동규칙 제65조 제3호 다목).

③ (X) 호송관은 호송근무를 할 때에는 분사기를 휴대하여야 하며, 호송관서의 장은 특별한 사유가 있는 경우 호송관이 총기를 휴대하도록 할 수 있다(동규칙 제70조).

④ (O) 동규칙 제65조 제1호 다목

## 37

① (O) 통합방위법 제21조 제1항

② (O) 동법 제21조 제2항

③ (O) 동법 제21조 제3항

④ (X) 국가중요시설은 국방부장관이 관계 행정기관의 장 및 국가정보원장과 협의하여 지정한다(동법 제21조 제4항).

## 38

① (X) 어떤 사람이 자동차를 움직이게 할 의도 없이 다른 목적을 위하여 자동차의 원동기(모터)의 시동을 걸었는데, 실수로 기어 등 자동차의 발진에 필요한 장치를 건드려 원동기의 추진력에 의하여 자동차가 움직이거나 또는 불안전한 주차상태나 도로여건 등으로 인하여 자동차가 움직이게 된 경우는 자동차의 운전에 해당하지 아니한다(대법원 2004. 4.23. 2004도1109).

② (O) 대법원 2015. 6. 24., 선고, 2013도15031, 판결

③ (O) 대법원 2018. 1. 25., 선고, 2017도15519, 판결

④ (O) 도로교통법 제46조의3-난폭운전 금지

## 39

① (X) 피보안관찰자가 주거지를 이전하거나 국외여행 또는 10일 이상 주거를 이탈하여 여행하고자 할 때에는 미리 거주예정지, 여행예정지 기타 대통령령이 정하는 사항을 지구대·파출소장을 거쳐 관할경찰서장에게 신고하여야 한다(보안관찰법 제18조 제4항).

② (X) 「군형법」상(「형법」 X) 일반이적죄는 「보안관찰법」상 보안관찰해당범죄에 해당한다(동법 제2조 제2호).

③ (O) 동법 시행규칙 제2조 제1호

④ (X) 법무부장관의 결정을 받은 자가 그 결정에 이의가 있을 때에는 행정소송법이 정하는 바에 따라 그 결정이 집행된 날부터 60일 이내에 서울고등법원에 소를 제기할 수 있다(동법 제23조).

## 40

㉠, ㉡, ㉢, ㉤은 주한미군지위협정(SOFA) 적용 대상자가 아니다.

총알 총정리 | 킹재규 경찰학

# PART 07 모의고사 7회 해설

| 1 | 2 | 3 | 4 | 5 | 6 | 7 | 8 | 9 | 10 |
|---|---|---|---|---|---|---|---|---|---|
| ③ | ④ | ② | ④ | ④ | ① | ③ | ④ | ③ | ④ |
| 11 | 12 | 13 | 14 | 15 | 16 | 17 | 18 | 19 | 20 |
| ④ | ③ | ③ | ① | ② | ③ | ③ | ③ | ④ | ② |
| 21 | 22 | 23 | 24 | 25 | 26 | 27 | 28 | 29 | 30 |
| ④ | ① | ② | ② | ② | ② | ④ | ② | ② | ④ |
| 31 | 32 | 33 | 34 | 35 | 36 | 37 | 38 | 39 | 40 |
| ② | ④ | ③ | ④ | ④ | ④ | ① | ③ | ④ | ④ |

## 01

① (X) ~~고대에서의 경찰개념은 도시국가에 관한 일체의 정치(정치를 제외 X), 특히 헌법을 지칭한다.

② (X) 16세기 독일 제국경찰법은 교회행정을 제외한 일체의 국가행정을 경찰개념화 하였고, 경찰개념이 외교, 군사, 재정, 사법을 제외한 내무행정 전반을 의미하게 된 것은 17세기 경찰국가시대였다.

③ (O)

④ (X) 제2차 세계대전 이후 독일에서는 보안경찰을 제외한(포함한 X) 영업·위생·건축 등의 협의의 행정경찰사무를 일반행정기관의 사무로 이관하는 이른바 비경찰화 과정이 이루어졌다. 따라서 보안경찰을 포함하여 비경찰화 과정이 이루어졌다는 것은 틀린 내용이다.

## 02

④ (X) 지방세력과 연결되면 경찰부패가 초래할 수 있고, 정실주의에 대한 우려가 있는 것은 자치경찰제도의 단점이다.

## 03

② (X) 광의의(협의 X) 경찰권이 어떤 사람에게 적용되는가의 문제이다.

## 04

③ (O) 일반예방이론(고전주의)이 잠재적 범죄자인 **일반인에 대한 형벌의 예방 기능을 강조한 것이라면, 특별예방이론(실증주의)**은 형벌을 구체적인 범죄자 개인에 대한 영향력의 행사라고 보고, **범죄자를 교화함으로써 재범하지 않도록 하는 것**이다.

④ (X) 1차적 범죄예방은 **일반대중**, 2차적 범죄예방은 **범죄우범자나 집단**, 그리고 3차적 범죄예방은 **범죄자가** 주요 대상이라고 할 수 있다.

## 05

①②③은 고전주의 범죄학파의 기본입장이다.

④ 실증주의 범죄학파의 기본입장은 범죄는 자유의지가 아닌 **외적 요소(생물학적(인상, 골격, 체형)·심리학적(정신이상, 낮은 지능, 모방학습)·사회적)**에 의해 강요된다고 본다.

## 06

① (X) 촉탁살인에 의한 피살자-가해자와 **같은 정도의 책임이 있는 피해자**

## 07

③ (X) 지역사회의 문제를 해결하기 위한 여러 가지 방안을 중점으로 우선순위를 재평가, 각각의 문제에 따른 형태별 대응을 강조하는 것은 **문제지향적 경찰활동**(Problem Oriented Policing)에 대한 설명이다.

## 08

④ (X) 셔먼의 '미끄러지기 쉬운 경사로이론'은 **부패에 해당하지 않는 작은 선물 등의 사소한 호의를 허용하면** 나중에는 엄청난 부패로 이어진다는 이론이다.

## 09

③ (X) 존 클라이니히(J. Kleinig)가 주장한 경찰윤리교육의 목적은 도덕적 결의의 강화, 도덕적 감수성의 배양, 도덕적 전문능력 함양이고, 이중에서 경찰윤리교육의 가장 중요한 목적은 **도덕적 전문능력 함양(도덕적 연대책임 향상 X)**이라 보았다.

## 10

① (O) 부정청탁 및 금품등 수수의 금지에 관한 법률 제8조 제3항 제1호

② (O) 동법 제8조 제3항 제7호

③ (O) 동법 제8조 제3항 제4호

④ (X) 공직자등과 관련된 직원상조회·동호인회·동창회·향우회·친목회·종교단체·사회단체 등이 정하는 기준에 따라 구성원에게 제공하는 금품등은 수수를 금지하는 금품등에 **해당하지 아니한다(해당한다 X)(**동법 제8조 제3항 제5호).

## 11

① (X) 타인에게 그러한 정보를 제공하여 재산상 거래 또는 투자를 돕는 행위를 해서는 아니 된다(경찰청 공무원 행동강령 제12조).

② (X) 인가·허가 등을 담당하는 공무원이 그 신청인에게 불이익(이익 X)을 주거나 제3자에게 이익 또는 불이익을 주기 위하여 부당하게 그 신청의 접수를 지연하거나 거부하는 행위를 해서는 안 된다(동강령 제13조의3 제1호).

③ (X) 공무원이 대가를 받고 수행하는 외부강의등은 월 3회를 초과할 수 없다. 국가나 지방자치단체에서 요청하거나 겸직 허가를 받고 수행하는 외부강의등은 그 횟수에 **포함하지 아니한다**(동강령 제15조 제4항).

④ (O) 동강령 제15조 제5항

## 12

2+2+14+30+30+3 = 81

## 13

③의 연결이 옳다.

## 14

① (X) 지사는 원칙적으로 지방경찰에 대한 **지휘감독권**을 가지고 있지 않다.

② (O) **도도부현 지사(도도부현 경찰 X)**는 경찰서 설치권을 가지고 있다.

③ (O) 동경도 경시청의 경시총감은 국가공안위원회가 동경도공안위원회의 동의를 얻어 내각총리대신의 승인을 받아 **임면(임명 X)**한다.

④ (O) 도부현 경찰본부장은 국가공안위원회가 도부현 공안위원회의 동의를 얻어 임면(임명+면직)한다.

## 15

② (X) 분업의 원리 - 업무의 전문화를 통해 업무습득에 걸리는 시간을 단축할 수 있지만 분업의 정도가 **높아(낮아 X)**질수록 조직 할거주의가 초래될 수 있다.

## 16

① (X) 정부정책이나 계획수립을 용이하게 하는 것은 **성과주의 예산제도**에 대한 설명이다.

② (X) 예산을 품목별로 분류하는 방식으로 행정책임의 소재와 회계책임에 대한 감독부서 및 국회의 통제가 용이하도록 하기 위한 제도는 **품목별 예산제도**에 대한 설명이다.

④ (X) **일몰법**이 예산편성에 관련된 입법적인 과정이라면, **영기준예산제도(ZBB)**는 예산에 관한 심의, 통제를 위한 행정적인 과정으로 평가할 수 있다.

## 17

㉠ (X) 차량은 용도별로 **전용·지휘용·업무용·순찰용·특수용(수사용X)** 차량으로 구분한다(경찰장비관리규칙 제88조 제2항).

㉡ (X) 불용차량 선정에는 내용연수 경과여부 등 **차량 사용기간을 최우선적**으로 고려하여 선정한다(동규칙 제94조 제1항).

㉢ (O) 동규칙 제95조

㉣ (X) 차량운행 시 책임자는 **1차 운전자, 2차 선임탑승자(사용자), 3차 경찰기관의 장**으로 한다(동규칙 제98조 제3항).

㉤ (O) 동규칙 제102조 제2항

## 18

① (X) 경찰청장은 II급 비밀취급 인가권자이다(보안업무규정 제9조 제2항).

② (X) 공무원 또는 공무원이었던 사람은 **법률에서 정하는 경우를 제외하고는** 소속 기관의 장이나 소속되었던 기관의 장의 승인 없이 비밀을 공개해서는 아니 된다(동규정 제25조 제2항).

③ (O) 동규정 제23조 제1항

④ (X) I급 비밀이라도 그 **생산자(사용자 X)**의 허가를 받은 경우에는 모사·타자·인쇄·조각·녹음·촬영·인화·확대 등 그 원형을 재현하는 행위를 할 수 있다(없다 X)(동규정 제23조 제1항 제1호).

## 19

㉠ (X) 누구든지 부패행위를 알게 된 때에는 이를 위원회에 **신고할 수 있으나**(하여야 하며 X), 신고자가 신고의 내용이 허위라는 사실을 알았거나 알 수 있었음에도 불구하고 신고한 경우에는 이 법의 보호를 받을 수 없다(부패방지 및 국민권익위원회의 설치와 운영에 관한 법률 제55조, 제57조).

㉡ (X) 공직자는 그 직무를 행함에 있어 다른 공직자가 부패행위를 한 사실을 알게 되었거나 부패행위를 강요 또는 제의받은 경우에는 지체 없이 이를 수사기관·감사원 또는 위원회에 **신고하여야 한다**(할 수 있다 X)(동법 제56조).

㉢ (X) 부패행위를 신고를 하려는 자는 본인의 인적사항과 신고취지 및 이유를 기재한 **기명**(무기명 X)의 문서로써 하여야 하며, 신고대상과 부패행위의 증거 등을 함께 제시하여야 한다(동법 제58조).

㉣ (X) 위원회에 신고가 접수된 당해 부패행위의 혐의대상자가 **경무관급 이상**(치안감급 이상 X)의 경찰공무원이고, 부패혐의의 내용이 형사처벌을 위한 수사 및 공소제기의 필요성이 있는 경우에는 위원회의 명의로 검찰, 수사처, 경찰 등 관할 수사기관에 고발을 하여야 한다(동법 제59조 제6항 제3호).

㉤ (X) 위원회는 접수된 신고사항에 대하여 감사·수사 또는 조사가 필요한 경우 이를 감사원, 수사기관 또는 해당 공공기관의 감독기관(감독기관이 없는 경우에는 해당 공공기관을 말한다. 이하 "조사기관"이라 한다)에 이첩하여야 하며, 조사기관은 신고를 이첩 또는 송부받은 **날부터**(다음날 X) 60일 이내에 감사·수사 또는 조사를 종결하여야 한다. 다만, 정당한 사유가 있는 경우에는 그 기간을 연장할 수 있으며, 위원회에 그 연장사유 및 연장기간을 통보하여야 한다(동법 제59조 제3항, 제60조 제1항).

㉥ (X) 신고를 이첩 또는 송부받은 조사기관은 감사·수사 또는 조사결과를 감사·수사 또는 조사 종료 후 **10일 이내**(60일 이내 X)에 위원회에 통보하여야 한다(동법 제60조 제2항).

## 20

② (O) 쓰레기통 모델(Garbage can model)에 대한 설명이다.

## 21

④ (X) 법령의 내용을 보충하지 않는 단순한 행정규칙은 대외적 구속력이 없으며, 법규명령의 효력도 없다.

## 22

㉠ (O) 국가경찰과 자치경찰의 조직 및 운영에 관한 법률 제32조 제1항 제1호

㉡ (X) 경찰청장은 경찰의 수사에 관한 사무의 경우에는 개별 사건의 수사에 대하여 구체적으로 지휘·감독할 수 없다. 다만, 국민의 생명·신체·재산 또는 공공의 안전 등에 중대한 위험을 초래하는 긴급하고 중요한 사건의 수사에 있어서 경찰의 자원을 대규모로 동원하는 등 통합적으로 현장 대응할 필요가 있다고 판단할만한 상당한 이유가 있는 때에는 **국가수사본부장**을 통하여 개별 사건의 수사에 대하여 구체적으로 지휘·감독할 수 있다(동법 제14조 제6항).

㉢ (O) 동법 제14조 제7항

㉣ (O) 동법 제14조 제8항

㉤ (O) 동법 제14조 제10항

## 23

① (O) 국가경찰과 자치경찰의 조직 및 운영에 관한 법률 제24조 제1항 제10호

② (X) 국가경찰사무·자치경찰사무의 협력·조정과 관련하여 **경찰청장**(시·도경찰청장 X)과 협의(동법 제24조 제1항 제15호)

③ (O) 동법 제24조 제1항 제16호

④ (O) 동법 제24조 제1항 제17호

## 24

① (O) 행정권한의 위임 및 위탁에 관한 규정 제2조 제2호

② (X) 수임 및 수탁사무의 처리에 관한 책임은 수임 및 수탁기관에 있으며, 위임 및 위탁기관의 장은 그에 대한 **감독책임을 진다**(지지 않는다 X)(동규정 제8조 제1항).

③ (O) 동규정 제8조 제2항

④ (O) 대판 2016두55629

## 25

① (O) 대판 97누7325

② (X) 휴직 기간, 직위해제 기간, 징계처분 기간은 승진소요 최저근무연수 기간에 포함하지 않는다. 그러나 만 8세 이하 또는 초등학교 2학년 이하의 자녀를 양육하기 위하여 필요하거나 여성공무원이 임신 또는 출산하게 된 때에는 **승진소요 최저근무연수에 포함된다**(경찰공무원 승진임용규정 제5조 제2항 제1호 라목).

③ (O) 경찰공무원 승진임용규정 제5조 제6항 제1호

④ (O) 금품 또는 향응 수수로 감봉처분을 받은 경우 승진임용기간 제한 기간은 12개월+6개월이다(경찰공무원 승진임용규정 제6조 제1항 제2호). 또한 경감 丁이 받은 **경찰청장 표창**은 승진제한기간 단축 규정(대통령표창 또는 국무총리표창)에 **해당하지 않는다**(동임용규정 제6조 제3항).

## 26

② (X) 기본권 제한에 관한 법률유보원칙(근거규범)은 "**법률에 의한 규율**"을 요청하는 것이 아니라 "**법률에 근거한 규율**"을 요청하는 것이므로 기본권 제한에는 법률의 근거가 필요할 뿐이고 기본권 제한의 형식이 반드시 법률의 형식일 필요는 없으므로 법규명령, 규칙, 조례 등 **실질적 의미의 법률**을 통해서도 **기본권 제한이 가능하다**(헌재 2012헌마167).

④ (O) 98헌바70, 2009헌바128

## 27

① (X) 정보의 공개를 청구하는 자는 해당 정보를 보유하거나 관리하고 있는 공공기관에 정보공개 **청구서를 제출하거나 말로써** 정보의 공개를 청구할 수 있다(동법 제10조 제1항, 제17조 제1항).

② (X) 공공기관은 정보공개 청구를 받으면 그 청구를 받은 날부터 **10일** 이내에 공개 여부를 결정하여야 한다(공공기관의 정보공개에 관한 법률 제11조 제1항).

③ (X) 청구인이 정보공개와 관련한 공공기관의 비공개 결정 또는 부분 공개 결정에 대하여 불복이 있거나 정보공개 청구 후 20일이 경과 하도록 정보공개 결정이 없는 때에는 공공기관으로부터 정보공개 여부의 결정 통지를 받은 날 또는 정보공개 청구 후 20일이 **경과한 날**부터 30일 이내에 해당 공공기관에 문서로 이의신청을 할 수 있다(동법 제18조 제1항).

④ (O) 동법 제9조 제1항 제3호

## 28

㉠ (O) 행정기본법 제2조 제4호

㉡ (X) 행정에 관한 나이는 다른 법령등에 특별한 규정이 있는 경우를 제외하고는 출생일을 **산입하여**(산입하지 않고 X) 만(滿) 나이로 계산하고, 연수(年數)로 표시한다. 다만, 1세에 이르지 아니한 경우에는 월수(月數)로 표시할 수 있다(동법 제7조의2).

㉢ (X) 행정작용은 행정작용으로 인한 **국민의 이익 침해**(공익 X)가 그 행정작용이 의도하는 **공익**(국민의 이익 침해 X)보다 크지 아니할 것(동법 제10조 제3호).

㉣ (X) 행정청은 법률로 정하는 바에 따라 완전히 자동화된 시스템(인공지능 기술을 적용한 시스템을 **포함**)으로 처분을 할 수 있으나, 처분에 재량이 있는 경우는 그러하지 아니하다(동법 제20조).

㉤ (X) 처분은 권한이 있는 기관이 취소 또는 철회하거나 기간의 경과 등으로 소멸되기 전까지는 유효한 것으로 통용된다. 다만, **무효인 처분**은 처음부터 그 효력이 발생하지 아니한다(동법 제15조).

㉥ (X) 행정청은 적법한 처분이라도 중대한 공익을 위하여 필요한 경우에는 그 처분의 전부 또는 일부를 장래를 향하여 **철회**할 수 있다(동법 제19조 제1항 제3호).

## 29

① (O) 대법원 1997. 7. 25., 선고, 94다2480, 판결
② (X) 「국가배상법」은 제2조에서 배상주체를 국가 또는 지방자치단체라고 규정하여 지방자치단체 이외의 공공단체에 대하여는 민사소송에 의하여 배상청구하여야 한다(국가배상법 제2조).
③ (O) 대법원 2008. 4. 10. 선고 2005다48994
④ (O) 대법원 1996. 2. 15. 선고 95다38677

## 30

④ (X) 행정심판법상 심판청구는 처분의 효력이나 그 집행 또는 절차의 속행(續行)에 영향을 주지 않는 집행부정지를 원칙으로 하고, 예외적으로 집행정지를 결정할 수 있다(동법 제30조 제1항 제2항).

## 31

① (X) 경찰관은 범죄행위가 목전(目前)에 행하여지려고 하고 있다고 인정될 때에는 이를 예방하기 위하여 관계인에게 필요한 경고(필요한 제지 X)를 하고, 그 행위로 인하여 사람의 생명·신체에 위해를 끼치거나 재산에 중대한 손해를 끼칠 우려가 있는 긴급한 경우에는 그 행위를 제지할 수 있다(경찰관 직무집행법 제6조).
② (O) 대판 2005다23438
③ (X) 흥행장, 여관, 음식점, 역, 그 밖에 많은 사람이 출입하는 장소의 관리자나 그에 준하는 관계인은 경찰관이 범죄나 사람의 생명·신체·재산에 대한 위해를 예방하기 위하여 해당 장소의 영업시간이나 해당 장소가 일반인에게 공개된 시간에 그 장소에 출입하겠다고 요구하면 정당한 이유 없이 그 요구를 거절할 수 없다(동법 제7조 제2항).
④ (X) 경찰관이 위험방지를 위한 출입할 때에는 그 신분을 표시하는 증표를 제시하여야 하며, 함부로 관계인이 하는 정당한 업무를 방해해서는 아니 된다(동법 제7조 제4항).

## 32

① (X) 경찰관서의 장(경찰관 X)은 직무 수행에 필요하다고 인정되는 상당한 이유가 있을 때에는 국가기관이나 공사(公私) 단체 등에 직무 수행에 관련된 사실을 조회할 수 있다. 다만, 긴급한 경우에는 소속 경찰관으로 하여금 현장에 나가 해당 기관 또는 단체의 장의 협조를 받아 그 사실을 확인하게 할 수 있다(경찰관 직무집행법 제8조 제1항).
② (X) 경찰관은 미아를 인수할 보호자 확인, 유실물을 인수할 권리자 확인, 사고로 인한 사상자(死傷者) 확인, 행정처분을 위한 교통사고 조사(형사책임을 규명하기 위한 사실조사 X)에 필요한 사실 확인을 위하여 필요하면 관계인에게 출석하여야 하는 사유·일시 및 장소를 명확히 적은 출석 요구서를 보내 경찰관서에 출석할 것을 요구할 수 있다(동법 제8조 제2항).
③ (X) 경찰 출석 요구시 임의출석한 당사자에게 특정장소로 이동할 것을 요구하는 경우 반드시 상대방의 동의를 구해야 한다.

## 33

① (X) 불법행위에 따른 형사책임은 사회의 법질서를 위반한 행위에 대한 책임을 묻는 것으로서 행위자에 대한 공적인 제재(형벌)를 그 내용으로 함에 비하여, 민사책임은 타인의 법익을 침해한 데 대하여 행위자의 개인적 책임을 묻는 것으로서 피해자에게 발생한 손해의 전보를 그 내용으로 하는 것이고, 손해배상제도는 손해의 공평·타당한 부담을 그 지도원리로 하는 것이므로, 형사상 범죄를 구성하지 아니하는 침해행위라고 하더라도 그것이 민사상 불법행위를 구성하는지 여부는 형사책임과 별개의 관점에서 검토하여야 한다(대판 2006다6713).

② (X) 경찰관 직무집행법 제5조는 경찰관은 인명 또는 신체에 위해를 미치거나 재산에 중대한 손해를 끼칠 우려가 있는 위험한 사태가 있을 때에는 그 각 호의 조치를 취할 수 있다고 규정하여 형식상 경찰관에게 재량에 의한 직무수행권한을 부여한 것처럼 되어 있으나, 경찰관에게 그러한 권한을 부여한 취지와 목적에 비추어 볼 때 구체적인 사정에 따라 경찰관이 그 권한을 행사하여 필요한 조치를 취하지 아니하는 것이 현저하게 불합리하다고 인정되는 경우에는 그러한 권한의 불행사는 직무상의 의무를 위반한 것이 되어 위법하게 된다(대판 98다16890).

③ (O) 대판 2007도9794

④ (X) 타인의 집대문 앞에 은신하고 있다가 경찰관의 명령에 따라 순순히 손을 들고 나오면서 그대로 도주하는 범인을 경찰관이 뒤따라 추격하면서 등부위에 권총을 발사하여 사망케한 경우, 위와 같은 총기사용은 현재의 부당한 침해를 방지하거나 현재의 위난을 피하기 위한 상당성있는 행위라고 볼 수 없는 것으로서 범인의 체포를 위하여 필요한 한도를 넘어 무기를 사용한 것이라고 하여 국가의 손해배상책임을 인정한 사례(대판 91다10084)

## 34

① (X) '경찰장비'란 무기, 경찰장구, 경찰착용기록장치, 최루제와 그 발사장치, 살수차, 감식기구, 해안 감시기구, 통신기기, 차량·선박·항공기 등 경찰이 직무를 수행할 때 필요한 장치와 기구이다(경찰관 직무집행법 제10조 제2항).

② (X) 형법에 규정된 **정당방위(정당행위 X)**와 긴급피난에 해당하는 경우가 위해를 수반할 수 있는 무기사용 요건이다(동법 제10조의4).

③ (X) '공무집행에 대한 항거제지'는 분사기 사용요건이 아니다(동법 제10조의3).

④ (O) 동법 제8조 제2항 제2호

## 35

① (X) 경비업 허가는 그 법인의 주사무소의 소재지를 관할하는 시·도경찰청장의 허가(경찰서장의 허가 X)를 받아야 한다(경비업법 제4조 제1항).

② (X) 경비업의 업무에는 시설경비, **호송경비(호위경비 X)**, 신변보호, 기계경비, 특수경비가 있다(경비업법 제2조 제1호).

③ (X) 신변보호업무란 사람의 **생명·신체(재산 X)**에 대한 위해의 발생을 방지하고 그 신변을 보호하는 업무를 말한다.

④ (O) 경비업법 제2조 제1호 라목

## 36

모두 가정폭력범죄에 해당한다.

## 37

① (X) 차분한 목소리로 안내방송을 진행함으로써 사전에 혼잡상황을 대비하여 사고를 방지할 수 있는 것은 **경쟁적 사태의 해소**이다.

**38**

① (O) 도로교통법 제2조 제19의2호

② (O) 동법 제11조 제4항

③ (X) 개인형 이동장치는 '자전거등'의 범위에 포함되며 또한 '자동차등'의 범위에도 포함되는 개념이므로 「특정범죄 가중처벌 등에 관한 법률」상 '자동차등'으로 규정된 조항을 적용받는다. 즉 개인형 이동장치(PM)는 이중적지위를 취하고 있다.

④ (O) 개인형 이동장치(PM)는 음주운전에 해당하는 경우 범칙금 10만원, 측정거부의 경우 범칙금 13만원이 부과된다(동법 제44조 제2항 및 제156조 제11호, 시행령 별표8).

**39**

① (O) 북한이탈주민의 보호 및 정착지원에 관한 법률 제22조의2 제1항

② (O) 동법 제2조 제2호

③ (O) 동법 제22조 제1항

④ (X) '북한이탈주민'이란 군사분계선 이북지역에 주소, 직계가족, 배우자, 직장 등을 두고 있는 사람으로서 북한을 벗어난 후 외국 국적을 취득하지 아니한 사람(취득한 사람 X)을 말한다(동법 제2조 제1호).

**40**

④ (X) 지문 내용은 급진적 다문화주의에 관한 설명이다.

# PART 08 모의고사 8회 해설

| 1 | 2 | 3 | 4 | 5 | 6 | 7 | 8 | 9 | 10 |
|---|---|---|---|---|---|---|---|---|---|
| ③ | ② | ④ | ② | ② | ④ | ④ | ③ | ① | ① |
| 11 | 12 | 13 | 14 | 15 | 16 | 17 | 18 | 19 | 20 |
| ① | ④ | ① | ① | ③ | ② | ① | ③ | ④ | ② |
| 21 | 22 | 23 | 24 | 25 | 26 | 27 | 28 | 29 | 30 |
| ② | ④ | ③ | ① | ③ | ③ | ③ | ④ | ③ | ③ |
| 31 | 32 | 33 | 34 | 35 | 36 | 37 | 38 | 39 | 40 |
| ④ | ① | ③ | ② | ③ | ④ | ② | ① | ③ | ④ |

**01**

③ (X) 크로이츠베르크(Kreuzberg) 판결을 계기로 경찰의 권한이 공공의 안녕, 질서유지 및 이에 대한 위험방지 분야에 한정된다는 취지의 규정을 둔 「프로이센 경찰행정법」(「프로이센 일반란트법」 X)이 제정되었다.

**02**

① (X) 주권자인 시민으로부터 **자치권한**을 위임받은 조직체로서의 경찰이 시민을 위해 수행하는 기능·역할을 중심으로 형성, 국민의 생명·신체·재산 보호에 중점을 둔다.

② (O)

③ (X) **비권력적 수단을 중시**하였으며, 대륙법계와 달리 행정경찰·사법경찰의 구분도 없다.

④ (X) 행정경찰과 사법경찰을 미분리하였기 때문에 범죄수사(사법경찰)는 당연히 경찰의 **고유한 임무**이다.

## 03

가. (X) 외교사절의 승용차·보트, 비행기 등 교통수단도 불가침의 특권을 가진다.

나. (X) 인간의 존엄·자유·명예·생명 등과 같은 개인적 법익뿐만 아니라 사유재산적 가치와 무형의 권리에 대한 위험방지도 경찰의 임무에 해당한다.

다. (O) 국회법 제150조

라. (X) 재판장은 법정에서의 질서유지를 위하여 필요하다고 인정할 때에는 개정 전후에 상관없이 관할 경찰서장에게 경찰공무원의 파견을 요구할 수 있으며, 파견된 경찰공무원은 **법정 내외**의 질서유지에 관하여 재판장의 지휘를 받는다(법원조직법 제60조).

## 04

② (O) 서덜랜드(Sutherland)의 차별적 접촉이론에 대한 사례이고, "나"는 글레이저(Glaser)의 차별적 동일시이론에 대한 사례이다.

## 05

② (X) 글레이저(Glaser)는 차별적 동일시이론을 통해 범죄의 원인이 **사회과정원인**(사회구조의 변화 X)에 있다고 설명하였다.

## 06

④ (X) 고전주의 범죄학은 범인에게 형벌을 과함으로써 일반인을 위하여 범죄의 발생을 예방함이 형벌의 목적이다. 처벌이 아닌 개별적 처우를 통한 교화 개선을 가장 효과적인 범죄예방 대책으로 보는 것은 **실증주의**에 대한 설명이다.

## 07

①② (X) 정보기반(정보 주도적) 경찰활동에 대한 설명이다.

③ (X) 증거기반 경찰활동에 대한 설명이다.

④ (O) 전략지향적 경찰활동에 대한 설명이다.

## 08

ⓒⓔⓜ 옳은 연결이다.

ⓐ (X) 공정한 접근에 위배

ⓑ (X) 공공의 신뢰확보에 위배

## 09

1. 우리는 모든 사람의 인격을 존중하고 누구에게나 따뜻하게 봉사하는 **친절한** 경찰이다.

1. 우리는 정의의 이름으로 진실을 추구하며 어떠한 불의나 불법과 타협하지 않는 **의로운** 경찰이다.

1. 우리는 국민의 신뢰를 바탕으로 오직 양심에 따라 법을 집행하는 **공정한** 경찰이다.

1. 우리는 건전한 상식 위에 전문지식을 갈고 닦아 맡은 일을 성실하게 수행하는 **근면한** 경찰이다.

1. 우리는 화합과 단결 속에 항상 규율을 지키며 검소하게 생활하는 **깨끗한** 경찰이다.

## 10

①의 경우 **과태료 부과대상은 아니지만 징계대상은 될 수 있다.**

②③④ 옳은 설명이다.

## 11

① (O) 동강령 제14조의2 제1항 제1호

② (X) 정상적인 관행을 벗어난 예우·의전의 요구가 금지되지만 **정상적인 관행의 범위 안에서는 가능하다** (동강령 제14조의2 제1항 제2호).

③ (X) 부당한 요구를 받은 피감기관 소속 공직자는 이행을 거부해야 하며, 거부했음에도 불구하고 감독기관 소속 공무원으로부터 같은 요구를 다시 받은 때에는 피감기관의 행동강령책임관에게 알려야 한다. 이 경우 행동강령책임관은 그 요구가 ①에 해당하는 경우에는 지체 없이 **피감기관의 장**(감독기관 X)에게 보고해야 한다(동강령 제14조의2 제2항).

④ (X) ③에 따라 **피감기관의 장**(감독기관 X)은 그 사실을 해당 감독기관의 장에게 알려야 하며, 그 사실을 통지받은 감독기관의 장은 해당 요구를 한 소속 공무원에 대하여 징계 등 필요한 조치를 해야 한다(동강령 제14조의2 제3항).

## 12

① (O) 「공직자의 이해충돌 방지법」은 2021.5.18.에 제정되어 2022.5.19.에 시행되었다.

② (O) '어느 누구도 자신이 연루된 사건의 재판관이 되어서는 안 된다'라는 것은 이해충돌 회피의 기본적인 원칙이다.

③ (O) 부정청탁 및 금품등 수수의 금지에 관한 법률 제13조(위반행위의 신고 등)와 공직자의 이해충돌 방지법 제18조(위반행위의 신고 등)의 내용은 동일한 내용입니다.

④ (X) **국민권익위원회(감사원 X)**는 이 법에 따른 공직자의 이해충돌 방지에 관한 제도개선 및 교육·홍보 계획의 수립 및 시행 등 공직자의 이해충돌 방지에 관한 업무를 총괄한다(공직자의 이해충돌 방지법 제17조).

## 13

① (O) 옳은 설명이다.

② (X) 연통제(경무사)는 기밀탐지 활동과 군자금 모집활동을 하며 최종 목적으로는 일제 저항운동을 일으키려는데 있었다. 교민사회에 침투한 일제의 밀정을 색출하고 친일파를 처단하는 역할 및 교민사회의 질서유지, 호구조사, 민단세 징수, 풍기단속 등의 업무를 수행한 것은 의경대이다.

③ (X) 지문은 **중경시기 경위대**에 대한 설명이다.

④ (X) 지문은 중경시기 **경무과**에 대한 설명이다.

## 14

① (X) 경찰의 **능률화(민주화 X)**의 요청으로 1954년 신경찰법 제정은 국가경찰인 경찰청과 관구경찰국, 도도부현경찰인 동경도 경시청과 도부현 경찰본부로 2원적 경찰체계가 확립되었다.

## 15

① (X) 행정의 안정성, 계속성, 독립성, 중립성 확보가 용이하다.

② (X) 경찰직업공무원제도는 신분보장이 되기 때문에 엽관주의에 비해 행정통제 및 행정책임 확보가 **어렵다.**

④ (X) 실적주의는 직업공무원제로 발전되어 가는 기반이 되지만, **실적주의가 바로 직업공무원 제도를 의미하는 것은 아니다.**

## 16

가. (O)

나. (O)

다. (X) 인간의 욕구는 5단계의 계층으로 이루어지며 하위 욕구부터 상위 욕구로 발달한다고하는 이론은 **매슬로우(Maslow)의 욕구단계이론**에 대한 설명이다.

라. (X) 앨더퍼(Alderfer) - 인간의 욕구를 계층화하여 생존(Existence존재)욕구, **관계(Relatedness)(존경(Respect) X)** 욕구, 성장(Growth)욕구의 3단계로 구분하였다.

## 17

① (O) 국가재정법 제43조 제1항

② (X) 각 중앙관서의 장(경찰청장 등)은 세출예산이 정한 목적 외에 경비를 사용할 수 **없다(있다 X)**(동법 제45조).

③ (X) 각 중앙관서의 장은 예산이 확정된 후 사업운영계획 및 이에 따른 세입세출예산(**명시이월비 X**)·계속비와 국고채무부담행위를 포함한 예산배정요구서를 기획재정부장관에게 제출하여야 한다(동법 제42조 제1항).

④ (X) 「국가재정법」은 경찰예산편성시 인권에 미친 영향을 평가하는 보고서 제출을 **규정하고 있지 않다.**

## 18

㉠ (X) 누설될 경우 대한민국과 외교관계가 단절되고 전쟁을 일으키며, 국가의 방위계획·정보활동 및 국가방위에 반드시 필요한 과학과 기술의 개발을 위태롭게 하는 등의 우려가 있는 비밀은 이를 I급비밀로 한다(보안업무규정 제4조 제1호).

㉡ (O) 동규정 제5조

㉢ (X) 비밀취급 인가권자는 업무상 조정·감독을 받는 기업체나 단체에 소속된 사람에 대하여 소관 비밀을 계속적으로 취급하게 하여야 할 필요가 있을 때에는 미리 **국가정보원장(경찰청장 X)**과의 협의를 거쳐 해당하는 사람에게 II급 이하의 비밀취급을 인가할 수 있다(동규정 시행규칙 제13조 제1항)

㉣ (X) 비밀의 보관용기 외부에는 비밀의 보관을 알리거나 나타내는 **어떠한 표시도 해서는 아니 된다**(동규정 시행규칙 제34조 제1항).

㉤ (O) 동규정 시행규칙 제70조 제1항 제2호

## 19

ⓒ (X) 개선 요구 : 감사결과 법령상·제도상 또는 행정상 모순이 있거나 그 밖에 개선할 사항이 있다고 인정되는 경우(동규칙 제10조 제4호)

## 20

① (X) 경찰 활동 전반에 걸친 민주적 통제를 구현하여 경찰력 오·남용을 예방하고, 경찰 행정의 인권지향성을 높여 인권을 존중하는 경찰 활동을 정립하기 위해 경찰청장 및 시·도경찰청장의 자문기구(심의기구 X)로서 각각 경찰청 인권위원회, 시·도경찰청 인권위원회를 설치하여 운영한다(경찰 인권보호 규칙 제3조).

② (O) 동규칙 제5조 제1항, 제2항

③ (X) 경찰청장은 위원회의 위원이 특별한 사유 없이 연속적으로 정기회의에 3회(임시회의에 2회 X) 불참 등 직무를 태만히 한 경우 위원회의 의견을 들어(직권 X)으로 위원을 해촉할 수 있다(동규칙 제8조 제3호).

④ (X) 위촉위원 중 「공직선거법」에 따라 실시하는 선거에 의하여 취임한 공무원이거나 그 직에서 퇴직한 날부터 3년(5년 X)이 지나지 아니한 사람은 결격사유에 해당한다(동규칙 제6조 제2호).

## 21

① (X) 시·도자치경찰위원회에 대한 설명이다.

② (O) 공통적으로 적용되는 규정이다.

③ (X) 시·도자치경찰위원회에 대한 설명이다. 국가경찰위원회는 위원 3명 이상이다.

④ (X) 시·도자치경찰위원회에 대한 설명이다.

## 22

① (X) 선서 의무는 국가공무원법 제55조

② (X) 집단행위 금지의무는 국가공무원법 제66조(신분상 의무(직무상 의무 X))

③ (X) 품위유지 의무는 국가공무원법 제63조

④ (O) 이해충돌 방지 의무가 공직자윤리법 제2조의2

## 23

③ ⓒⓒⓓ은 징계위원회의 동의를 필요로 하는 사유에 해당한다(경찰공무원법 제28조 제2항).

## 24

① (O) 이 법에 규정된 경찰관의 직권은 그 직무 수행에 필요한 최소한도(비례의 원칙)에서 행사되어야 하며 남용되어서는 아니 된다(경찰관 직무집행법 제1조 제2항).

② (X) ~~보상협조요청서를 보내자 그 때서야 비로소 부관의 하자를 들고 나온 사정에 비추어 볼 때 부관의 하자가 중대하고 명백하여 당연무효라고는 볼 수 없다(대판 96다49650).

③ (X) 공무집행방해죄는 공무원의 적법한 공무집행이 전제되어야 하고, 공무집행이 적법하기 위해서는 그 행위가 공무원의 추상적 직무 권한에 속할 뿐만 아니라 구체적으로 그 권한 내에 있어야 하며, 직무행위로서 중요한 방식을 갖추어야 한다. 추상적인 권한은 반드시 법령에 명시되어 있을 필요는 없다. 추상적인 권한에 속하는 공무원의 어떠한 공무집행이 적법한지는 행위 당시의 구체적 상황에 기초를 두고 객관적·합리적으로 판단해야 하고, 사후적으로 순수한 객관적 기준에서 판단할 것은 아니다(대법원 2022. 3. 17. 선고 2021도13883).

④ (X) 부정 취득한 운전면허를 필요적으로 취소하도록 한 것은 과잉금지원칙에 위반되지 아니하나, 부정 취득하지 않은 운전면허까지 필요적으로 취소하도록 한 것은 과잉금지 원칙(비례의 원칙)에 위반된다(헌재 2019헌가9).

## 25

③ (X) 직접원인설에 의할 때 경찰책임자는 군중이다.

## 26

① (X) 정지조건에 해당한다.

② (X) 해제조건에 해당한다.

③ (O) 부담에 해당한다.

④ (X) 법률효과의 일부배제에 해당한다.

**27**

① (O) 대판 1998.5.8. 98두4061. 행정기본법 제12조 ① 행정청은 공익 또는 제3자의 이익을 현저히 해칠 우려가 있는 경우를 제외하고는 행정에 대한 국민의 정당하고 합리적인 신뢰를 보호하여야 한다.

② (O) 대판 1997.3.11. 96다49650

③ (X) 자기구속의 원칙은 행정기본법에 명문으로 **규정하고 있지 않다.**

④ (O) 행정규칙에 따른 종래의 관행이 위법한 경우에는 행정청은 자기구속을 당하지 않는다.

**28**

㉠ (O) 교통경찰관의 수신호 – 하명

㉡ (O) 도로점용허가 – 특허

㉢ (O) 교통신호등에 의한 신호 – 하명

㉣ (O) 주민등록번호 변경신청 거부 – 처분에 해당 (2013두2945)

㉤ (X) 경찰청장의 횡단보도 설치 기본계획 수립 – 처분성 없다.

**29**

① (O) 동법 제4조 제1항

② (O) 동법 제4조 제4항

③ (X) 행정기관은 유사하거나 동일한 사안에 대하여는 **공동조사 등을 실시함으로써 행정조사가 중복되지 아니하도록 하여야 한다**(동법 제4조 제3항).

④ (O) 동법 제4조 제6항

**30**

① (X) 행정청은 청문을 하려면 청문이 시작되는 날부터 **10일 전까지** 처분의 제목 등 일정한 사항을 당사자등에게 통지하여야 한다(동법 제21조 제2항).

② (X) 다른 법령 등에서 청문을 하도록 규정하고 있는 경우에 청문을 실시하도록 규정하고 있다(동법 제22조 제1항).

③ (O) 동법 제38조

④ (X) 행정청이 당사자에게 의무를 부과하거나 권익을 제한하는 처분을 할 때 청문을 실시하거나 공청회를 개최하는 경우 외에는 당사자등에게 의견제출의 **기회를 주어야 한다**(줄 수 있다 X)(동법 제22조 제3항).

**31**

① (O) 행정심판법 제47조 제1항

② (O) 동법 제31조 제3항

③ (O) 동법 제43조 제2항

④ (X) 행정심판의 재결에 불복하는 경우 그 재결 및 같은 처분 또는 부작위에 대하여 다시 행정심판을 청구할 수 **없다**(있다 X)(동법 제51조).

**32**

① (O) "경찰장구"란 경찰관이 휴대하여 범인 검거와 범죄 진압 등의 직무 수행에 사용하는 **수갑, 포승, 경찰봉, 방패**(도검 X) 등을 말한다(경찰관 직무집행법 제10조의2 제1항 제1호, 제2항).

② (X) 위해성 경찰장비는 필요한 최소한도에서 사용하여야 하며, 위해성 경찰장비의 종류 및 그 사용기준, 안전교육·안전검사의 기준 등은 **대통령령**(행정안전부령 X)으로 정한다(동법 제10조 제4항, 제6항).

③ (X) 경찰청장은 위해성 경찰장비를 새로 도입하려는 경우에는 대통령령으로 정하는 바에 따라 **안전성 검사**(안전교육 X)를 실시하여 그 **안전성 검사**(안전교육 X)의 결과보고서를 국회 소관 상임위원회에 제출하여야 한다. 이 경우 **안전성 검사**(안전교육 X)에는 외부 전문가를 **참여시켜야 한다**(시킬 수 있다 X)(동법 제10조 제5항).

④ (X) 경찰청장은 위해성 경찰장비를 새로 도입하려는 경우에는 안전성 검사를 실시하여 새로 도입하려는 장비가 사람의 생명이나 신체에 미치는 영향을 **평가하여야 한다**(평가할 수 있다 X)(위해성 경찰장비의 사용기준 등에 관한 규정 제18의2 제1항).

## 33

㉠ (O) 경찰관 직무집행법 제11조의2 제1항 제2호

㉡ (X) 손실보상의 기준, 보상금액, 지급절차 및 방법, 손실보상 심의위원회의 구성 및 운영, 그 밖에 필요한 사항은 **대통령령**으로 정한다(동법 제11조의2 제7항).

㉢ (X) 소속 경찰공무원의 직무집행으로 인하여 발생한 손실보상청구 사건을 심의하기 위하여 **경찰청, 해양경찰청, 시·도경찰청 및 지방해양경찰청(경찰서 X)**에 손실보상심의위원회를 설치한다(동법 시행령 제11조 제1항).

㉣ (O) 동법 시행령 제11조 제2항·제3항

㉤ (X) 위원회의 위원은 소속 경찰공무원과 ⅰ) 판사·검사 또는 변호사로 5년 이상 근무한 사람, ⅱ) 고등교육법 제2조에 따른 학교에서 법학 또는 행정학을 가르치는 **부교수 이상**으로 5년 이상 재직한 사람, ⅲ) 경찰업무와 손실보상에 관하여 학식과 경험이 풍부한 사람 중에서 경찰청장 등이 위촉하거나 임명한다(동법 시행령 제11조 제3항).

㉥ (O) 동법 시행령 제13조 제2항

## 34

① (X) 경찰청장은 경찰관이 제2조 각 호에 따른 직무의 수행으로 인하여 민·형사상 책임과 관련된 소송을 수행할 경우 변호인 선임 등 소송 수행에 필요한 지원을 **할 수 있다**(동법 제11조의4).

② (O) 동법 제11조의5

③ (X) 「경찰관 직무집행법」 제11조의5에서는 경찰관이 그 위해를 예방하거나 진압하기 위한 행위 또는 범인의 검거 과정에서 경찰관을 향한 직접적인 유형력 행사에 대응하는 행위를 하여 그로 인하여 **타인에게 피해가 발생한 경우**이어야 하며 그 경찰관의 직무수행이 불가피한 것이고 필요한 최소한의 범위에서 이루어졌으며 해당 경찰관에게 고의 또는 중대한 과실이 없는 때에는 그 정상을 참작하여 형을 감경하거나 면제할 수 있다.

④ (X) 「형법」 제2편 제24장 살인의 죄, 제25장 상해와 폭행의 죄, 제32장 **강간과 추행의 죄 중 강간에 관한 범죄**, 제38장 절도와 강도의 죄 중 강도에 관한 범죄 및 이에 대하여 다른 법률에 따라 가중처벌하는 범죄, 「가정폭력범죄의 처벌 등에 관한 특례법」에 따른 가정폭력범죄, 「아동학대범죄의 처벌 등에 관한 특례법」에 따른 아동학대범죄가 대상범죄에 해당한다.

## 35

㉠ (X) 물건을 반환받는 자는 물건가액의 100분의 5 이상 100분의 20 이하의 범위에서 보상금을 습득자에게 지급하여야 한다(할 수 있다 X).

㉡ (X) 7일 이내(10일 이내 X)이다.

## 36

① (X) 경찰청장은 각 경찰서장으로 하여금 성폭력범죄 전담 사법경찰관을 지정하도록 하여 특별한 사정이 없으면 이들로 하여금 피해자를 조사하게 **하여야 한다(할 수 있다 X)**(성폭력범죄의 처벌 등에 관한 특례법 제26조 제2항).

② (X) 검사 또는 사법경찰관은 **19세미만피해자등(모든 성폭력 범죄피해자 X)**의 진술 내용과 조사 과정을 영상녹화장치로 녹화(녹음이 포함된 것을 말함)하고, 그 영상녹화물을 보존하여야 한다(동법 제30조 제1항).

③ (O) 동법 제45조의2

④ (X) 등록정보의 공개는 **여성가족부장관이 집행**하고, **법무부장관**은 등록정보의 공개에 필요한 정보를 여성가족부장관에게 송부하여야 한다(동법 제47조 제2항, 제3항).

## 37

② (X) 중앙선이 설치되지 아니하거나 편도 1차로인 도로에서 반대방향에서 진행하는 차의 운전자도 '어린이 통학버스'에 이르기 전에 반드시 **일시 정지하여 안전을 확인한 후 서행**하여야 한다(도로교통법 제51조 제2항).

## 38

| 소음도 구분 | | 대상지역 | 시간대 | | |
|---|---|---|---|---|---|
| | | | 주간<br>(07:00~<br>해지기 전) | 야간<br>(해진 후~<br>24:00) | 심야<br>(00:00~<br>07:00) |
| 대상소음도 | 등가<br>소음도<br>(Leq) | 주거지역,<br>학교, 종합병원 | 65dB<br>이하 | 60dB<br>이하 | 55dB<br>이하 |
| | | 공공도서관 | 65dB<br>이하 | 60dB 이하 | |
| | | 그 밖의 지역 | 75dB<br>이하 | 65dB 이하 | |
| | 최고<br>소음도<br>(Lmax) | 주거지역,<br>학교, 종합병원 | 85dB<br>이하 | 80dB<br>이하 | 75dB<br>이하 |
| | | 공공도서관 | 85dB<br>이하 | 80dB 이하 | |
| | | 그 밖의 지역 | 95dB 이하 | | |

## 39

예비·음모가 처벌되는 죄는 반국가단체구성, ⓒ 목적수행, 자진지원, ⓔ 잠입·탈출, ⓗ 이적단체 구성, 무기류 등의 편의제공죄가 있다.

## 40

④ (X) 지방출입국·외국인관서의 장은 강제퇴거명령을 받은 사람을 보호할 때 그 기간이 3개월이 넘는 경우에는 3개월마다 미리 법무부장관의 승인을 얻어야 한다(출입국관리법 제63조 제2항).

# 저자 **김재규**

## 약력 ───────────

- 동국대학교 대학원 경찰행정학과 경찰학박사
- 현, 해커스 경찰학 강사
- 현, 한국경찰학회 부회장
- 현, 원광디지털대학교 경찰학과 겸임교수
- 현, 올라에듀 공무원학원(구. 김재규경찰학원)원장
- 중앙경찰학교 외래교수
- 경찰공제회 경찰승진 실무종합 편찬 및 감수총괄
- 경찰수사연수원 외래교수
- 동국대학교 경찰행정학과 겸임교수
- 연세대학교 행정대학원 외래교수
**네이버 김재규경찰학 카페(https://cafe.naver.com/ollaedu)**
**카카오톡 오픈채팅 김재규 경찰학(https://open.kakao.com/o/gYB88Ehe)**

## 논문 ───────────

- 뺑소니교통사고의 실태분석과 개선방안에 관한 연구, 2000.
- 불심검문의 요건과 한계에 관한 연구, 2009.
- 불심검문의 실태 및 개선방안에 관한 연구, 2009.

## 저서 ───────────

- 행정실무Ⅰ·Ⅱ(경무·방범·교통·경비편), 형사실무Ⅰ·Ⅱ(수사·정보·보안·외사편), 1997.
- 경찰학개론(경찰시험 최초의 수험서), 수사Ⅰ·Ⅱ(경찰시험 최초의 수험서), 2000.
- 객관식 경찰학개론(경찰시험 최초의 수험서), 객관식 수사Ⅰ·Ⅱ(경찰시험 최초의 수험서), 2001.
- 경찰경무론·방범론·교통론·경비론·정보론·보안론·외사론, 2001.
- 경찰TOTAL기출문제, 2002.
- 경찰실무종합, 경찰실무Ⅰ·Ⅱ·Ⅲ, 2005.
- 경찰학개론(전정판)·수사Ⅰ(전정판), 2006.
- 객관식 경찰학개론(전정판)·수사Ⅰ(전정판), 2006.
- 경찰학개론(신정판)·수사(신정판), 2009.
- 객관식 경찰학개론(신정판)·수사(신정판), 2009.
- 경찰학개론 서브노트, 2012.
- 경찰학개론 암기노트, 2014.
- 수사(신정판), 2018.
- 경찰법령집 2019.
- 객관식 경찰학개론(전정판)·수사(전정판), 2019.
- 경찰실무종합 핵심정리, 2021.
- 경찰실무종합 효자손, 2021.
- 김재규 경찰학, 2021
- 김재규 경찰학 핵심 서브노트, 2024
- 김재규 경찰학 21개년 총알 기출 OX, 2024
- 김재규 경찰학 PLUS 1000제, 2024

## 자기계발서 ───────────

- 얌마! 너만 공부하냐, 2013.

**2024 최신판**

# 해커스경찰

# 킹재규
# 경찰학 2차 시험 대비

**총알 총정리 모의고사**

**초판 1쇄 발행 2024년 7월 8일**

| | |
|---|---|
| **지은이** | 김재규 편저 |
| **펴낸곳** | 해커스패스 |
| **펴낸이** | 해커스경찰 출판팀 |

| | |
|---|---|
| **주소** | 서울특별시 강남구 강남대로 428 해커스경찰 |
| **고객센터** | 1588-4055 |
| **교재 관련 문의** | gosi@hackerspass.com |
| | 해커스경찰 사이트(police.Hackers.com) 교재 Q&A 게시판 |
| | 카카오톡 플러스 친구 [해커스경찰] |
| **학원 강의 및 동영상강의** | police.Hackers.com |

| | |
|---|---|
| **ISBN** | 979-11-7244-203-3 (13350) |
| **Serial Number** | 01-01-01 |

**경찰공무원 1위,
해커스경찰 police.Hackers.com**

**해커스 경찰**

· 정확한 성적 분석으로 약점 극복이 가능한 **합격예측 온라인 모의고사**(교재 내 응시권 및 해설강의 수강권 수록)
· 해커스 스타강사의 **경찰학 무료 특강**
· **해커스경찰 학원 및 인강**(교재 내 인강 할인쿠폰 수록)

한경비즈니스 선정 2024 한국품질만족도 교육(온·오프라인 경찰학원) 부문 1위